분석의 기술

기업의 성패를 좌우하는 결정적 전략

분석의 기술

토머스 H. 데이븐포트, 잔느 G. 해리스, 로버트 모리슨 지음
김소희 옮김

21세기북스
www.book21.com

저자의 글

비즈니스 및 경영과 관련된 책의 저자이자 연구원이기도 한 우리는
수많은 아이디어를 시도해봤다. 모두 좋은 아이디어였지만, 어떤 아
이디어가 효과적일지 미리 아는 건 늘 어렵다. 그러다 갑자기 '분석
기반 경쟁'이라는 주제가 튀어나왔다. 우리는 더 많은 데이터를 이용
한 분석과 사실 기반 의사결정으로 향하는, 글로벌하고 장기적인 트
렌드에 접근했다. 이런 트렌드는 서서히 나타나기 시작하더니, 우리
가 이를 주제로 책을 출간할 무렵에는 반응이 거의 폭발적이었다. 예
전에는 우리가 미처 알아차리기도 전에 나타난 트렌드들도 있었지
만, 이번의 적절한 타이밍은 우리의 통찰력 덕분이라고 생각한다.
　토머스 데이븐포트는 〈하버드 비즈니스 리뷰〉에 '분석으로 경쟁하
라'라는 글을 실은 뒤, 잔느 해리스와 함께 같은 제목으로 책을 쓰고
강연을 했다. 그 과정에서 전 세계 수백 명의 경영자들과 분석 전문가
들과 대화를 나누었다(북한은 제외한다. 그곳에도 물론 분석가들은 있을
것이다. 하지만 실제로 만나본 적은 없다). 잔느는 액센츄어에 근무하면
서 고객들을 다양한 분석 컨설팅 집단들과 연결, 조율하는 일을 하고
있다. 토머스와 로버트 모리슨은 세계적인 컨설팅기업 엔제네라

(nGenera)와 함께 멀티컴퍼니 리서치 프로그램을 이끌면서 분석 기술의 사용에 대한 여러 논의를 다루었다. 그러고는 거기서 얻은 바를 글로 펴내야겠다고 결정했다. 그렇게 해서 이 책이 나온 것이다.

우리는 분석력을 구축하는 방법에 대해 더 많은 구조화가 필요하다고 생각했다. 우리의 전작 《분석으로 경쟁하라》는 분석을 가장 먼저, 가장 공격적으로 채택한 조직들에 관한 이야기다. 하지만 스스로의 분석 성향을 측정하고 앞으로 어떻게 해야 하는지 알고 싶어하는 회사들도 있었다. 그들은 프레임워크, 측정 도구들, 사례들, 보다 앞선 통찰력을 원했다. 우리는 이 책에서 바로 그것들을 제시할 것이다.

이 책은 전작에 비해 훨씬 더 구체적인 방법을 제시하고 있다. 하지만 너무 그런 쪽으로만 치우치는 건 피하려고 한다. 우선 5개 부분으로 구성된 모델을 독자들이 잘 기억할 수 있게끔 '델타(DELTA)'라는 이름을 붙였고, 이전 책에서 소개한 분석기반 경쟁의 5단계 발전 모델을 여기서도 사용했다. 하지만 어떤 순서로 누구에 의해 각 단계가 진행되어야 할지 딱 꼬집어 말하지는 않을 것이다. 정해진 방법은 없기 때문이다. 단지 우리는 기업의 발전 정도를 측정할 프레임워크와 나아갈 방법에 대한 실용적인 제안을 하려고 한다.

이 책의 1부는 2부에 비해 프레임워크에 포커스를 두어 지난 몇 년 동안 우리가 회사들에게 적용하고 이야기해온 프레임워크, 즉 '델타'를 다루었고, 2부에서는 분석 지향 조직이 미래에 어떤 능력을 갖추어야 할지를 다루었다. 물론 오늘날에는 벌써부터 이런 능력을 갖추고 있는 회사들도 있다. 이 책에서 그러한 기업들의 모습을 살펴볼 수 있을 것이다.

차례

2부 기업 문화로서의 분석

합리적 의사결정과 분석

어떤 일터에서든, 더 나은 성과를 위해 결정을 내리고 올바른 행동을 하길 바란다면 분석 기술을 사용해야 한다. 분석 기술을 일터에 적용한다는 것은 주력 사업의 영역에서 데이터와 분석으로 성과 향상을 꾀하는 걸 말한다. 이제껏 경영자들은 결정을 내릴 때 직관이나 배짱에 의지했다. 그리고 중요한 결단들은 데이터가 아니라 의사결정자의 경험이나 독단적인 판단에 의해 내려졌다. 우리의 연구 결과에 따르면, 중요한 결정의 약 40퍼센트가 사실(fact)이 아니라 경영자의 직관(gut)에 의해 내려진다.[1]

직관과 경험에 근거한 결정들이 좋은 결과를 내는 경우도 있지만, 때때로 재앙으로 끝나거나 길을 잃기도 한다. 중요한 가치를 창출하기 위해 심사숙고하는 것이 아니라 그저 자신의 에고를 만족시키기 위해 인수합병을 하거나, 자산가치는 늘 오른다는 검토되지 않은 가정에 근거해 신용 및 리스크 결정을 내리거나, 빈약한 정보기관에 의존해 전쟁을 결정하는 등, 제대로 된 정보 없이 의사결정을 내리면 극단적인 결과를 초래한다.

비분석적 결정 때문에 비극까지는 아니어도 돈을 더 벌 수 있는 기회를 놓치는 경우도 있다. 예를 들어 고객들이 과거 비슷한 상황에서 어느 정도의 가격을 지불했는지 말해주는 실제 데이터가 아니라, 시장 상황에 대한 직감에 의지해 상품과 서비스의 가격을 정하는 경우가 있다. 또한 경영진이 직원의 성과를 예측할 수 있는 기술이나 자질을 분석하지 않고 직관적으로 인재를 고용하는 경우도 마찬가지다. 데이터가 결정한 최적 수준보다는 그저 자기가 편한 대로 재고 수준을 유지하는 공급사슬 관리자들이나, 승리를 거둘 수 있는 역량을 가진 선수를 분석을 통해 찾지 않고 자리만 채우려는 야구 스카우터들도 성공의 기회를 놓친다.

소크라테스는 "검토되지 않은 인생은 살 가치가 없다"라고 말했다. 우리는 이렇게 말하고 싶다. "검토되지 않은 결정은 내릴 가치가 없다."

한 소프트웨어회사의 임원은 최근 그의 회사가 개최한 세일즈 세미나에 대해 질문을 받자 이렇게 대답했다. "아주 좋았습니다. 우리 회사의 미래에 대한 확신을 불어넣고 교차판매를 늘리기 위한 키노트(Keynote, 애플의 프레젠테이션용 프로그램-옮긴이) 프레젠테이션에 110개 회사들이 참가했습니다." 그 정도라면 대부분의 임원들은 그런 결과에 충분히 만족하면서 이렇게 말을 이었을 것이다. "전국에서 분기마다 12번씩 이런 세미나를 계속 하는 것 외에, 다른 결정은 필요 없을 것 같습니다." 하지만 그 임원은 좀 더 생각하더니, 세일즈 세미나의 미흡한 점에 대해 우려하며 다음과 같은 질문들을 내놓았다.

- 참석자들 가운데 현재 고객은 얼마나 되고, 잠재고객은 얼마나 되는가?
- 그 지역 내 고객들을 대표할 만한 사람들이 왔는가?
- 그 지역 내 잠재고객들을 대표할 만한 사람들이 왔는가?
- 어떤 참석자가 고성장 잠재고객인가?
- 얼마나 많은 참석자들이 회사의 연례회의에 참석했는가?

그의 회사는 이런 질문들의 답을 구하지 못했다. 그리고 구태여 데이터를 모으고 분석하려고 들지 않았다. 경영진은 그들의 회사가 대다수 회사들보다는 더 분석적이라고 여겼다. 하지만 우리가 보기에 최소한 이 세미나와 관련해서는 아직도 갈 길이 멀어 보인다. 사실은 이 회사뿐 아니라 그보다 더 똑똑하고 정교한 시스템을 갖춘 회사들도 분석을 적용해 더 나은 결정을 내리고 이윤을 거둘 수 있는 기회를 놓치고 있다.

오토파일럿(autopilot, 자동조종장치─옮긴이)으로 유지되는 회사들은 분석을 최대한 이용해 경쟁할 생각을 못한다. 늘 해오던 대로 세일즈 세미나를 열 뿐이다. 이 책에서 우리는 조직을 더욱 분석적으로 만들 도구들을 제공할 것이다. 그리고 분석은 단지 경영진만이 아니라 조직 전체의 중요 관심사여야 한다는 걸 증명할 것이다.

조직이 분석을 사용해 얻을 수 있는 혜택은 무궁무진하다(11쪽 '분

분석 도입으로 얻을 수 있는 혜택

- 경제적 급변기를 잘 헤쳐나갈 수 있다. 경영자와 관리자들은 분석을 통해 사업을 움직이는 기제를 이해할 수 있다.
- 정말로 효과가 있는 게 무엇인지 알게 된다. 정확한 분석 테스트가 정립되면 여러분의 개입이 사업상 원하는 변화를 만들어내는지, 아니면 단지 무작위적이고 통계적인 유동성의 결과인지 알 수 있다.
- 기업에 도입한 IT 및 정보 시스템과 자원을 활용해 여러 사업 프로세스에서 더 많은 통찰력과 더 빠른 실행력, 더 많은 사업 가치를 얻을 수 있다.
- 비용을 줄이고 효율성을 늘릴 수 있다. 분석으로 최적화된 테크닉은 자산 요구 조건을 최소화하며, 예측 모델은 시장 변화를 예측하고 비용을 절감시킨다.
- 리스크를 관리하게 된다. 규제감독이 강화될수록 더욱 정확한 매트릭스와 리스크 관리 모델이 필요할 것이다.
- 시장의 변화를 예측할 수 있다. 밀려드는 거대한 양의 고객 및 시장 데이터에서 패턴을 감지할 수 있다.
- 시간이 지나면서 결정 능력을 향상시킬 수 있는 근간을 갖게 된다. 만일 분명한 로직(logic)과 그것을 지원해줄 데이터를 사용한다면, 결정 프로세스를 향상시킬 수 있다.

석 도입으로 얻을 수 있는 혜택' 참조). 뛰어난 분석기반 경쟁자로 꼽히는 회사들이 뛰어난 성과를 내는 건 우연이 아니다. 이제부터 우리는 분석이 조직의 성공을 가져오는 유일한 길이자, 대다수 업계에서 성공을 가져온다는 사실을 증명할 것이다.

'분석적' 이란 말의 뜻

'분석적'이라는 것은 분석 기법, 데이터, 체계적 추론을 사용해 결정을 내린다는 의미다. 그러면 대체 어떤 종류의 분석 기법인가? 어떤 종류의 데이터인가? 어떤 종류의 추론인가? 이는 금방 대답할 수 있는 질문이 아니다. 중요한 것은 거의 모든 분석 프로세스가 진지하고 체계적으로 제공된다면 더 나은 결과를 가져올 것이라는 점이다.

분석에 대한 접근법은 최근의 최적화 테크닉에서부터 검증된 근원 분석(Root Cause Analysis)에 이르기까지 다양하다. 가장 흔한 것은 통계 분석(Statistical Analysis)이다. 데이터를 사용해 샘플에서 전체의 특징을 추출하는 것이다. 다양한 통계 결정들에 다양한 통계 분석들을 활용할 수 있다. 과거에 일어난 일이 당신이 개입한 결과인지 아닌지 알아낼 수 있고, 미래에 무슨 일이 일어날지도 예측할 수 있다. 통계 분석은 강력하고 종종 복잡하며, 때때로 사업 환경 및 데이터와 관련해 비합리적인 가정을 채택하게 만들기도 한다. 하지만 제대로 한다면, 통계 분석은 간단하면서도 많은 이점을 제공한다. 아마 여러분은 대학 시절에 배운 통계 과정을 기억하고 있을 것이다. 대푯값 척도, 즉 평균, 중앙값, 최빈값(종종 우리는 최빈값이 뭔지 잊곤 하는데, 바로 최고 빈도가 속한 범주를 말한다)은 데이터에서 벌어지는 일을 표현하는 유용한 방법이다.

또한 분석은 데이터를 그래픽 형태로 시각적으로 나타낸 것을 의미하기도 한다. 가령 2차원 그래프의 점들을 쳐다보고 관계나 패턴을 알아차릴 수 있다. 패턴에 이상치가 생겨 설명이 필요한가? 일부 추정치가 이탈했는가? 시각적 분석은 위대한 통계학자 존 투키(John Tukey)가 만들었고, 에드워드 터프트(Edward Tufte)가 보다 명확한 시각적 표상을 만들어 더욱 대중화시킨 접근법이다.[2]

핵심은, 어떻게 해야 더욱 분석적이고 사실에 근거한 의사결정을 내릴 수 있을지 생각하고, 그 결정에 맞는 적정 수준의 분석을 사용하는 것이다. 그리고 언제 분석과 결정이 제대로 작동하는지 파악하고 과거의 영광에 안주하지 말아야 한다. 또한 상투적인 의사결정 방식을 피하고, 상황이 바뀔 때 재빨리 적응하지 못하는 일이 없도록 해야 한다.

예를 들어 환경과 관련된 일부 영역에서는 이제껏 데이터나 분석을 사용하지 않았는데, 이제는 탄소 발자국(Carbon Footprint) 같은 핵심 활동의 단순한 매트릭스를 만드는 것만으로도 더욱 분석적으로 될 수 있다. 주기적으로 그것들을 보고하고, 나타나는 패턴에 따라 행동하는 것이다. 이런 초기 단계에서는 많은 것을 달성할 수 있지만, 전체 조직이 새로운 영역의 매트릭스에 동의하는 것은 쉽지 않다.

고객 행동 같은 영역에서는 로열티 카드 프로그램이나 웹사이트에서 세부 데이터를 얻을 수 있을 것이다. 고객을 대하는 방식에 대해 좋은 결정을 내리는 것은 세분화, 즉 특정한 행동을 보이는 성향에 근거해 고객들의 점수를 매기는 것과, 고객이 다음번에 살 것을 고려해 최선의 제안을 하는 분석이 포함된다. 데이터가 풍부한 이런 영역에서 단지 보고서만 참고한다면 저조한 성과를 낼 것이다.

물론 일부 분석은 정량적 데이터를 요구하지 않는다. 인류학과 민족지학에서처럼, 마케터들은 고객들이 물건을 사용하거나 상점에서 쇼핑할 때 체계적으로 고객들을 관찰함으로써 분석을 할 수 있다. 요기 베라(Yogi Berra)의 다음과 같은 말이 생각나는 시점이다. "단지 보는 것만으로도 많은 걸 관찰할 수 있다." 뛰어난 마케터들은 고객들의 행동을 체계적으로 기록해 나중에 세세하게 분석한다. 그리고 고객들이 상품과 서비스와 관련해 겪는 문제들을 파악한다. 우리는 어린 자녀를 둔 남자들이 식료품점에서 맥주와 기저귀를 산다는 걸 알아냈다. 하지만 체계적인 관찰을 통해 그들이 무엇을 먼저 사는지 파악해야만 그런 물건을 정반대 쪽에 둘지, 혹은 가까운 쪽에 둘지 결정할 수 있다.

대다수 분석적인 회사들과 경영진은 정량적(Quantitative) 조사와 정성적(Qualitative) 조사 테크닉의 조합을 채택한다. 이베이는 웹사이트나 사업 모델에 변화를 주기 전에 무작위로 웹 페이지 변형 테스트를 하는 식으로 광범위하고 다양한 분석을 실시한다. 매일 10억 개 이상의 페이지 뷰가 있기 때문에 이베이는 수천 건의 실험을 상당수 동시에 할 수 있다. 이런 테스트를 제대로 하기 위해 이베이는 '이베이 익스페리먼테이션 플랫폼(eBay Experimentation Platform)'이라는 고유한 애플리케이션을 구축했다. 이 플랫폼은 테스터들이 과정을 통과하도록 이끌고 언제 어떤 페이지에서 무엇이 테스트되었는지 추적한다. 물론 여러분의 회사는 거대한 마우스 클릭 부대의 축복을 받은 이베이나 되어야 가능한, 복잡하고 세세한 테스트와 분석을 할 필요는 느끼지 못할 수도 있다.

하지만 온라인 테스트 외에도, 이베이는 다양한 분석 접근법을 사용해 웹사이트 변화를 고려한다. 예를 들어 가정 방문, 참여 설계, 포커스 그룹, 반복적인 트레이드오프(Trade-off) 분석을 포함해 고객과 심도 깊은 일대일 대면 테스트를 한다. 또한 잠재적 변화를 사용자들이 어떻게 느낄지 알기 위해, 정량적/시각적 설계 연구와 아이트래킹(Eye Tracking, 눈동자 응시 방향 추적—옮긴이) 연구를 실시한다. 이런 분석 없이는 웹사이트에 큰 변화를 가하지 않는다. 이런 분석 지향적 시스템이 5만 개 이상의 카테고리에 1억 1300만 개의 아이템을 가진 이베이가 성공한 유일한 이유는 아니지만, 그중 한 가지 요인임은 틀림없다.

우리의 목적은 이용 가능한 모든 분석 도구를 제공하려는 게 아니라, 분석을 일터에 도입하면 보다 나은 결정을 내리고 조직의 성과를 높일 수 있다고 설득하려는 것이다. 분석은 특정 문제를 고찰하는 유일한 방식이라기보다는, 측정되고 향상될 수 있는 조직의 능력이라 하겠다. 우리의 목표는 그런 능력의 주된 구성 요소와 그것을 강화할 최선책을 설명하는 것이다. 이 책을 여러분 조직의 분석적 두뇌를 위한 처방책으로 생각하라.

분석은 어떤 사업적 질문에 답하는가

모든 조직은 사업과 관련해 근본적인 질문에 답해야 한다. 분석적 접근법은 다음과 같은 공통된 질문들에 정보가 어떻게 사용될지를 예측하는 데서 시작된다(16쪽 〈그림 A-1〉 참조). 이런 질문들은 두 가지 차원으로 제시된다.

| 그림 A-1 | 분석으로 다룰 수 있는 핵심 문제

	과거	현재	미래
정보	무슨 일이 일어났는가? 리포팅(보고서 작성 등)	무슨 일이 일어나고 있는가? 경고	무슨 일이 일어날 것인가? 추출
통찰력	어떻게, 왜 일어났는가? 모델링, 실험 설계	차선 행동은 무엇인가? 권고	최악 또는 최선의 상황은 무엇인가? 예측, 최적화, 시뮬레이션

- 타임 프레임: 우리는 과거, 현재, 미래를 바라보는가?
- 혁신: 우리는 잘 알려진 정보를 다루거나 새로운 통찰력을 획득하는가?

〈그림 A-1〉의 매트릭스는 데이터와 분석이 조직에서 다룰 수 있는 6가지 핵심 질문들을 파악한다.

첫 번째 도전은 정보를 더욱 효율적으로 사용하는 것이다. 과거 정보의 영역은 분석이라기보다는 전통적인 사업 리포팅 영역이었다. 그리고 여기에 어림규칙들을 적용함으로써, 정규 성과 패턴에서 벗어나는 활동에 대해 '경고'를 만들어낼 수 있다. 그리고 이렇듯 간단히 과거 패턴을 추출하면 정보를 만들 수 있을 뿐 아니라 미래에 대해 예측할 수 있다. 첫 번째 줄에 위치한 질문들은 모두 유용한 대답을 가져오지만, 왜 어떤 일이 발생하는지와 어떤 식으로 발생할지는 말해주지 않는다.

두 번째 줄의 질문에 답하려면 더 깊이 파고들고 새로운 통찰력을 제시할 여러 도구들이 필요하다. 과거에 대한 통찰력은 어떻게, 왜 그런 일이 발생하는지를 설명해주는 통계적 모델링 활동으로 얻을 수 있다. 현재에 대한 통찰력은 지금 당장 뭘 해야 할지에 대한 권고 형태를 취한다. 가령 어떤 상품을 추가적으로 제공해야 고객의 관심을 끌지 알아내는 것이다. 미래에 대한 통찰력은 최선의 미래 결과를 만들기 위한 예측, 최적화, 시뮬레이션 테크닉에서 나온다.

이런 질문들은 조직이 스스로에 대해 알아야 할 것들을 상당수 담고 있다. 여러분은 이 매트릭스를 통해 현재의 정보 이용 상태를 바꿔볼 수도 있다. 예를 들면, 매트릭스의 맨 위 칸에 BI(비즈니스 인텔리전스) 활동들이 있다는 걸 발견할 수도 있다. 순전히 정보 지향적 질문에서 이런 통찰력으로 이동한다면, 여러분은 사업 운용의 역동 기제를 더 잘 이해할 것이다.

모두에게 필요한 분석

전작 《분석으로 경쟁하라》에서 우리는 분석력을 중심으로 전체 전략을 구축한 기업들을 소개했다. 먼저 그런 지루한 주제에 대한 책이 성공을 거둔 것에 감사하며, 분석기반 경쟁이 거의 모든 산업의 기업들에게 유용한 전략적 선택이 될 것임을 믿어 의심치 않는다.

하지만 우리가 전 세계의 독자와 강연 참석자들을 대상으로 이런 주제에 대해 말할 때 대규모 청중이 몰리지는 않았다. 그리고 독자들의 상당수는 분석기반 경쟁자까지는 아니었고, 단지 분석적인 성숙을 향해 움직이려는 기업에서 일하는 사람들이었다. 그들은 사실과 분석에 근거한 의사결정이 여러모로 혜택을 준다는 사실은 알고 있었지만, 반드시 그런 식으로 행동하려는 건 아니었다. 비록 그들이 우리의 연설을 진지하게 듣고 우리의 책을 칭찬해도, 우리는 그들이 다소 다른 생각을 갖고 있다는 걸 알 수 있었다.

이에 우리는 이 책이 분석기반 경쟁자들뿐만 아니라 분석 지향적 목표를 가진 광범위한 조직들의 큰 관심을 이끌 것이라고 생각한다. 만일 여러분의 조직이 (정보가 뒷받침되지 않은 직관이나 편견이 아니라) 사실에 근거해 더 많은 결정을 내려야 한다고 생각하거나, 회사의 데이터에 묻혀 있는 잠재력을 풀어내고 싶다면 이 책이 도움이 될 것이다. 이 책을 통해 더 많은 기업들이 분석으로 경쟁하려는 전략과 마인드를 더 많이 갖길 바란다. 그것이 가장 커다란 기업적 성과를 낼 수 있는 방법이기 때문이다. 다소 소극적으로 점진적 접근법을 추구하는 기업들도 더욱 분석적으로 바뀔 수 있다. 심지어 생산 혁신이나 고객관계 등의 요인 위주로 경쟁하려고 해도 말이다.

이 책에서는 종종 하라스엔터테인먼트, 캐피털원, 프로그레시브보험 같은 분석기반 경쟁자들을 언급할 것이다. 이 기업들은 선도적인 분석 실무 관행의 보고이기 때문이다. 하지만 그 외에 이 책에서 설명하는 기업들의 대다수는 그처럼 공격적인 분석기반 경쟁자가 아니다. 이들은 이제 막 분석적 결정을 내려 혜택을 얻는 방법을 알아낸 기업들로, 분석에 대한 목표를 세운 다른 기업들에게 많은 참고 자료가 될 것이다.

왜 지금 분석을 도입해야 하는가

오늘날 대다수 기업들은 대량의 데이터를 보유하고 있다. 이 데이터는 SAP와 오라클 같은 거래 애플리케이션, 스캐너 데이터, 고객 로열티 프로그램, 금융거래, 고객 웹 활동에서 나온 클릭 스트림(Click Stream, 한 사람이 인터넷에서 보내는 시간 동안 방문한 웹사이트 기록—옮긴이) 같은 곳에서 나온다. 하지만 이런 정보를 갖고 대체 무엇을 하는가? 사실 대부분의 기업들은 이를 제대로 활용하지 못하는 편이다.

우리가 인터뷰한 소매업체 체인점 관리자들은 보유한 데이터로 무엇을 하느냐는 질문에 다음과 같은 실상을 고백했다. "글쎄요, 우리는 데이터를 팝니다. 사실 고기를 파는 것보다 소매 데이터 신디케이션 회사(Syndication Firm, 정보를 수집하고 패키지화해서 가치를 부가시키는 정보 중간상의 한 형태—옮긴이)에 데이터를 팔아서 더 많은 돈을 벌지요." 물론 그것은 좋은 일이다. 하지만 이들은 좋지 않은 사실도 인정했다. 나중에 경쟁사들의 데이터와 혼합된, 자신이 판매한 데이터를 되사들였다는 것이다.

"다른 용도로는 사용하지 않습니까?" 우리가 물었다.

"디스크에 저장해 핵 공격에도 안전하도록 산 밑에 보관해둡니다."

"사업 운영에는 어떤 식으로 사용됩니까?"

우리는 끈덕지게 물었다.

"그다지 많이 사용하지는 않아요. 그래서 당신들의 조언을 듣고자 합니다."

결국 그들은 이렇게 고백했다.

선진국이든 개발도상국이든 간에, 기업과 정부와 비영리조직들은 대부분 이 소매업체처럼 비효율적인 데이터 관리를 한다. 많은 데이터를 수집하고 저장하지만 효율적으로 사용하지 않는다. 정보를 갖고 있지만 의사결정에 사용하지 않는 것이다.

물론 모든 기업이나 조직이 즉각 분석적으로 될 수는 없다. 분석은 한 번에 한 가지 결정을 내리는 식으로 발을 내딛어야 한다. 각 결정을 고찰한 뒤 "더 나아지게 할 수 있는데"라며 사실에 근거한 정량 분석을 적용해 그런 결정들을 더욱 정확하고 일관적으로 내려야 한다. 그리고 과거에 대한 분석뿐만 아니라 미래를 바라보는 시야를 넓혀야 한다. 그런 결정을 얼마나 더 잘 내릴 수 있는지 깨달았을 때, 비로소 다른 결정으로 이동할 수 있다. 우리 사회가 더욱 전산화되고 데이터가 풍부해지고 분석적으로 될수록, 의사결정은 분명 점진적으로 향상될 것이다. 하지만 그중에서도 분명한 의도와 니즈를 가진 이들이 훨씬 더 우위를 누릴 것이다.

어디에 분석을 적용하는가

분석 기법은 사업이나 조직의 어떤 영역에서도 변화를 이끈다. 대부분의 조직들은 돈을 벌어들이는 곳, 바로 고객관계에서 시작한다. 즉, 분석을 이용해 고객 행동을 이해하고 고객의 욕구와 니즈를 예측해서 적절한 상품과 판촉을 제공한다. 또한 조직의 자원(돈, 시간, 인력 등)이 가장 효과적인 광고, 채널, 마케팅 포커스에 쓰이도록 한다. 고

20

객들이 지불할 용의가 있는 수준에서 최대 이윤을 낼 수 있는 상품 가격을 정하고, 이탈 위험이 가장 큰 고객을 파악하고 보유하기 위해 분석을 적용한다.

공급사슬과 오퍼레이션도 흔히 분석이 적용되는 영역이다. 가령 효율적인 공급사슬 조직은 재고 수준과 배달 경로를 최적화하고, 재고 품목들을 비용과 회전율에 따라 세분화한다. 그리고 최적의 위치에 핵심 시설을 짓고 적절한 상품을 정량으로 제공한다. 서비스 사업이라면 서비스의 운영을 측정하고 조율한다.

인적 자원(HR) 부서는 전통적으로 직관이 작용하는 영역이었지만, 이제는 직원 고용과 보유 영역에서 점차 분석이 사용되고 있다. 스포츠 팀이 최고의 선수를 선발하고 보유하기 위해 데이터를 분석하듯이, 기업들도 분석을 통해 직원들을 고용한다. 그리고 어떤 유형의 직원이 회사를 떠날 가능성이 많은지, 판매와 이윤을 최대화할 시기에 어떤 오퍼레이션의 직원들을 근무시켜야 할지 파악한다.

한편 분석은 사업 영역 중에서도 가장 수치가 많이 사용되는 곳, 바로 재무와 회계에 적용된다. 선도적인 회사들은 균형성과표에 재무/비재무 매트릭스를 넣는 정도가 아니라, 분석을 사용해 어떤 요인들이 실제로 재무 성과를 움직이는지 판단한다. 금융회사를 비롯한 여러 기업들은 특히 분석을 사용해 리스크를 모니터하고 줄이는 전략을 채택하고 있다. 최근에는 투자업계의 문제가 심각한데, 이런 상황에서 분석 없이 사업을 이끌어나갈 수 있다고 믿는 사람은 아마 없을 것이다. 또한 은행과 보험 사업에서 보험정책 경영과 카드 발급에 분석을 사용하는 것은 점점 더 흔해지고 정교해질 것이다.

사업체, 비영리조직, 정부에서 점점 더 분석을 사용할 거라는 데는 의심의 여지가 없다. 이용 가능한 데이터의 양과 다양성이 점차 커지기 때문이다. 더 많은 프로세스가 자동화되고 센서가 장착될 것이다. 이를 효율적으로 통제할 유일한 방법은 그것들이 생산해내는 방대한 양의 데이터를 분석하는 것이다. 오늘날 지능형 전력망(Smart Grid)은 분석을 사용해 에너지 사용을 최적화한다. 언젠가 우리는 환경의 모든 측면을 분석하고 모니터하는 능력을 가진 스마트한 지구에서 살 것이다. 지금도 충분히 분석이 지배하는 세상이지만, 앞으로는 점점 더 그렇게 될 것이다.

분석이 유용하지 않은 경우

우리는 대다수 조직들이 보다 분석적으로 접근할수록 더욱 혜택을 볼 것이라고 믿는다. 하지만 다음과 같이 분석을 사용하기 어려운 상황도 있다.

시간적 여유가 없는 급박한 때

어떤 결정들은 데이터가 체계적으로 수집되기 전에 내려져야 할 때가 있다. 최고의 사례는 개리 클레인(Gary Klein)이 《의사결정의 가이드맵(Sources of Power)》에서 다룬 결정들이다.[3] 화재를 예로 들면, 소방관은 불타는 건물 앞에서 어느 층이 무너질지 빨리 결정해야 한다. 그리고 주변을 관찰하면서 신속하게 데이터를 모아야 한다. 여기서로지스틱 회귀분석(Logistic Regression Analysis)을 하지는 못하기 때문이다.

선례가 없을 때

전에 일어난 적 없는 일이라면 그에 대한 데이터를 얻기 힘들다. 그런 상황에서 분석적 대응은 소규모 무작위 테스트를 통해 살펴보는 것이다. 하지만 때때로 테스트도 가능하지 않을 때가 있다. 베스트바이의 마케팅 책임자였던 마이크 린턴은 마케팅 결정을 내리기 전에 늘 분석을 사용할 수 있는 건 아니라고 말했다. "우리는 콘서트 투어의 홍보와 새로 나온 폴 매카트니 CD를 하나로 묶었습니다. 전례가 없는 일이었죠. 그래서 테스트를 할 수가 없었습니다. 이처럼 수중에 있는 의사결정 도구를 모두 동원해도 때로는 직관으로 해야 할 때가 있습니다."[4] 베스트바이는 그와 같은 실험의 결과를 어떻게 측정할지 직관적으로 정의를 내렸다. 그리고 새로운 통찰력을 구축해 다음번에 사실 기반 결정을 내릴 플랫폼을 구축했다.

과거와 맞지 않을 때

풍부한 선례가 있어도, 다음과 같은 주식중개인 광고 문구가 경고하듯이 "과거의 성과가 언제나 미래 결과의 지표가 되는 건 아니다." 나심 니콜라스 탈레브(Nassim Nicholas Taleb)는 발생 가능성이 낮고 예측이 어려운 사건들을 '블랙 스완(Black Swan)'이라고 불렀다. 이런 경우는 분석이 불가능하다.[5] 탈레브는 이런 변칙을 이유로 통계 분석을 모두 무시했다. 하지만 사실 통계 분석은 매우 유용하다. 따라서 모든 통계를 포기하기보다는, 과거가 현재의 좋은 가이드가 되지 못하는 특이한 때가 언제인지를 파악해야 한다.

의사결정자가 상당한 경험을 갖고 있을 때

때때로 데이터를 모으고 분석하는 과정이 내면화되어 있는 의사결정자가 있다. 예를 들어 노련한 주택평가사라면 데이터를 알고리즘에 넣지 않고서도 주택의 가치를 평가할 수 있다.

변수들이 측정되지 않을 때

어떤 결정들은 분석적으로 내리기가 힘들다. 분석의 핵심 변수들이 정확하게 측정되지 않기 때문이다. 가령 배우자나 연인을 찾는 과정은 상당한 정량 분석의 대상(인터넷 중매업체에서 채택하는 등)이었지만, 짝을 찾는 데 있어 분석이 크게 힘을 발휘하진 않을 것이다. 물론 분석이 출발점이 될지는 몰라도, 이런 문제는 직관적 판단을 대체할 수 없다. 누구든 결혼을 하기 전에 배우자를 직접 만나보고 싶을 테니 말이다!

이처럼 분석이 늘 가능한 건 아니다. 그럼에도 분석은 의사결정의 최후는 아니더라도 첫 번째 수단이 되어야 한다. 직관을 주로 사용하는 조직에서는 분석이 단지 합리화에 불과하며 데이터는 이미 내려진 결정을 뒷받침하기 위해 선별된다. 스코틀랜드 작가 앤드류 랭(Andrew Lang)이 말했듯이, "통계는 술 취한 사람이 가로등을 조명이 아닌 몸을 기대는 지지대로 사용하는 것처럼 종종 다른 용도로 쓰인다." 의사결정자들이 너무나 자주, 잘못 사용하는 직관은 대안이 없을 때만 채택되어야 한다. 심지어 앞서 이야기한, 직관이 적절한 상황에서도 적용된 직관을 추적해 기록해야 한다. 그리고 그런 기록을 통해 직관을 점차 어림규칙이나 알고리즘으로 전환시켜야 한다.

보다 엄격한 분석이 필요한 경우

우리는 더욱 분석적인 미래로 갈 수밖에 없다. 데이터의 요정 지니를 서버라는 호리병으로 되돌려놓을 수 없게 된 것이다. 하지만 분석을 사용하려고 한다면 제대로 사용해야 한다. 분석을 사용하지 않을 때의 실수와 마찬가지로, 잘못 사용하면 프로세스와 로직의 오류가 슬금슬금 기어들어온다. 이 책은 '전형적인 의사결정 오류' 함정을 피하는 방법을 배우고 싶은 사람들을 위한 가이드이기도 하다(26쪽 '전형적인 의사결정 오류' 참조).

　전형적인 의사결정 오류는 분석을 지향하는 기업조차도 주의하지 않으면 여러 면에서 실수를 할 수 있다는 걸 보여준다. 예를 들어 캐나다 전력발전회사인 트랜스알타는 스프레드시트의 오류 때문에 헤징 계약에 2400만 달러가 들었다.[6] NASA는 분석에 매트릭스 시스템을 일관되게 채택하지 않는 바람에 화성 순환선에 1억 2500만 달러를 들였다. 노스캐롤라이나 주는 새로운 고용주들이 가져올 일자리와 판매세에 대해 지나치게 긍정적인 가정이 반영된 잘못된 모델을 세워, 잘못된 결정을 내리고 확실하지도 않은 인센티브에 수백만 달러를 써버렸다.[7]

전형적인 의사결정 오류

로직 오류

- 올바른 질문을 하지 않는 것
- 부정확한 가정을 하고 테스트를 하지 않는 것
- 사실들을 기반으로 올바른 대답을 찾는 게 아니라, 분석을 이용해 자신의 주장을 합리화하는 것(모델이나 데이터를 손상시키거나 부정 조작한다)
- 시간을 충분히 들여 대안들을 이해하지 않거나, 데이터를 정확하게 해석하지 않는 것

프로세스 오류

- 부주의한 실수를 하는 것(스프레드시트에서 행렬을 전치해 숫자를 기입하거나 모델 오류가 발생하는 것)
- 결정에서 분석과 통찰력을 고려하지 않는 것
- 대안을 진지하게 고려하지 않는 것
- 부정확하거나 불충분한 결정 기준을 사용하는 것
- 데이터 수집이나 분석이 너무 늦어 사용할 수 없게 되는 것
- 이미 갖고 있는 데이터와 분석에 만족하지 못해 계속 결정을 연기하는 것

노스캐롤라이나 주의 잘못된 행보는 전형적인 문제, 즉 부적절하거나 시대에 뒤처진 가정에 근거한 분석적 사고를 보여준다. 모든 정량 분석은 가정에 근거하는데, 그런 가정들에는 샘플의 무작위 선별이나 데이터의 정규분포에 대한 믿음도 포함된다. 모델에 반영된 실제 세상에 대한 이런 가정들은 외부 요인들이 변치 않을 거라는 잘못

된 믿음을 부추긴다. 대다수 모델들은 수집된 데이터의 범위 내에서만 정확할 뿐이다. 이는 모델에 반영한 특정한 시기, 지리적 위치, 사람들의 외부에 대한 정확한 예측이나 설명을 방해한다. 그래서 모델 범위 바깥에 있는 요인들을 판단하려다 큰 곤경에 처하는 것이다. 이는 최근 금융위기에서 나타난 문제이기도 하다(28쪽 '2007~2009년 금융위기와 분석' 참조).

금융 서비스업 전체가 형편없는 분석 결정을 내리는 건 아니다. 다음 웰스파고에 대한 기사를 살펴보자.

> 웰스파고의 회장 리처드 코바세비치와 직원들은 단기적으로는 시장 점유율이 떨어지는 한이 있더라도 위험한 서브프라임 모기지론을 없앴다. 신용이 낮은 대출자들에게 본인의 구술이나 최소한의 서류만으로 수입을 증명케 했던 대출까지 포함해서 말이다. "다른 은행들과 투자회사들, 모기지 브로커들은 계속 대출을 하고 있다는 걸 알고 있었지만, 우리는 경제적으로 불합리하고 타당하지 못하다는 결정을 내렸습니다. 재정적으로 허덕이는 대출자에게 위험한 대출을 제공하는 건 '내게 사기를 치시오'라고 말하는 것과 다를 바가 없었습니다." 그래서 웰스파고는 다른 경쟁사들이 입은 대규모 손실을 피할 수 있었다. "그런 종류의 대출은 우리의 DNA에는 없다고 해두죠."[8]

이런 새로운 리스크를 이해하려면 분석 성향의 CEO가 필요하다. 리처드 코바세비치는 사실에 기반한 의사결정과 정량 테스트로 유명한 인물이다. 그는 위기를 잘 헤쳐나가면서 더 큰 경쟁사였던 와코비

2007~2009년 금융위기와 분석

금융 서비스업은 분석을 잘못된 방식으로 사용했다. 2007~2009년 서브프라임 위기는 분석 접근법이 잘못될 수 있음을 보여준다. 은행들은 분석을 사용해 서브프라임 모기지론을 실시했다. 심지어 많은 고객들이 채무를 불이행하기 시작했다는 데이터 결과가 나와도 계속 대출을 제공했다.

이는 잘못된 가정들이 문제를 키운 것이다. 월스트리트의 금융공학자들은 덜 위험하게 보이기 위해 주택담보대출증권의 트레이딩 모델에 과거 상황을 너무 많이 포함시켰다. 모기지론 모델들은 주택 가격이 계속 상승할 거라는 가정에, 신용부도 모델은 신용시장 유동성의 가정에 근거했다. 리스크 분석이 제대로 되지 못한 게 분명했다. AIG는 가격 책정을 제대로 못하고 신용부도를 예측하지 못했기 때문에 정부 소유 회사가 되었다. 무디스, S&P, 피치는 주택담보대출증권의 리스크를 평가하고 정확한 신용등급을 매기는 일을 제대로 하지 못했다. 이는 1987년 부분적으로 포트폴리오 보험의 리스크를 제대로 평가하지 못해 일어난 주식시장 붕괴와 비슷했다.

이제 금융회사들은 분석의 포커스를 바꿔야 한다. 모델 이면의 가정들을 더욱 명확하고 투명하게 만들 필요가 있다. 또한 분석 모델의 체계적 모니터링을 사업에 반영해야 한다. 그리고 규제자들은 모델의 능력에 대해 의구심을 갖고 예외적 환경에서의 리스크를 관리해야 한다.

가장 중요한 것은, 재무 담당 중역들이 사업 오퍼레이션 모델에 대해 더 많이 배워야 한다는 점이다. 그들은 커다란 수익을 찾는 과정에서, 제대로 이해하지 못하는 알고리즘 조합으로 묶인 투자 및 채무증권을 받아들였다. 엄청난 숫자들이 계속 누적되자, 겁먹은 중역들은 리스크 관리의 책임을 방치했다.

이 글을 읽는 여러분이 미국 시민이라면, 어쩌면 그런 회사들의 주식

을 갖고 있을지도 모르겠다. 그렇다면 그런 사업을 운영하는 중역들의
상황을 잘 알고 있는 편이 여러분에게도 좋지 않겠는가?

아를 거의 헐값에 인수했다. 토론토도미니언뱅크의 CEO이자 하버드
대학에서 경제학 박사학위를 받은 에드 클락 역시 서브프라임 물결
을 거부하고 회사의 관리자들에게 체결하려는 거래를 제대로 파악하
라고 지시했다.[9]

　금융업과 투자업계, 그리고 사실상 모든 업계가 점점 데이터 지향
적으로 되어가고 있다. 고위임원들은 어느 정도 분석에 익숙해져야
한다. 그렇지 않으면 일부 트레이더가 불합리하고 파악되지 않는 리
스크를 안고 기관과 고객들을 큰 위험에 빠뜨리려 할 때 제대로 반격
하지 못할 것이다.

분석은 과학적 판단과 예술적 감각의 조합이다

분석은 금융 서비스를 비롯한 모든 산업에서 계속 중요한 위치를 차
지할 것이다. 최고의 의사결정자는 정량 분석이라는 과학과 합리적
인 추론이라는 예술을 조합시킨다. 그런 예술은 경험이나 보수적 판
단에서 나온다. 그리고 질문을 자주 하며, 타당하지 않은 가정은 제쳐
두고 데이터 수집과 경영 방식에 대한 모델링까지 창조적으로 공식
을 세워 문제를 해결하는 역할을 한다.

　토머스 데이브포트는 사교 모임에서 항공기 조종사와 분석에 관한

대화를 나누던 중 판단의 예술에 대한 좋은 아이디어를 떠올릴 수 있었다. 그 조종사는 이렇게 말했다. "오, 그래요. 요즘 항공사에서는 분석을 많이 하죠. 비행술을 비롯해 컴퓨터와 전기신호 제어(電氣信號制御) 등 분석이 필요한 영역이 많습니다. 하지만 저는 여전히 창문 밖을 보는 게 유용하다는 걸 알고 있습니다."

탁월한 경영자라면 이 비행사의 충고를 받아들일 것이다. 다시 말해 최고의 의사결정자는 사업 운영에 도움을 줄 컴퓨터와 분석에 관심을 기울이겠지만, 분석 모델이 예측할 수 없는 위협을 살피기 위해 창밖도 쳐다볼 것이다.

일부 회사들은 적극적으로 예술과 과학의 균형을 맞추려고 노력한다. 넷플릭스의 CEO 리드 헤이스팅스는 과학적 성향이 강하지만, 관리자들과 직원들이 의사결정에서 예술을 간과하지 않도록 했다. 예를 들면, 넷플릭스의 직원들은 토의를 할 때 스토리텔링을 차용한다. 분석적 결과를 흥미진진한 대화 형식으로 표현하기 위해서다.

넷플릭스의 CCO 테드 사란도스는 자사에서 배급할 영화를 선택할 때 예술과 과학의 필요를 확인할 수 있었다고 말한다. "넷플릭스 같은 테크놀로지회사는 예술에 가장 의존하는 집단입니다. 우리가 하는 일은 70퍼센트가 과학이고, 30퍼센트는 예술입니다. 구매 담당 직원들은 결정을 내리기 위해 시장의 흐름을 짚어내야 합니다. 박스오피스 순위가 높다고 해서 비디오시장에서도 순위가 높은 건 아닙니다. 반대의 경우도 마찬가지죠. 한마디로, 박스오피스 자체가 수요를 알려주지는 않습니다. 참고할 지표들 가운데 하나일 뿐이죠."[10]

예술은 이미 다양한 방식으로 분석되고 있다. 그리고 데이터에서 발생한 일에 대한 직관적인 가설(예술의 영역)들은 필요한 테스트를 거칠 때 과학의 영역에 들어선다.

분석으로 후원할 사업 영역을 선택할 때도 이 예술적 감각이 필요하다. 나중에 4장에서 설명하겠지만, 분석 활동의 타깃을 만들어내는 것은 직관과 전략, 경영 프레임워크, 경험이 혼합되어야 한다. 그리고 최고의 타깃을 고르기 위해 의사결정자는 회사는 물론 업계가 어디로 향하고 있는지, 앞으로 고객이 무엇을 중시하게 될지에 대한 비전을 갖고 있어야 한다. 이런 통합적이고 커다란 그림은 컴퓨터보다는 인간의 두뇌가 더 잘 세울 것이다.

예술은 노련하고 현명한 인간이 분석 모델을 더 이상 적용할 수 없다고 결정할 때도 필요하다. 분석의 한계를 파악하는 것도 역시 인간이기 때문이다.

이처럼 분석은 완벽하지 않다. 하지만 조잡한 대안인 편향, 편견, 자기 정당화, 정보가 뒷받침되지 않는 직관보다는 낫다. 사람들은 종종 분석 기법을 사용할 수 없는 변명들을 늘어놓는데, 데이터와 분석에 기반한 사실 정보가 의사결정의 강력한 도구이며 직관이나 본능을 통해 내린 결정보다 더 낫다는 걸 보여주는 연구가 많다. 이제는 뭔가를 측정하고 분석할 수 있다면 그렇게 하라. 하지만 여러분의 경험과 지식, 세상에 대한 통찰력과 혼합하는 걸 잊지 마라.

마지막으로, 우리가 분석 조직에 관심을 갖는 이유는 인간의 관점과 컴퓨터가 내린 관점의 적절한 조합이 필요하기 때문이다. 분석적 의사결정은 개인의 능력과 조직의 능력의 교차로에 있다. 조직이 얼마나 분석적인가는, 분석의 역할에 대해 서로 이야기하지 않는 분산된 의사결정자들이 내린 결정들의 질에 달려 있다. 그리고 이런 결정의 질과 분석적 타당성은 의사결정자의 지능과 경험만이 아니라, 평가되고 향상될 수 있는 수많은 요인들에 달려 있다. 우리는 앞으로 10개 장에 걸쳐서 이에 대해 논할 것이다.

1부

분석의 조건

analytics
at work

분석을 사업에 도입하려면 어떻게 해야 하는가? 분석적 제안으로 성공을 거두려면 어떤 능력과 자질이 필요한가? 여기서는 5개 장에 걸쳐 분석의 성공 요인들을 설명할 것이다. 그리고 우리는 이를 (Δ 또는 δ로 표시해) 방정식의 변화를 의미하는 그리스어 '델타(DELTA)'라는 약칭으로 설명할 것이다. 이 델타는 이제 여러분의 사업 방정식을 변화시킬 것이다.

> **D** 접근 가능한 고품질의 데이터(Data)
>
> **E** 분석에 대한 전사적(Enterprise) 관점
>
> **L** 분석적 리더십(Leadership)
>
> **T** 분석을 적용할 전략적 타깃(Targets)
>
> **A** 분석가들(Analysts)

왜 이런 요소들이 중요할까? 우선 좋은 데이터는 분석의 전제조건이다. 정확도나 포맷 관점에서 명확해야 한다. 고객 데이터는 고객과고객 이름, 주소마다 고유한 식별 표시가 있고 구매 내역은 정확해야한다. 여러 출처에서 나왔을 때는 통합되고 일관되어야 한다. 데이터웨어하우스에서 접근 가능하거나, 쉽게 발견되고 필터를 거쳐 포맷될 수 있어야 한다. 무엇보다 데이터는 뭔가 새롭거나 중요한 것을 나타내고 측정해야 한다. 분석에는 이 데이터 관리가 필수임을 1장에서자세히 설명할 것이다(데이터 관리의 여러 난제들은 분석 소프트웨어와인재뿐만 아니라 중요한 데이터를 소유했을 때 해결하기가 더 쉽다).

전사적 관점은 분석 제안에 협력할 동기를 부여한다. 여러분은 아마 이렇게 질문할지도 모른다. "우리는 단독 사업 직능에서 특정한문제로 작게 시작했습니다. 그런데도 전사적 관점이 필요한가요?" 간단히 답하자면, 그렇지 않고서는 크게 성공할 수 없다. 다음과 같은세 가지 이유에서다.

① 성과와 경쟁력을 실질적으로 향상시킨 주요 분석 애플리케이션은
　 기업의 다양한 영역을 건드릴 수밖에 없다.
② 회사의 애플리케이션이 교차직능적(cross-functional)이라면, 핵심
　 자원(데이터, 분석가들, 테크놀로지)을 국지적으로 관리하는 것은 타
　 당하지 않다.
③ 전사적 관점이 없으면 소소한 분석 제안들만 잔뜩 갖게 될 뿐, 중
　 요한 제안들은 있다고 해도 몇 개 안 될 것이다.

이와 관련해 우리는 2장에서 조직마다 '기업'의 정의가 어떻게 다른지, 전사적 차원에서 핵심 분석 자원을 어떻게 다루는지 토의할 것이다.

한편 사업 결정, 프로세스, 고객관계에서 분석을 제대로 이용하는 조직들은 특별한 리더십을 갖고 있다. 대체로 고위경영진은 특정한 분석 프로젝트의 성공에만 연연해하는 것이 아니라, 사실에 근거해 경영하려는 열정을 갖고 있다. 그들의 장기적 목적은 분석을 유용한 사업 영역에 적용하는 것뿐만 아니라, 기업 전반에서의 의사결정 스타일과 방법에서 더욱 분석을 지향하는 것이다. 3장에서 우리는 분석적 리더들의 특성들과 행동을 설명할 것이다.

분석적 성향을 지닌 리더들이라 해도 분석에 쓰일 자금을 무한정 지원하지는 않는다. 그들이 주목하는 것은 상당한 차이를 만들어낼 수 있는 곳에서 분석으로 얼마나 수익을 거두느냐다. 분석이 적용될 전략적 타깃은 강한 고객 충성심, 효율적인 공급사슬 성과, 더욱 정확한 자산 및 리스크 관리가 될 것이다. 심지어 인재들을 고용하고 동기를 부여해 관리하는 것도 타깃이 될 수 있다. 사업의 전 측면에 분석을 적용할 수는 없기 때문에 타깃은 반드시 필요하다. 게다가 분석 인력이 그렇게 남아도는 것도 아니다. 4장에서는 좋은 타깃이 될 만한 것들을 설명하고, 정말로 그런지 평가하는 방법과 현실적인 타깃을 고르는 방법을 소개할 것이다.

분석가들은 두 가지 역할을 한다. 우선 분석 타깃을 찾아낼 모델을 구축하고 유지한다. 그리고 사업하는 사람들이 분석을 이해하고 적용하도록 만들어, 분석을 조직 내에 소개한다. 5장에서는 여러 유형들의 분석가들과 그들의 능력을 측정하고 향상시킬 방법들이 무엇인지, 어떤 형태로 분석가들을 조직해야 그들이 최고 능력을 발휘할지 설명할 것이다. 우리는 분석가들이 일터와 고용주에게 무엇을 원하는지 알아내고자 광범위한 설문조사를 실시했다.

델타의 이 5가지 요소들은 한데 어우러져야 한다. 만일 하나라도 부족하면 성공의 걸림돌이 될 뿐 아니라 자기 회사에는 분석이 통하지 않는다고 주장하는 반대론자들에게 좋은 빌미를 제공할 것이다. 따라서 여러분의 회사가 한 가지 요소에 강하다면, 그 강점을 이용해 다른 요소들을 도입할 관심을 창출하라. 만일 델타 요소들 가운데 일부만이 다른 것들에 비해 앞서 있다면 앞서 있는 쪽에서는 좌절감이 들 수도 있다. 수뇌부들은 타깃을 보고 결과를 원하는데, 데이터나 분석가들이 준비가 안 되어 있거나 데이터 준비에 과잉 지출하거나 다른 요소들이 전혀 갖춰지지 않아 휴면 상태로 있는 경우도 있다.

따라서 정말로 진보하려면 델타 요소들을 모두 적절하게 갖춰야 한다. 하지만 각각의 조직들은 출발점과 능력, 분석적 성향이 다르기 마련이다. 그래서 우리는 분석력 개발을 계획하고 관리하는 것과 관련해 5단계 발전 모델을 만들었다(이는 전작 《분석으로 경쟁하라》에서 소개한 것이다).

- 1단계 분석으로 경쟁하기 어려움: 진지한 분석 업무의 전제조건들 (데이터, 분석 기술, 경영진의 관심 등)에서 한 가지 또는 여러 가지가 부족하다.
- 2단계 국지적 분석 수행: 조직 내에 여러 분석 활동이 있지만 전략적 타깃에 맞춰져 있거나 집중화되어 있지 않다.

- 3단계 분석에 열의를 보임: 조직이 좀 더 분석적 미래를 그리고, 기반을 정립해 상당한 제안들을 실시하지만 진전은 더디다. 일부 핵심적 요인을 실행하기가 어렵기 때문이다.
- 4단계 분석적 기업: 필요한 인력과 테크놀로지 자원을 갖춘 상태다. 분석을 주기적으로 적용하고 전사적으로 분석의 혜택을 인식하고 있다. 하지만 분석에 전략적 포커스를 두지 않고 경쟁우위로 전환시킬 생각을 하지 못한 상태다.
- 5단계 분석기반 경쟁자: 분석을 차별화 무기로 여기고 일상적으로 사용한다. 전사적 접근을 취하고 경영진의 헌신적 개입과 더불어 대규모 성과를 달성한다. 분석기반 경쟁자임을 대내외적으로 널리 드러낸다.

모든 조직이 분석기반 경쟁자가 되어야 하거나 될 수 있다고 주장하는 것은 아니다. 하지만 대다수 조직들은 이 발전 모델에서 한두 단계쯤은 올라가고 싶을 것이다. 1부에서 우리는 델타 요소들이 어떻게 단계별로 진화하는지 설명할 것이다. 단계를 넘어설 때마다 저질의 데이터는 사용 가능하고 통합되고 강화되고 혁신적인 상태로 바뀌고, 리더십은 부재 상태에서 열정적인 상태로 바뀔 것이다.

독자 여러분이 보다 쉽게 찾아볼 수 있도록, 부록에 델타 성공 요소들과 각 발전 단계를 보여주는 단계별 모델을 조합해 도표로 만들었다. 이는 여러분과 여러분 회사의 분석기반을 평가하는 도구가 될 것이며, 현재 위치와 다음 위치를 알려주는 지도 역할을 할 것이다.

이제 여기서 소개하는 도구와 정보를 이용해 분석의 여행을 떠나

보자. 여러분의 능력을 평가하고, 새로운 능력을 추가하고, 현실적인 목표를 세우고, 분석적 사업 제안에 필요한 것들을 갖춰 확신을 갖고 나아가자. 여러분의 사업이 이제 막 분석을 중시하기 시작했다면 각 요소들을 제대로 갖추는 것이 특히 중요하다. 그리고 초창기의 성공은 앞으로 계속될 성공의 모멘텀이 될 것이다.

01
데이터

>>> 분석의 1차적 조건

당연한 말이지만, 데이터 없이는 분석을 할 수 없다. 그리고 좋은 데이터 없이는 제대로 된 분석을 할 수 없다. 더 많은 정보가 필요할 경우를 대비해 여기서는 조직이 더욱 분석 지향적으로 나아가는 데 필요한 데이터 환경을 다룰 것이다. 그중에서도 가장 정교한 분석을 사용하는 5단계의 분석기반 경쟁자들이 채택한 데이터 관리의 핵심 요소부터 설명할 것이다. 물론 앞서 말한 대로 모든 조직이 5단계에 이를 필요는 없다. 하지만 이 책의 다른 주제와 달리, 데이터 관리는 여러분의 조직이 이런 이상에 얼마나 가까이 도달할 수 있는지를 고려함으로써 가장 잘 이루어질 수 있다.

다음으로 우리는 데이터와 데이터 관리를 향상시킬 수 있는 단계별 방법을 설명할 것이다. 여러분이 데이터 관리를 잘하고 있다 해도 5단계 데이터 관리에 대해서는 반드시 알아두어야 한다. 우리는 데이터에 대해 다음과 같은 가장 근원적인 논의에서부터 시작할 것이다.

- 구조: 현재 가지고 있는 데이터의 본질은 무엇인가?
- 독창성: 어떻게 해야 누구도 갖지 못한 데이터를 이용할 수 있는가?
- 통합: 어떻게 다양한 출처의 데이터들을 통합할 수 있는가?
- 품질: 얼마나 의존할 수 있는가?
- 접근 가능성: 어떻게 데이터에 접근할 수 있는가?
- 프라이버시: 어떻게 데이터를 보호할 것인가?
- 거버넌스: 어떻게 이 모든 것을 통제할 것인가?

데이터의 구조

기업들은 기본적으로 분석을 위한 데이터를 구조화하는 세 가지 방법을 선택할 수 있다. 바로 큐브(cube), 배열(array), 비수치(nonnumeric)다. 아마 여러분은 이런 이야기는 그만 듣고 스포츠 중계나 일기예보를 듣고 싶을 것이다. 하지만 조금만 더 참아보자. 알고 보면 그렇게 재미없는 이야기는 아니다. 데이터가 어떻게 구조화되는지는 매우 중요하다. 여러분이 할 수 있는 분석의 유형에 영향을 미치기 때문이다.

거래 시스템의 데이터는 일반적으로 표로 저장된다. 표들은 거래를 처리하고 목록을 만들기에는 좋지만 분석에는 덜 유용하다. 그 한 가지 이유는 표들이 과거의 데이터를 거의 담지 않기 때문이다(고작 3개월이나 12개월이 최대다). 그래서 데이터는 데이터베이스나 거래 시스템에서 추출되어 데이터 웨어하우스에 저장될 때 종종 큐브로 포맷된다. 데이터 큐브(Data Cube, 다차원 데이터의 집합. n×n×n으로 나타낸다-옮긴이)는 다차원 표의 총합이다. 가령 분기별/지역별 판매는 전통적인 3차원 큐브로 나타난다. 하지만 물리적 세상과 달리 데이터 큐브는 3차원 이상이 될 수도 있다(4차원 이상은 탄소기반 생명체인 인간에게는 혼란스럽겠지만 말이다). 큐브는 리포팅과 데이터 해부에 유용하지만 분석 추출에서는 그렇지 않다. 일부 분석가들이 넣어야 한다고 생각하는 변수들만 포함되어 제한적이기 때문이다.

데이터 배열은 행렬의 숫자들처럼 구조화된 내용으로 구성된다(스프레드시트는 특수 형태의 배열이라 하겠다). 이 포맷으로 데이터를 저장함으로써, 여러분은 그것이 데이터베이스에 있을 경우 분석을 위한 특정한 필드나 변수를 사용할 수 있다. 배열은 수백 개 혹은 수천 개의 변수들로 구성될 수 있다. 이런 포맷은 가장 큰 유연성을 허용한다. 하지만 데이터베이스의 구조나 그 안의 데이터의 필드나 위치를 이해하지 못하는 비전문가들에게는 혼란스러울 것이다.

비구조적/비수치적 데이터(데이터 분석의 최후의 미개척지인)는 데이터베이스가 정상적으로 갖고 있는 포맷이나 내용(contents) 유형에 따르지 않는다. 이것은 다양한 포맷을 취할 수 있어 많은 기업들이 최근 관심을 갖는 방법이다. 예를 들면, 여러분은 고객이 회사의 서비스센터 전화를 이용할 때 내는 목소리 톤이, 그들이 고객으로 남을지 판단할 수 있는 예측지표가 될 것이라는 가정을 세우고 이를 분석하고자 할 수 있다(목소리 톤은 구조나 수치로 나타내기 어렵다). 또는 여러분 회사에 대한 고객의 감정을 파악하기 위해 소셜 미디어(블로그, 웹 페이지, 웹 기반 등급이나 논평 등)를 분석하고자 할 수 있다. 이 경우 인터넷 전체가 데이터 웨어하우스가 되며, 세세하게 분석하기 위해 일부를 추출해 카피한 자료가 데이터가 된다. 또는 외상 판매를 거부하는 고객 서비스 제안이나 인수합병 이후 다양한 상품 위계를 정리하기 위해 보증서나 클레임 같은 내부 데이터베이스에서 데이터를 마이닝(Data Mining, 데이터 속의 상관관계를 발견해 실행 가능한 정보를 추출, 의사결정에 이용하는 과정−옮긴이)하는 데 관심을 가질 수 있다.

이런 비구조화된 데이터는 잠재적 가치가 있다. 하지만 황금을 발견하려면 흙을 거르는 작업이 필요하며, 다양한 의미를 지닌 어휘의 의미를 제대로 파악하려면 구문 분석을 해야 하는 것처럼 비구조화된 데이터는 다양한 분석 작업이 수행되어야 한다.

분석기반 경쟁자들은 큐브와 배열을 포함한 여러 프로젝트를 사용하며, 숫자뿐만 아니라 이미지, 웹 텍스트, 보이스(Voice) 분석 같은 비구조적/비수치적 데이터를 사용하거나 실험한다.

고유한 데이터의 보유

어떻게 해야 누구도 갖지 못한 데이터를 찾아내고 이용할 수 있을까? 같은 데이터를 가진 회사들은 비슷한 분석 기법을 가지고 있으므로, 분석에서 우위를 차지하려면 고유한 데이터를 가져야 한다. 예를 들어 여러분 고객의 구매 내역은 여러분밖에 모르기 때문에 그런 데이터에서 가치를 발견할 수 있다. 하지만 어떤 정보가 소중한지 결정하는 것과 다른 곳에 존재하지 않는 데이터를 얻어내는 것은 다른 문제다. 이는 새로운 매트릭스를 만들어야만 해결된다.

몬태나스테이트펀드의 CIO(최고정보책임자)이자 전략기획 담당자인 알 파리시안은 이렇게 말했다. "사람들이 먹는 음식에 영향을 받듯이 데이터도 마찬가지입니다. 건강에 상당히 신경을 쓰는 사람이 식단에 더욱 신경을 쓰는 것처럼, 사실에 기반한 리더십을 진지하게 생각하는 사람은 데이터에 신경을 써야 합니다."[1]

우리는 고유한 전략에는 고유한 데이터가 필요하다고 결론을 내렸다. 분석기반 경쟁자가 되려면 분석력으로 우위를 추구해야 하기 때문에, 반드시 타사가 갖고 있지 않거나 사용하지 않는 데이터를 찾아야 한다.

여러 수준의 고유한 데이터가 있는데 업계에서 처음으로 상업적으로 이용 가능한 데이터를 사용하는 것도 좋은 방안이다. 1996년 프로그레시브보험은 고객신용점수를 자동차보험 경영의 인풋으로 사용하기 시작했다. 여기서는 놀랍게도, 고객들이 공과금을 제때 내는지가 자동차 충돌 사고에 대한 예측 지표가 되었다(왜 그런지 이유는 아무도 모르지만). 다른 회사들이 이런 데이터를 사용하기까지는 4년이 걸렸다. 그리고 일부 회사들은 여전히 따라잡지 못하고 있다.

하지만 보험사들은 분명 프로그레시브보험의 관행을 따라 할 것이다. 누구나 신용점수 정보를 구입할 수 있고, 경쟁우위를 가져온 비밀은 곧 외부에 알려지기 때문이다. 특히 보험 경영 접근법을 공시해야 하는 보험업계에서는 더욱 그렇다. 그럼에도 불구하고 프로그레시브보험은 다른 영역에서도 혁신을 계속 이어갔다.

8장에서 설명하겠지만, 우리는 표준 데이터를 사용하거나 경쟁사들이 아이디어를 훔쳐가도, 충분히 회사를 차별화시킬 수 있다는 사실을 증명할 것이다. 한 예로, 캐피털원은 신용카드 업계에서 신용 확대와 가격 책정에 고객신용점수를 널리 사용했다. 곧 경쟁업체들의 다수가 이를 따라 하기 시작했다. 하지만 캐피털원은 일부 신용점수가 낮은 대출 신청자들이 점수가 예측하는 것보다 대출을 더 잘 상환한다는 사실을 분석을 통해 판단하고, 차별화된 전략을 펼쳤다. 널리 채택된 데이터 소스로 경영 인풋을 삼았지만, 거기에서 고객들을 차별화할 수 있는 데이터를 찾아내 서비스를 차별화한 것이다.

물론 내부 오퍼레이션이나 고객관계가 데이터의 출처일 때 독자적 우위를 더 쉽게 획득할 수 있다. 후자의 일부 사례를 살펴보자.

- 올리브가든은 다르덴레스토랑이 소유한 이탈리안 레스토랑 체인점으로, 상점 오퍼레이션 데이터를 이용해 레스토랑의 모든 측면을 예측한다. 또한 고객 예측 애플리케이션으로 스태프 구성을 예측하고, 맞춤형 메뉴 아이템에 이르기까지 음식 준비를 예측한다. 지난 2년 동안 다르덴은 음식 낭비를 10퍼센트 감축했다.[2]
- '나이키+' 프로그램은 조깅화의 센서를 사용해 고객들이 얼마나 멀리, 얼마나 빨리 달리는지에 대한 데이터를 수집한다. 데이터는 러너의 아이팟에 업로드되고 곧 나이키 웹사이트로 업로드된다. 이런 데이터 분석을 통해, 나이키는 사람들이 가장 많이 달리는 날이 일요일이라는 것을 알아냈다. 그리고 나이키+ 신발을 신은 사람들은 오후 5시 이후에 운동하며 한 해가 시작될 때 새로운 목표를 세운다는 것도 파악했다. 또한 5번의 업로드 이후 조깅하는 사람들이 나이키의 신발과 프로그램에 매력을 느낀다는 것도 알게 되었다.[3]

- 베스트바이는 리워드 존(Reward Zone) 로열티 프로그램 회원들의 데이터를 분석했다. 그 결과 최고의 고객들이 전체 고객들의 7퍼센트이지만, 매출의 43퍼센트를 차지한다는 사실을 알아냈다. 심도 깊은 고객 세분화 제안을 통해, 베스트바이는 각 고객들의 니즈에 포커스를 맞추기 위해 상점들을 세분화했다.

- 영국의 로열셰익스피어컴퍼니는 고객들이 더 많은 돈을 쓰게 만들고 새로운 청중을 파악하기 위해 7년간의 티켓 판매 데이터를 신중하게 검토했다. 이름, 주소, 참석한 쇼, 구매한 티켓 가격으로 청중을 분석한 결과, 단골 고객의 수를 70퍼센트 이상 늘린 타깃 마케팅 프로그램을 개발할 수 있었다.[4]

- 패키지 소비재 회사들은 종종 고객들에 대해 잘 모르는 경우가 많다. 하지만 코카콜라는 MyCokeReward.com이라는 웹사이트를 통해 (대개 젊은) 고객들과 관계를 발전시켰다. 코카콜라는 이 사이트가 판매를 늘리고 각 개별 고객에게 마케팅을 한다고 믿는다. 이 사이트는 거의 하루에 30만 명을 끌어오는데, 2007~2008년 사이에는 1만 3000퍼센트까지 상승했다.[5]

- 3000개 이상의 지점을 둔 미국의 10대 은행들은 고객과 상대할 때 협력에 기반한 분석 기술로 고객 거래당 계정을 두 배로 늘렸다. 그리고 은행이 고객에게 제공한 추가적 가치를 감안한 후에도, 거래당 첫해 수익성은 75퍼센트 늘어났다. 고객 대응 스태프들의 세일즈 생산성은 시간당 판매된 계정으로 볼 때 거의 100퍼센트나 늘어났다.

물론 한때 독특하고 독보적이었던 데이터도 결국엔 흔한 상품이 된다. 한 예로, 항공사들은 각기 로열티 프로그램을 가지고 있지만 모두가 비슷한 혜택을 제공하고 여기서 나온 데이터는 고객들과 강한 관계를 만들거나 유지하지 못한다. 한때 이런 프로그램들은 훌륭했지만 이제는 누구나 가지고 있는 역량이 되어버린 것이다. 로열티 데이터로 다른 업체와의 격차를 벌리고 차별화를 꾀할 잠재성이 일부 있지만, 대다수 항공사들은 연료비와 합병에만 너무 집착해 이런 기회를 잡지 못하고 있다.

데이터 금광은 기업들이 그 가치만 알아차린다면 기본적인 회사 오퍼레이션에서도 나올 수 있다. 시스코시스템스는 수년간 고객들의 데이터(점점 보이스 데이터로 이동하고 있다) 네트워크들을 간직해왔는데, 최근 네트워크 컨피규레이션(configuration) 데이터를 분석하면 네트워크 문제가 생겨 업그레이드 장비가 필요할 가능성이 가장 높은 고객을 파악할 수 있다는 사실을 깨달았다. 그래서 시스코시스템스는 고객의 네트워크, 네트워크 컨피규레이션, 네트워크에서 장치의 위치 등을 벤치마크(측정 기준)로 테스트하고 분석했다. 이를 통해 네트워크의 안정성을 예측하고 네트워크 장비 문제 같은 앞으로 닥칠 문제를 살필 수 있었고, 비슷한 규모의 업체나 동종 업계의 다른 기업들이 가진 네트워크 안정성과 비교할 수 있었다. 결과적으로, 시스코시스템스는 서비스를 차별화하고 상품의 판매를 늘렸다.

앞으로 더 많은 조직들이 오퍼레이션 데이터가 중요한 자산이라는 사실을 깨달을 것이다. 캘리포니아의 델타덴탈은 클레임 데이터를 수년간 분석함으로써 보험 고객들과 치과의사들 사이에 나타나는 행동 패턴을 이해했다. 즉, 특정한 치과의사의 환자들이 다른 이들에 비해 더 많은 문제를 발생시킬 수 있다는 것이다. 그와 비슷하게, 어떤 건강보험사는 주로 나이 든 고객들이 활동이 저조해 당뇨병 위험이 있다는 사실을 파악했다. 그래서 날마다 얼마나 걸었는지를 만보계로 측정하는 '실버 스니커즈 스텝(Sliver Sneakers Steps)'이라는 프로그램을 통해 질병을 퇴치하기 시작했다.

한편 독보적인 성과 매트릭스는 회사를 차별화할 수 있는 향상된 의사결정으로 이어진다. 월마트는 상점 차원의 매출 대비 월급을 성과의 새로운 지표로 삼았다. 메리어트인터내셔널은 특정 시설의 실제 수익을 최적 수익과 연관시키는 새로운 수익관리(Revenue Management) 매트릭스를 창출했다.

이미 다른 업계에 존재하는 매트릭스라 해도 여러분의 업계에서 사용된 적이 없다면 가치를 창출할 수 있다. 하라스엔터테인먼트는 소매업계의 동일 점포 매출 매트릭스를 처음으로 카지노 업계에 적용했다. 또한 카지노 매장에서 직원들이 얼마나 자주 미소를 짓는지 측정했다. 직원들의 미소 횟수가 고객 만족과 정(正)의 관계라고 판단했기 때문이다. 이제 하라스엔터테인먼트는 주사위를 던지는 횟수와 크랩 게임(Crap Game, 주사위 두 개를 던져서 나올 수 있는 숫자의 확률에 의해 이루어지는 게임-옮긴이)의 성공률을 연관시키려고 한다.

독자적인 데이터 소스에도 불구하고, 분석으로 성공하고자 하는 조직은 또다시 고유한 데이터를 찾아내야 한다. 앞으로 10년 사이에 독자적 데이터를 분석하려는 시도는 폭발적으로 증가할 것이다. 그리고 분석기반 경쟁자들은 벌써부터 그렇게 하고 있다.

다양한 출처의 데이터 통합

데이터 통합이란 말 그대로 조직 안팎에서 다양한 출처의 데이터를 통합하는 것이다. 이는 분석을 지향하려는 기업이나 조직에게 매우 중요하다. 거래 시스템들은 종종 주문관리, 인적 자원, 고객관계관리 같은 사업의 특정 영역만 다루며 여기저기 고립되어 있다. 넓은 사업 직능을 커버하는 ERP 시스템(Enterprise Resource Planning System, 전사적 자원관리 시스템)은 매우 예외적이라 하겠다. 이 시스템 덕분에 조직들은 초창기 IT 관리를 힘들게 만들었던 베이직 데이터 통합 난제들을 상당수 해결했다. 하지만 ERP 시스템이 있어도, 분석 업무를 하려면 다양한 시스템의 데이터들을 통합하고 정리해야 한다.

가령 배송 지연이 고객의 구매에 영향을 주는지 알아내는 분석을 하고 싶다고 가정해보자. 이는 다양한 시스템들의 통합이 필요한 문제다. 아마 여러분은 고객에 대한 웹 데이터를 ERP 시스템의 주문관리 모듈 데이터와 통합시키고 싶을 것이다. 그리고 조직의 데이터를 외부 제공업체의 시장점유율 및 고객 만족 데이터와 통합시키고 싶을 것이다. 다시 한번 말하지만, 이는 반드시 데이터들을 통합해야 하는 것들이다.

분석기반 경쟁자들은 조직 전반에서 고객, 상품, 공급업체 식별자(Identifier) 같은 핵심 데이터 요소를 정의하고 유지한다. 그럼으로써 "왜 상위 100대 고객들의 목록은 없습니까?" "왜 직원의 수를 물을 때마다 매번 다른 대답이 나옵니까?" 같은 불만들을 피할 수 있다. 통합된 고품질 데이터를 가지려면 늘 기민한 자세를 유지해야 한다. 씨

티그룹의 인스티튜셔널뱅크(전반적으로 분석기반 경쟁자는 아니지만 고객 데이터 관리에 매우 강한 조직이다)는 1974년 기업 고객들에 대한 독창적인 식별자를 정립하고 이후로 계속 다듬고 있다. 또한 마닐라에 데이터 분석 집단을 두고 계속적으로 기업 정보를 분류, 태그, 정화를 통해 다듬는다. 다른 B2B 조직과 마찬가지로, 인스티튜셔널뱅크 역시 기업 고객의 수가 적어도 어떤 조직이 모회사이고 자회사인지 알아내거나, 이름과 위치, 오너십의 변경을 추적하기는 쉽지 않다. 만일 여러분의 회사가 그런 고객들을 수백만 넘게 가지고 있다면 이런 일은 악몽이 될 것이다.

데이터 통합에서 전문가들은 종종 단독 버전의 진실을 옹호한다. 왜 그런지는 쉽게 짐작이 갈 것이다. 뭔가 주장하기 위해서는 각자 자기 입장을 뒷받침할 사실들로 무장하기 때문이다. 매출은 이러저러한 이유로 상승하고, 신규 채용은 이러저러한 이유로 줄어들었다는 식이다. 문제는 수입, 이익, 직원 수, 날마다 변동하는 매장 평균수익에 대한 데이터가 각각 다르다는 것이다. 그래서 데이터 통합에서 가장 큰 문제는, 누구의 데이터가 맞느냐를 놓고 논쟁하는 데 시간을 소비하고 정작 분석과 그에 따른 행동은 소홀히 한다는 점이다.

이런 문제는 실로 조직을 무기력하게 만들기 때문에 반드시 신경을 써야 한다. 포커스를 좁혀야만 한다. 즉, 회사 데이터를 전부 정리하려는 헛수고를 하지 말고, 의사결정과 분석에 사용되는 마스터 데이터나 관련 데이터를 선별하도록 한다. 조직 전반에서 흔히 사용되는 데이터(고객이나 상품 관련 데이터)를 관리하는 특정한 프로세스와 테크놀로지를 채택하는 것을 '마스터 데이터 관리(이하 MDM)' 라고

하는데, 이는 그다지 재미난 일이 아니기 때문에 별로 인기가 없다. 야채를 먹는 일과 마찬가지로 몸에는 좋지만 즐거운 일은 아니다.

더군다나 기업들은 종종 MDM을 필요 이상으로 복잡하게 만든다. 위키피디아에 따르면(브리태니커 사전이나 웹스터는 이런 어려운 주제를 비중 있게 다루지 않는다), MDM의 목적은 이런 정보의 유지 보수나 애플리케이션 사용에서 통제와 일관성을 얻기 위해 그런 데이터를 조직 전반에서 수집, 축적, 정리, 유지, 유통시키는 프로세스를 제공하는 것이다.

MDM이 데이터를 정화시키는 끝없는 일로 변하면, 정말로 상당한 시간과 노력이 들어가는 일이 되어버린다. 따라서 핵심적인 데이터 항목들이 공통된 방식으로 정의되고 유지되도록 해야 한다. 우선 처음에는 몇 개를 선별해서 작게 시작해야 한다. 재무 데이터나 고객 데이터의 정화를 통해 상당한 혜택을 얻을 수 있는 영역에서 시급한 문제에 포커스를 맞춘다. 그리고 데이터 정의를 표준화하고, 불완전하고 부정확하고 비일관적인 데이터를 제거하거나 수정한다. 그런 다음, 데이터 오염을 가져올 수 있는 느슨한 데이터 관리나 거버넌스 프로세스를 개선하고 다른 데이터로 이동한다.

궁극적으로 여러분은 데이터를 통합하려는 노력과 분석 제안 사이에서 균형을 이뤄야 한다. 만일 MDM 프로젝트를 시작한다면 상당한 시간과 돈, 경영진의 지원이 있는지 확인하라. MDM 프로젝트 도중에 누군가가 "도대체 MDM이 뭐야? 왜 이렇게 오래 걸리고 돈만 잔뜩 들어가는 거야?"라고 말할 가능성이 크기 때문이다. 그럴 경우를 대비해 미리 대답을 준비해야 한다.

몇몇 분석기반 경쟁자는 데이터 통합을 갖추고 있다. 하지만 사실 완벽하게 데이터를 관리한다는 건 환상이다. 심지어 최고의 회사들에서도 완벽한 데이터가 도처에 있는 게 아니다. 그들은 데이터 통합을 성과 차이를 낼 수 있는 곳에 집중시킨다. 그러므로 만일을 대비해 대량의 통합이나 완벽을 추구하기보다는 사업적 니즈에 데이터를 통합하려는 노력을 쏟아부어야 한다.[6] 4장에서 논의하겠지만, 제대로 정한 분석 업무의 타깃은 가장 중요한 데이터의 통합으로 이끌 것이다.

데이터 품질

모순적이게도, 데이터의 품질은 분석적 의사결정에서 중요하지만 거래 시스템이나 BI 리포팅 애플리케이션의 데이터처럼 완벽할 필요는 없다. 능숙한 분석가들은 심지어 사라진 데이터의 상당한 양을 추정해내고 데이터의 통계 샘플을 만들 수 있지만, 그럼에도 불구하고 흠이 있거나 오도된 데이터는 문제를 일으킨다.

통합된 데이터를 갖는 것은 첫 단계에 불과하다. 대다수 데이터가 분석 목적이 아니라 거래 목적으로 수집되었다는 걸 기억해야 한다. 모든 유형의 거래 데이터는 특정한 문제를 갖고 있다. 웹 거래 데이터는 여러분의 웹서버 로그(Log, 입출력 정보 등을 기록한 데이터—옮긴이)에서 의미 있는 분석을 추출하는 능력을 방해한다. 웹 분석 전문가인 주다 필립스(Judah Phillips)는 거래 데이터의 18가지 문제를 파악한 바 있다.[7] 여기에는 여러분의 사이트를 크롤(crawl)해서 방문 횟수를 부풀리는 스파이더(spider)와 보트(bot)에서부터, 계산되지 않은 페이지 뷰를 만들어내는 태그 없는 페이지까지 다양한 문제가 있다.

분석가들은 분석의 특정한 결정과 사용을 염두에 두고, 근원적인 원인을 찾아내 부정확한 데이터를 수정하기 위해 출처까지 되돌아가 데이터 문제를 추적해야 한다. 종종 데이터가 처음에 들어온 곳까지 추적할 때도 있다. 심지어 현대의 ERP 같은 고품질의 통합된 소스 시스템들도 현장 직원들이 부정확하게 데이터를 입력하는 경우가 있다. 따라서 품질이 떨어지는 데이터가 계속해서 어디에서 나오는지 탐정처럼 찾아내야 한다.

분석기반 경쟁자들은 완벽한 데이터까지는 아니더라도, 데이터의 품질 문제를 잘 처리한다. 이들은 중요한 의사결정에서 분석에 사용할 수 있는 충분한 품질의 데이터를 가지고 있다. 고객 분석에 집중하는 분석기반 경쟁자들은 활동하지 않거나 사망한 고객은 제외하고 중복되지 않은 고품질의 고객 데이터베이스를 가지고 있다. 설사 고객 주소가 오래되었다고 해도 그런 오류는 크게 문제되지 않는다.

또한 분석기반 경쟁자들은 필요한 데이터의 질을 향상시키기 위한, 명확하면서도 상대적으로 순조로운 프로세스를 가지고 있다. 더군다나 이들은 데이터를 획득하고 적법화하기 위해 좋은 프로세스를 미리 준비해두기 때문에, 클린징이 별로 필요하지 않다.

1990년대 후반에 몬태나스테이트펀드는 노동자보상보험을 취급하는 준정부기관으로서 데이터 위조 방지 기법을 빌려와 데이터 품질과 통합을 처리했다. 그러다 데이터에 종종 문제가 생겨, 2006년 디지털 워터마크로 핵심 보고서와 분석을 증명하는 새로운 아이디어를 도입했다. 핵심 애플리케이션에서 추출된 700개 요소에 걸쳐 보고서의 데이터가 공식 버전이며 감사 받은 것임을 나타내는 워터마크인 셈이다. 사용자들은 투명한 무늬가 들어간 보고서는 프린트할 수 있지만, 투명한 무늬가 없는 데이터는 다운로드할 수 없다. 이곳의 IT와 전략 책임자인 알 파리시안은 회사가 상당히 향상된 데이터 플랫폼을 수용하며 이를 통해 발전하고 있다고 말했다. "회의에서 선별된 사건과 편파적인 데이터에 근거해 주장을 하면 사람들은 이렇게 말합니다. '당신은 이런 고립된 사례들을 사용할 수 없어요. 그 기간의 데이터에 근거한 보고서를 한번 보시죠.'" 알은 그런 행동을 통해 분석적 접근이 제대로 작동하고 있다고 짐작한다.

데이터 접근 가능성

데이터를 분석하려면 우선 데이터에 접근 가능해야 한다. 데이터가 만들어진 거래 지향 애플리케이션(판매주문관리나 일반회계원장 같은)에서 분리되어, 분석가들이 실제로 찾아내고 다룰 수 있는 곳에 있어야 한다. 분석기반 경쟁자들은 데이터 웨어하우스를 만들어 데이터에 접근한다. 물론 다른 기업들도 데이터 웨어하우스와 단독 목적의 데이터 마트를 만들지만, 심층 분석에는 통합이 중요하기 때문에 분석기반 경쟁자들은 다양한 직능과 사업 단위들을 가로지르는 기업 데이터 웨어하우스(이하 EDW)를 가지고 있다.

EDW는 현재 및 과거 가치 면에서 여러분이 분석하고 싶어하는 모든 정보를 담은 데이터 웨어하우스다. 하지만 '정보 요구 조건'의 정의와 마찬가지로, 이것도 애매모호하다. 이런 EDW의 속성 때문에 기업들은 항상 데이터 웨어하우스에 새로운 데이터 요소, 즉 AC닐슨이나 다른 업체가 제공한 외부 데이터를 담아야 한다. 그 결과 데이터 웨어하우스는 대개 지나치게 비대해져서 대중적인 사용자들을 질리게 만든다. 데이터 웨어하우스의 원래 아이디어는 비전문 사용자들이 데이터에 보다 쉽게 접근하도록 하는 데 있다. 때문에 일종의 모순이 EDW의 개념 안에 들어온 셈이다. 하지만 여전히 많은 조직들이 이것을 가지고 있다.

EDW와 달리, 데이터 마트는 데이터 웨어하우스의 부서별 버전으로 종종 IT와는 별도로 만들어진다.[8] 비록 부서 기반 데이터 마트는 통합을 약화시켜 분석을 제한할 수 있지만, EDW의 사이즈 문제를 일부 해결하는 역할을 한다. 예를 들어 여러분의 재무 분석이 재무 데이터 마트의 데이터에만 제한된다고 확신한다면, 거기에만 의존해도 좋다.

접근 가능성도 중요하지만 속도에 대해서도 생각해야 한다. 많은 분석을 하려고 한다면 특별한 데이터 웨어하우스 어플라이언스가 필요할 것이다. 이런 전용 목적의 소프트웨어와 하드웨어 시스템은 신속한 질의와 분석에 맞게 최적화되어 있다. 만일 여러분이 분석적 질문에 빨리 대답하고 싶다면 이런 어플라이언스가 필요할 것이다.

우리의 결론에 따르면, 일부 조직들은 모든 데이터를 분석할 필요가 없거나 그럴 여력이 안 된다. 만일 여러분이 여러 거래 시스템과 고객에 대한 데이터 소스가 있다면, 이를 전부 고객 정보 파일로 만들기는 어려울 것이다. 그래서 이런 조직들은 '10퍼센트 해결책'을 취한다. 즉, 특정한 영역(대개 고객 데이터 샘플의 10퍼센트)만을 분석에 접근시키는 것이다. 커다란 모집단의 샘플 데이터는 일부 분석에 적합하다. 한 대형 은행은 고객 데이터 웨어하우스 구축을 가장 먼저 시도하여, 세분화와 판촉 티켓팅 같은 분석적 논의에서 중대한 진전을 이룰 수 있었다. 데이터 샘플링 전략은 전사적 접근의 파일럿으로도 유용하다. 예를 들면 사업 단위들이 매우 독립적이어서 전사적 차원에서 데이터를 관리하는 것이 실현 가능할지 혹은 효과적일지 분명하지 않을 때 사용할 수 있다.

데이터의 보호

매우 분석적인 조직들은 가장 신경 쓰는 대상에 대해 많은 정보를 수집하고 철저히 지키려고 한다. 그런 대상은 대개 고객이지만, 때때로 직원이나 사업 파트너인 경우도 있다. 분석기반 경쟁자들은 정보 프라이버시의 히포크라테스 선서를 따른다고 하겠다. 무엇보다 그들은 피해를 주지 않는다. 고객과 직원 정보에 관한 한, 명확한 프라이버시 정책을 갖고 있다. 그리고 그들이 속한 업계나 지역의 사생활 보호법을 위배하지 않는다(글로벌 기업으로서는 쉽지 않은 일이다. 관련 정책이 지역마다 굉장히 다르기 때문이다. 유럽의 법은 특히 엄격하다). 그들은 해커 혹은 부주의와 실수로 정보를 상실하는 일이 없도록 주의한다. 그리고 고객이나 직원의 허락 없이 정보를 팔거나 내어주지 않는다. 고객이나 직원들이 정보를 획득하고 사용해도 좋다고 명시적으로 허락

하는 옵트인 정책(Opt-in Policy, 수신자의 사전 동의를 받아야만 광고 메일 등을 보낼 수 있는 정책-옮긴이) 등을 통해서만 정보를 얻을 수 있다. 그리고 고객이 행여나 진저리를 치지 않게끔 고객과의 접촉 횟수에 대해서도 분명한 선을 긋는다. 또한 적절한 선을 넘을 것 같은 의구심이 드는 분석 활동이 있다면 절대로 하지 않는다.

분석기반 경쟁자들은 효과적인 프라이버시 정책뿐만 아니라, 고객 대응 직원들이 고객의 민감한 정보를 누설하는 일이 없도록 한다. 한 예로, 테스코의 클럽 카드인 로열티 카드를 소지한 여성 고객이 콜센터에 전화를 걸어 콘돔 쿠폰을 받았다고 불평한 적이 있었다. 테스코는 과거 물품 구매 내력에 근거해 고객들에게 쿠폰을 보내는데, 이 여성 고객이 전화한 것도 바로 그 때문이었다. "그러니까 내 카드로 누가 콘돔을 샀다는 얘기잖아요?" 콜센터 상담원은 침착하게 대답했다. "우리는 때때로 무작위로 쿠폰을 보내기도 합니다." 데이터베이스 기록으로 볼 때 누군가 그 고객의 클럽 카드 넘버를 사용해 콘돔을 구매한 게 분명했지만, 그 상담원은 그와 같은 말로 회사가 고객의 사생활을 보호하고 있다는 이미지를 심어주었다. 분석을 실행하는 사람이라면 분명 이런 능력을 갈망할 것이다.

데이터 거버넌스

이제까지의 논의를 보면 적재적소에 데이터를 제공하는 일은 슈퍼컴퓨터나 할 수 있는 초자연적인 일처럼 보인다. 하지만 데이터 관리는 우리 같은 불완전한 인간이 하는 일이다. 여기서 거버넌스라는 용어는 데이터 관리에서 막중한 책임을 맡은 사람이 있다는 의미다. 즉, 데이터가 분석에 유용한 것인지 확인하는 모든 방법을 의미한다. 따라서 데이터는 충분히 정의되고 좋은 품질을 갖춰야 하며, 표준화되고 통합되고 접근 가능하게 만들어야 한다. 물론 좋은 데이터를 갖추는 일은 조직 구성원 모두의 일이라고 주장할 수도 있다. 하지만 그것은 곧 누구의 일도 아니라는 말도 된다.

분석기반 경쟁자의 단계에 이르고 싶다면 몇 가지 역할을 맡을 사람들이 필요하다. 여기서는 그중에서도 가장 중요한 역할들, 즉 고위 의사결정자, 오너/청지기, 데이터 옹호자의 역할을 설명할 것이다.

고위 의사결정자

분석 프로젝트에 사용되는 핵심 데이터와 관련해 조직을 이끄는 일은 고위경영진의 임무다. 최소한 그들은 어떤 정보가 사업의 얼마나 많은 부분에서 공통적으로 정의되고 관리될지 결정해야 된다. 가령 고객(분석 업무의 가장 흔한 영역)에 분석 포커스를 계속 유지한다면, 고위경영진은 조직 전반에서 '고객'이라는 단어의 의미를 통일시켜야 한다. 대다수 경영진들은 그런 식으로 정보를 다루지 않는데, 그렇지 않고서는 데이터를 성공적으로 통합시킬 수 없다.

데이터에 관한 높은 단계의 결정들은 오직 고위경영진만이 내릴 수 있다. 그들은 오너십, 청지기 정신, 전략적 관계 같은 논의를 그다지 달가워하지 않을 수도 있다. 그럼에도 그런 문제에 관해 심사숙고할 수 있는 유일한 사람들이다. 모든 데이터가 완벽한 건 아니기 때문에, 오직 고위경영진만이 어떤 종류의 데이터(고객, 상품, 공급사슬 등)가 조직의 성공에 가장 중요한지 결정할 수 있다. 그들은 어떤 종류의 데이터 자산들이 특정한 전략적·분석적 타깃에 상응하는지 결정해야 한다. 그리고 데이터에 투자하기 위해 수표에 서명해야 한다. 마지막으로, 데이터와 관련된 중요한 프로그램들과 제안들에 대해 결정을 내려야 한다. 만일 여러분이 IT나 데이터 관리를 맡은 분석 부서의 직원이라면 반드시 고위경영진을 개입시켜야 한다. 고위경영진의 결정이 없어 곤경에 처할 수도 있기 때문이다.

오너/청지기

조직은 특정 유형의 데이터(고객 데이터, 재무 데이터, 상품 데이터)에 대한 특별한 책임을 정의해야 한다. 오너십은 정치적 어려움과 분노를 유발하기 쉬운 무거운 용어다. 그에 반해 청지기 정신은 논란을 피할 수 있는 보다 나은 용어다. 청지기 정신은 데이터를 사업에 사용하는 모든 요인을 책임지는 것으로, 대개 IT 쪽 사람들보다는 해당 사업의 관리자들(정규직일 수도 있지만 파트타임인 경우가 더 많다)이 갖는다.

뱅크오브몬트리올금융그룹(BMO)은 매우 많은 정보 청지기들을 고용했다. 이곳의 중역들은 은행이 모든 정보를 갖추었지만 데이터가 프로세스와 직능 전반에서 적절하게 관리되려면 비즈니스 인포메이션 청지기들이 필요하다고 여겼다.[9] BMO는 청지기들에게 다음과 같은 책임을 부여했다.

• 사업 정의와 기준: 일관된 정보 해석과 통합 능력

- 정보 품질: 정보의 정확성, 일관성, 시의적절성, 타당성, 완결성
- 정보 보호: 안보와 프라이버시 요구 조건에 맞출 적절한 통제
- 정보 라이프 사이클: 수집, 창조부터 보유나 폐기까지의 정보처리

BMO는 전략적 차원('정보 전략과 높은 수준의 3~5개년 계획을 개발하자'), 운영 차원('정보관리/변화관리 전략과 프로그램을 개발하자'), 전술적 수준('정보관리 기준을 지원할 정보 운영 절차를 개발하고 전달, 유지하자')으로 나누어 각각 특정한 청지기 직능을 나열했다. 고용된 청지기들은 해당 사업의 관리자들로, 파트타임으로 일하고 있다.

데이터 옹호자

IT 조직들은 데이터 인프라를 구축하고 거래 데이터를 발생시키는 애플리케이션을 설치하고 유지하는 노하우를 갖고 있지만, 조직이 분석 프로세스와 리포팅에서 데이터를 사용하도록 도우려는 성향은 없는 경우가 종종 있다. 그런 포커스를 보증하는 한 가지 방법은 정보관리를 강조하고 데이터와 정보에 쉽게 접근하고 분석하도록 만드는 집단을 창조하는 것이다. 그런 집단은 BICC라고 하는데, 최근 늘어나는 추세다.[10]

이처럼 BI 촉진 이상의 목적을 가진 조직은 그들의 분석 데이터 지원 집단을 정보관리(IM)나 비즈니스 인포메이션 관리로 지칭한다. 그런 집단을 세운 조직으로는 건강보험사 후마나와 바클레이즈의 남아프리카 은행 지부인 아브사뱅크가 있다.

후마나에 있는 집단은 정보관리와 인포매틱스를 책임진다. 이곳의

인포매틱스란 의료 조직에서 환자 치료와 질병관리에 사용하는 분석을 말한다. 책임자인 리사 토빌은 단지 재무만이 아니라 각종 정보를 다루며, 반드시 CFO(최고재무책임자)에게 보고한다. 보험통계를 전공하고 정량적인 것이라면 뭐든 옹호하는 그녀는, 기업의 의사결정을 지원하기 위해 분석력을 향상시킬 방법을 찾아나서는 것이 자신의 비전이라고 밝혔다.[11] 즉, 그것이 그녀가 세운 위대한 목표다.

아브사뱅크는 2001년에 정보관리 집단을 설립했다. 처음에는 고객 정보에 집중했다. 데이비드 던킨은 정보관리 집단의 첫 번째 책임자로, 자신의 임무를 이렇게 설명했다. "정보와 지식에 기반한 전략 공식화와 의사결정을 가능케 하고, 사업 성과를 향상시키기 위해 정보를 레버리지합니다. 이런 일들은 조직을 더욱 분석적으로 만들기 위한 핵심 업무입니다."

아브사뱅크의 정보관리 집단은 데이터 웨어하우스, BI 도구, 애플리케이션, 데이터 마이닝, 지리적 정보 시스템을 책임진다. 또한 이 집단은 은행의 정보 전략과 아키텍처를 개발했는데, 은행이 어떻게 정보를 저장하고 조작하는지 정의한 것이다. 데이비드는 '바클레이즈 분석가 커뮤니티'라는 더 큰 모임에서 아브사뱅크를 대표하고 있다. 이 공동 IT 조직은 아브사뱅크의 오퍼레이션 애플리케이션, 데이터베이스, IT와 네트워크의 아키텍처를 관리한다.

데이비드에 따르면, 정보관리 집단이 형성될 때 아브사뱅크의 데이터 웨어하우스는 고객 중심도 아니었으며, 안정되지도 사업 지향적이지도 않았다. 필요하지 않은 정보와 찾는 방법도 모르는 정보를 저장하고 있었다. 하지만 지금은 후방의 IT와 전방의 사업 의사결정자 사이의 관계를 개선시켜 교차판매, 업셀(up-sell, 고객이 희망했던 상품보다 단가가 높은 상품의 구입을 유도하는 판매 방법-옮긴이), 보유, 고객 세분화와 평생가치 점수를 내놓는 균형성과표, 사기 탐지, 리스크 관리, 고객 분석 같은 분석 애플리케이션을 촉진했다.[12]

하지만 이런 BICC나 정보관리 집단이 있어도, IT와 비즈니스 사이를 제대로 연결하는 일은 힘들다. 이런 집단이 IT 조직의 일부이든 분리되어 있든, 업계의 특정 분석에 익숙한 데이터 인력을 IT 쪽에 갖춰야 한다. 그들은 데이터에 쉽게 접근하고 이를 분석에 사용할 수 있다.

데이터 관리의 사례

데이터를 정렬하는 것은 분석에서 매우 중요하다. 대다수 조직들은 분석을 하기 전에 데이터 관리에 노력을 들여야 한다. 800개 이상 체인점을 보유한 네덜란드의 최대 슈퍼마켓 알버트헤이진은 분석력을 구축하기 위해 상당한 노력을 기울였다.

1990년대에 알버트헤이진은 분류, 대체, 타깃에 따른 고객 세분화 등으로 상점을 차별화하는 프로그램을 시작했다. 알버트헤이진의 경영진은 비용을 더 들이지 않고 이런 목적을 달성하려면, 더욱 통합된 데이터 환경이 필요하다는 결론을 내렸다. 그들은 회사의 비전을 담은 정보 환경 청사진을 개발하고, 총체적 부가가치 생산과정(Total Value Chain)에서 데이터를 통합해 기업 데이터 웨어하우스를 만들었다. 과거 알버트헤이진은 상당한 양의 데이터를 가지고 있었지만 수

많은 시스템들과 데이터베이스들에 흩어져 있었다. 목표는 거대한 데이터를 사용해 회사 전체를 지원하는, 모든 기업 프로세스와 거래가 하나로 통합된 환경이었다. 알버트헤이진은 수년간 3000만 유로가 들어가는 데이터 통합 프로젝트를 시작했다. 그 결과, 그리스의 지혜의 여신 이름을 딴 '팔라스(PALLAS)'라는 데이터베이스가 나왔다. 팔라스는 거래 시스템의 75퍼센트에서 나왔으며, 10년간의 세세한 온라인 데이터를 담고 있었다. 지금은 3000명 이상의 직원들이 데이터로 보고서를 올리고 분석을 한다. 그리고 매 주 6만 명 이상의 고객들이 이 시스템을 사용해 어떤 품목을 최근에 구매했는지 살펴본다. 상점 오퍼레이션의 관리 문제는 거의 실시간으로 해결되는데, 예를 들어 특정 품목에 대한 상점 수요에 대한 예측은 5분마다 업데이트된다. 그리고 그런 예측에 근거해 자동적으로 상점이 채워진다.

일단 팔라스가 만들어지고 리포팅에 대한 초기 욕구가 충족되자 알버트헤이진은 관심을 분석 기법에 돌리기 시작했다. 조직 전반에 걸쳐 분석 프로젝트를 수행하기 위해 사업 분석 집단을 구성하고 회사 내부에 분석 영역을 전문화했다. 또한 소매업계에서는 드물게도 정교한 분석 인텔리전스 테크놀로지를 사용했다. 수년에 걸쳐 만들어진 단독 목적의 데이터 마트들은 특정 영역에서 분석을 지원했는데, 첫 번째 마트는 품절을 줄이려는 목표에서 나왔다. 이제 알버트헤이진은 로열티, 분류 최적화, 판촉 분석, 비(非)음식 품목 소개에 대한 프로젝트를 포함해 다양한 분석 프로젝트들을 팔라스 데이터로 진행하고 있다. 이런 프로젝트들은 통합된 고품질의 데이터가 주어지지 않았다면 불가능했을 것이다.

5단계 발전 모델과 데이터

앞서 우리는 분석으로 경쟁우위를 획득한 기업들의 특성을 설명했다. 하지만 여러분이 그 정도 수준의 분석을 갈망하지 않는다면, 그리고 분석이 그다지 중요하지 않은 조직에서 분석을 적용하려면 다른 방법이 필요하다. 이제 우리는 분석 포커스의 보다 낮은 차원에서 데이터로 무엇을 할 수 있는지, 어떻게 해야 다음 단계로 이동할 수 있는지를 다룰 것이다.

1단계에서 2단계로

1단계에서 2단계로 가려면 베이직 데이터를 마스터해야 한다. 1단계 회사는 이런 조건을 충족시키지 못한 상태다. 데이터가 이용 가능하다고 해도 일관성과 품질이 떨어진다. 2단계로 이동하려면 특정 직능이 효율적인 거래 시스템에서 필요로 하는 데이터를 창출하고 이를 분석 목적에 맞게 이용할 수 있어야 한다. 이 단계에서 기업 데이터 웨어하우스는 없다. 하지만 직능별 데이터 마트나 오퍼레이션 데이터 마트가 시작될 것이다.

1단계에서 2단계로 이동할 때 모든 분석 활동은 데이터와 관련된 것들을 포함해 국지적 수준에서 시작해 그곳에 머문다. 그리고 직능별, 사업 단위별로 각 영역에서 분석 제안을 실시하기 위해 필요한 데이터와 분석가들을 집결시킨다. 하지만 전반적으로 서로 다른 타깃들을 가지고 있어, 데이터 정화 및 접근성과 관련된 프로젝트에 집중하지 않거나 그럴 능력이 없다.

| 표 1-1 | 데이터를 통한 단계 이동

분석으로 경쟁하기 어려운 1단계 → 국지적 분석을 수행하는 2단계	국지적 분석을 수행하는 2단계 → 분석에 열의를 보이는 3단계	분석에 열의를 보이는 3단계 → 분석적 기업의 4단계	분석적 기업의 4단계 → 분석기반 경쟁자의 5단계
기능별 데이터 마트 구축을 포함해 중요한 로컬 데이터를 정복한다.	일부 분석 타깃과 데이터 니즈를 둘러싸고 합의를 도출한다. 일부 도메인(고객) 데이터 웨어하우스를 짓고 그에 상응하는 분석 지식을 구축한다. 교차직능 데이터 관리에 대한 동기를 불러일으키고 보상한다.	기업 데이터 웨어하우스를 짓고 외부 데이터를 통합한다. EDW 계획과 관리에 경영진을 개입시킨다. 어떤 데이터 소스가 나타나는지 모니터한다.	분석 데이터의 경쟁력 있는 잠재력에 대해 고위경영진을 개입시킨다. 독특한 데이터를 이용한다. 강한 데이터 거버넌스, 특히 청지기 정신을 정립한다. 아직 BICC가 없다면 빨리 만든다.

2단계에서 3단계로

고위경영진이 분석에 조금씩 관심을 보이는 단계다. 이때는 분석적이고 데이터 지향적인 사람들이 의사소통하고 협력하게끔 격려해야 한다. 여기서 핵심은 데이터로 일부 성공을 거두는 것이다. 새로운 데이터 소스를 파악하고, 데이터를 거래 데이터베이스에서 추출하거나 외부에서 구매해 분석용으로 이용한다. 또한 핵심 분석 타깃에 조직적 합의가 이루어지고, 데이터가 통합되고 공유되어야 한다.

기업 차원의 타깃은 미래 분석 전략을 지원하는 영역의 데이터 제안에 포커스를 두게 만든다. 가령 주된 미래가 고객 분석에 있다고 믿는다면 고객 데이터 웨어하우스를 짓는 것이 최우선이다. 마찬가지로, 고객 데이터 및 분석과 관련된 전문가를 길러내는 것도 우선순위다. 장기적 비전이 상품 데이터나 클레임 데이터나 게놈 데이터 등을 포함한다면, 애초부터 포커스는 그런 영역에 두어야 한다.

2단계에서 3단계로 이행하면 데이터와 다른 자원들은 부서별이 아니라 조직적 자원으로 여겨지기 시작한다. 그리고 기업 차원의 데이터 전략이 나타나기 시작한다. 이상적인 경우, 데이터 능력을 구축한 직능별, 사업 단위별 관리자들이 데이터와 분석 접근법을 채택한 것을 칭찬 받는다. 3단계로 가려면 열정적이진 않아도 기업 차원의 강한 리더십이 필요하다. 자기 부서나 사업 단위의 데이터를 순순히 내놓은 경우에는 적절한 보상을 제공하고, 계속 붙들고 있을 경우에는 처벌을 가해야 한다.

3단계에서 4단계로

3단계 조직은 분석으로 달성할 목표에 대한 장기적 비전을 갖고 있다. 하지만 몇 가지 이유로 목표가 단기간에 획득되지 못한다. 여기서 4단계로 이동하는 열쇠는 확실한 분석 프로젝트를 전사적 차원에서 추구하는 것이다. 데이터 관점에서, 포커스는 교차직능적 데이터 능력 구축에 두어야 한다. 이것은 직능 차원 데이터 마트를 전사적 차원 데이터 웨어하우스로 바꿔야 한다는 걸 의미한다. 데이터 웨어하우스의 데이터는 대개 내부 거래 시스템에서 나오지만 점차 통합된 대내외 데이터에서 나와야 한다. 이런 활동을 정당화하고 자금을 지원하기 위해, 고위경영진은 데이터 논의에 관한 컨설팅을 받고 개입해야 한다.

우리는 지금은 크게 사용되지 못하는 데이터를 수집해 장기적 비전을 세운 여러 조직들을 발견했다. 한 예로, 헬스케어 회사들과 제약 회사들은 환자의 게놈 및 단백질 프로파일에 근거한 맞춤형 의학의 미래를 꿈꾸고 있다. 오늘날 이런 정보는 비싼 데다 관리하기도 어렵다. 그래서 언제 그런 정보를 이용할 수 있을지 알기 위해, 필요한 데이터의 개발을 지켜봐야 한다. 그리고 현재 주어진 데이터를 분석하려는 파일럿 프로젝트를 실시하는 것이 중요하다. 그래야 마침내 그런 시기가 도래할 때 그걸로 무엇을 할지 알 수 있다.

4단계에서 5단계로

5단계 회사는 4단계 회사와 어떻게 다를까? 4단계 조직은 일반적으로 데이터를 능숙하게 관리하며 적절한 거래 시스템, 데이터 웨어하우스, 심지어 일부 비수치적 내용을 비롯해 필요한 데이터 소스의 대부분을 갖추고 있다. 하지만 아직 데이터를 경쟁우위로 사용하는 데는 열정적이지 않기 때문에 데이터 환경을 분석에 최적화시키지 못한다. 그리고 업계의 독특한 데이터에 강한 포커스를 두지 못한다. 또한 사업 쪽의 분석가들 및 의사결정자들과 분석 프로젝트의 데이터 인프라 공급자인 IT 쪽의 사람들 사이를 조율할 직능이 없다.

4단계와 5단계 조직의 주된 차이는 분석에 대한 열정이다. 그런 전환에서 핵심 단계는 경영진이 분석 가능성에 흥분하는 것이다. 매주 알고리즘에 감사하는 날을 지정하라는 게 아니다. 리더들을 교육하면서 경쟁우위에 데이터를 사용한 경쟁자들과 조직들의 사례를 가급적 많이 들고, 잘 관리되고 차별화된 데이터가 분석에 포커스를 맞춘 전략에 얼마나 중요한지 강조할 수 있다. 조직 전반에서 이루어진 핵심 데이터 자원의 평가는 사고와 행동을 시뮬레이션하는 데 도움이 된다.

거버넌스의 관점에서 일부 청지기나 사업 쪽 정보관리 직능을 실험적으로 가동해보거나, 우호적인 임원을 청지기로 뽑는 게 유용할 것이다. 소규모 BICC를 설립하는 것도 좋은 방안이다.

분석적 기업으로의 도약

분명 한두 단계를 건너뛰거나 각 단계를 재빨리 이동하는 것도 가능하다. 만일 1단계에서 더욱 분석적인 기업이 되길 바란다면, 2단계의 부서별 접근법을 건너뛰는 것도 좋은 아이디어다. 만일 여러분의 경영진이 교차직능적이고 전사적 접근을 후원한다면, 기업 데이터 웨어하우스를 구축하는 것이 타당하다. 하지만 노력을 어디에 집중시켜야 하는지에 대한 감부터 잡아야 한다. 때문에 전형적으로 3단계에서 개입하는, 임원이 내놓는 타깃과 비전이 필요할 것이다.

1단계나 2단계에서 금세 4단계나 5단계로 건너뛰지는 못할 것이다. 데이터와 분석, 분석 전략과 인적 인프라, 데이터 인프라를 갖추는 것은 시간이 걸린다. 더군다나 분석의 성숙 궤도를 따라가는 데 필요한 투자의 상당수는 초기 프로젝트를 통해 그 가치가 증명되기 전까지는 경영진의 후원을 받지 못할 것이다. 하지만 지원을 아끼지 않는 CEO와 경영진이 있다면 좀 더 빨리 진보할 수 있다.

데이터

- 분석을 이해하고 분석할 줄 아는 사람을 데이터 관리 조직에 고용하라. 분석용 데이터와 사업 거래 및 보고용 데이터의 차이를 남들에게 설명해줄 수 있는 사람이어야 한다.

- 특정한 영역(예를 들어 고객)에서 모든 데이터를 획득할 수는 없으므로, 일부 데이터로 체계적이고 타당한 샘플을 만들어라. 일부 직접적인 통찰력만이 필요한 경우에는 샘플을 만드는 게 더 빠르고 비용이 덜 들 것이다. 대개의 경우, 가능한 한 자세한 데이터를 확보하도록 노력하라.

- 사업 정보가 잘 정의되고 유지되고 사용되는지 확인할 조직을 창조하라.

- 핵심 정보 영역(고객, 상품, 직원)의 데이터 청지기를 찾아라.

- 독특하고 독보적인 데이터를 찾아라. 여러분의 조직이 분석적으로 이용할 수 있는 비수치적 데이터(비디오, 소셜 미디어, 보이스, 텍스트, 냄새 등. 위생용품을 거래하는 회사가 아니라면 냄새는 빼도 좋다)로 실험하라.

- 데이터의 완결성, 품질, 통합을 완벽하게 하겠다며 시간과 자원을 낭비하지 말고 분석에 시간을 들여라.

02
전사적 관점
》》 기업 차원의 분석을 위한 통합

2006년 한 다국적기업이 정보를 중요한 경쟁 자산으로 관리하는 원데이터(OneData)로 분석기반 경쟁자가 되었다. 이곳 임원의 말대로, 단독 출처의 진실이 더 나은 사업 통찰력을 가속화하고 궁극적으로는 더 나은 사업 결정을 가져올 것이라고 생각하기 시작한 것이다. 이 기업은 분석에서의 중요한 원칙, 즉 전사적 관점의 정반대는 국지적·독립적 관점이 아니라 단절된 관점임을 이해했다. 전사적 분석을 개발하려면, 데이터를 통합하고 분석가들을 한데 모아 기업 전반에서 IT 플랫폼을 건설하는 것 이상이 필요하다. 즉, 고유한 어젠다와 니즈, 그리고 두려움을 가진 관리자들이 가지고 있는 제한적이고 조각난 관점을 단일한 관점으로 바꿔야 한다. 뭔가 극동의 신흥 종교를 전도하는 것처럼 들릴지 모르지만, 우리는 여기서 단지 효과적인 경영 관행을 말하고자 할 뿐이다.

폭넓은 사업 관점이 없으면 사업 성과와 조직적 경쟁력의 핵심인 전략적 이슈를 다룰 수 없다. 그리고 정보가 파편적이라면 다음과 같은 핵심적인 경영 질문에 대한 답을 구할 수 없다.

- 어떤 성과 요인이 미래 성장과 수익성에 가장 큰 영향을 주는가?
- 변화하는 시장 상황을 어떻게 예측하고 영향을 미칠 수 있는가?
- 고객 만족이 향상된다면 수익성에는 어떤 영향을 주는가? 예를 들어 고객 로열티가 주문 수량보다 더 중요한가?
- 어떻게 해야 상품과 마케팅 채널, 지역 전반에서 투자를 최적화할 수 있는가?
- 관리자들의 결정은 회사 전략과 조화를 이루는가? 아니면 단지 관리자의 자기 이득에 부합하는가?

의사결정자들이 지역과 사업 단위, 프로세스 전반에서 나온 정보를 고려한다면 분석은 이런 고차원적 질문들을 조명할 수 있다. 게다가 전사적 관점은 분석 데이터와 모델들을 속이는 것 없이 정직하게 다루게 만든다. 상부의 강화된 엄격한 기준이 없다면 편협한 전망을 가정과 리스크에 대입하려는 유혹이 굉장히 커질 것이다.

성과와 리스크 같은 전략적 관심만이 전사적 관점을 채택하는 유일한 이유는 아니다. 조율된 관점은 사업 프로세스와 IT를 포함한 직능에서 분석 활동을 증진시킨다. 만일 전사적인 분석 전략과 로드맵이 없다면, 대다수 IT 조직들은 사업적 니즈를 예측하고 지원하느라 고군분투할 것이다. 그리고 프로젝트 관리자들은 유용한 프로젝트에 매달릴 기회를 상실한 채 적은 가치를 만들어내는 제안에 배당될 것이다. IT는 이미 데이터를 가지고 있거나 문제를 안고 있는 프로젝트를 지원하는 잘못을 범하게 된다. 더 큰 문제는, 잘못을 인정하고 일부만이라도 유용하길 바라며 수중에 얻을 수 있는 데이터는 뭐든 공급하려고 한다는 것이다.

독일의 종합화학제약회사인 메르크의 임원인 로빈 데한은 이런 단절된 관점의 함정에 대해 다음과 같이 말했다. "그로 인해 더 많은 즉흥적 활동과 더 많이 분할된 데이터베이스가 나타났습니다. 편의주의가 전략에 개입한 것이죠."[1]

중앙의 조율이 없다면 사업 단위별, 직능별 관리자들은 자기만의 분석 봉토를 구축하려고 한다. 한 헬스케어 업체의 네트워크가 그랬다. 이곳의 부사장은 4개 그룹과 7개 병원에 분산된 분석 프로젝트, 전반적으로 강한 오너십이 부족한 네트워크 프로젝트, 감독을 받지 않고 자기 맘대로 하는 병원의 고위임원들에 대해 불평했다. "분석에 대한 노력을 각 부서 밖으로 끌어내기가 힘듭니다. 누가 무엇을 아는지 알 수가 없어요. 여기저기 분산된 정보들로 중앙의 데이터 웨어하우스를 만드는 간단한 일조차 마치 연방정부를 새로 만드는 것처럼 힘이 듭니다."

또한 중복된 노력은 갈등과 실수로 이어진다. 서로 다른 시스템이나 데이터 소스를 사용하는 임원과 직원들 사이에서 충돌이 발생한다. 분석가들 역시 서로 의견과 수치가 다르고 각자 자기 분석이 옳다고 주장한다. 이런 분석적 앙숙은 서로 동의하지 않고 피해를 주거나 경쟁하려고 한다.

반면 조율된 전사적 접근은 복잡성을 줄인다. 만일 분석가들이 회사의 분석적 니즈에 대한 지식이 없다면, 이들은 다른 부서에서 이미 구매한 데이터나 소프트웨어를 또다시 구매하는 실수를 저지를 수도 있다. 그리하여 수백 개의 데이터 마트, 리포팅 패키지, 예측 도구, 데이터 관리 솔루션, 통합 도구, 방법론들이 버섯들처럼 여기저기서 자라난다. 우리가 아는 한 회사는 275개 데이터 마트와 수천 개의 정보 리소스를 갖고 있었다. 하지만 핵심 성과 매트릭스와 고객 데이터 측면에서 하나의 단독 관점으로 통합하지 못했다. 애초에 조율했다면 이런 활동들을 통제하기가 좀 더 편했을 것이다. 이와 달리 베스트바이는 회사가 분석을 채택하기 시작할 때 발생한 293개의 분석 시스템과 데이터 피드(Data Feed, 데이터 소스에서 업데이트된 데이트를 추출하는 시스템-옮긴이)를 정리해 품질을 향상시키고 비용을 절감시켰다.

미국 대기업의 3분의 2가 자사의 분석력을 향상시켜야 한다고 믿는다. 비록 설문조사한 회사들의 반 이상(57퍼센트)이 일관적으로 업데이트되는 전사적 분석력이 없다고 말했지만 말이다. 조사한 회사들의 4분의 3(72퍼센트)은 자사에서 사업에 분석을 더 많이 사용하기 위해 애쓴다고 말했다.[2]

대다수 CIO들은 기업의 IT 전략만이 분석에서 진짜 가치를 이끌어낸다고 생각한다. 연구에 따르면, CIO의 75퍼센트가 부서별 정보를 종식시키길 원하고 76퍼센트는 향후 3년 안에 기업의 BI 전략을 개발할 계획이라고 응답했다. 그리고 반 이상이 자신의 회사가 여전히 분석에 대한 전사적 접근이 부족하다고 답했다.

만일 여러분이 CIO가 아니라면, 여러분의 통제 범위에만 신경 쓰는 게 당연할 것이다. 하지만 그런 접근은 신중하고 기업에 부합하는 프로그램이 아닌 잘못된 결정과 자기 이익에 부합하는 프로젝트로 이끈다. 우리는 분석기반 경쟁자로 향하는 여정의 시작 단계부터 전사적 마인드로 접근하라고 충고하고 싶다. 여러분의 회사가 발전 모델의 1단계에 있다고 해도, 미래를 내다보고 앞으로의 상승과 잠재적 하락에 대해 생각하는 것이 좋다. 그리고 국지적이고 부서별로 나뉜 프로젝트를 더 폭넓은 제안의 잠재적 기반으로 삼아라.

전사적 분석이란 무엇인가

한 멀티금융 서비스회사는 우리에게 다음과 같은 고민을 털어놓았다. "데이터, 프로세스, 분석을 기업 전반에서 어느 정도나 통합해야 합니까? 우리는 수많은 유형의 고객을 가지고 있고 서로 전혀 다른 여러 시장에서 운영하며 지나치게 많은 종류의 상품을 제공합니다. 그리고 점유했다 뺏겼다 하는 가변적인 경제적 상황에서 회사를 운영하고 있습니다." 이것은 한마디로, '전사적 분석(Enterprise Analysis)'의 정의를 묻는 질문이다.

　GE의 사례를 살펴보자. 이 회사는 터빈, 자동차, 제트엔진, 세탁기, 형광등을 팔고 〈새터데이 나이트 라이브(Saturday Night Live)〉에 광고를 한다. 그러면 독일의 풍력 터빈 고객 데이터와 타이의 세탁기 고객 데이터가 전체적으로 공유되어야 하는가? 고객 분석은 각 조직의 경계선을 넘어 적용되어야 하는가? 아마도 아닐 것이다. 하지만 일부(가령 인재관리나 대량구매 동의서)의 경우에는 사업의 여러 영역,

혹은 전 영역에서 데이터를 공유해야 한다. GE는 공통적·핵심적 분석력을 GE캐피털 금융 서비스 사업 전체에 제안함으로써 전사적 관점을 향해 첫걸음을 내딛었다.

여러분이 어떻게 전사적 관점을 채택하느냐는 한 가지 질문에 대한 대답에 달려 있다. 즉, 우리 회사에서 누가 이와 똑같은 데이터, 테크놀로지, 분석에 관심을 가질까에 대한 대답이다. 고객, 시장, 재고, 공급사슬을 공유하거나 공유할 수 있는 파트너뿐 아니라 분석 프로젝트에 참여한 집단은 기업의 일부로 간주되어야 한다. 의심이 든다면 앞서 〈그림 A-1〉의 6가지 질문에 대답하기 위해 공통된 데이터가 필요한 집단이 있는지 물어보라. 만일 있다면 그 집단과 공통된 인프라, 데이터, 정의, 분석, 결정 프로세스를 조화시키는 데서 가치를 창출할 수 있다.

때때로 사업 네트워크의 다양한 기업들은 서로 정보를 공유한다. 그중에서도 월마트는 공급사슬들과 정보를 공유하는 것으로 유명하다. 공급사슬이 그런 정보를 이용해 가격을 더욱 낮추고 소매업자와의 파트너십을 통해 판매를 늘릴 것이라는 기대에서다. 2006년 액센츄어의 연구에 따르면, 조직의 24퍼센트가 고객과 직접적으로 연결되어 있으며, 15퍼센트는 공급사슬과 직접적으로 연결되어 있는 것으로 나타났다.[3] 고객과 공급사슬이 더 나은 의사결정을 하도록 돕고 싶다면, 단지 데이터뿐만 아니라 분석과 분석적 전문 지식도 공유하여 '확장된 기업(Extended Enterprise)'을 만들어야 한다.

사업 단위 전반에서 조화나 통합의 최고 수준을 결정하는 것은 다국적기업에서나 합병을 거친 기업에서는 까다로운 일이다. 분리되어 있거나 지리적으로 따로 떨어져 있는 사업 단위들을 하나의 개체로 취급하는 것이 비효율적일 수 있기 때문이다. 에어프랑스/KLM의 임원들은 자사를 하나의 회사, 두 개의 항공사, 세 개의 사업(고객, 화물, 정비)으로 설명한다. 분석적 관점에서 그들은 하나의 기업인가? 아니면 두 개 또는 세 개의 다른 기업인가? 이는 앞서 〈그림 A-1〉의 6가지 질문이 명확하게 밝혀줄 것이다. 예를 들어 '어떻게 하면 최선의 결과를 낼 수 있을까?'에 대한 답변은 두 항공사를 전반적으로 살펴봄으로써 항공사 직원이나 정비 스태프를 최적화하는 것이다.

하지만 때때로 데이터는 실용적 혹은 법적 이유로 부서별로 남기도 한다. 예를 들어 E&J갈로 같은 대형 와인 제조사는 전국적인 와인 시음 프로그램을 실시하지는 않을 것이다. 그런 판촉을 하기에는 주류 유통 및 판매에 관련된 법이 각 주와 국가마다 다르다.[4] 또한 주기적으로 사업체를 매수, 매도하는 회사는 각 지부의 데이터를 기업의 일부로 여기지 않을 것이다. 자사의 데이터, 시스템, 결정과 엮이지 않아야 나중에 팔아버리기가 더 쉽기 때문이다.

여러 다른 IT 직능들을 갖고 있는 조직은 데이터와 IT 인프라를 공유하기 어렵다. 실질적으로 그들은 하나의 기업으로 통합될 수 없다. 또한 다국적기업에서 지리적으로 산재한 IT 부서들도 전사적 관점으로 분석을 시행하는 데 걸림돌이 된다. 그래서 이런 문제는 전략의 전환으로 이어지기도 한다. 유럽의 한 회사는 사업 단위를 독립적으로 다루어왔는데, 회사가 상품 전반에서 시너지를 추구함에 따라 더욱 통합된 정보관리 비전을 개발했다.

IT와 전사적 분석

앞서 말했듯이 대부분의 CIO들은 전사적인 정보 전략을 개발하려는 의도를 가지고 있다. 사실에 기반한 의사결정으로 회사를 이끌어나가려는 관리자에게는 좋은 소식이라 하겠다. 하지만 교통정리를 하다가 오히려 길을 막히게 만드는 경찰처럼, 때때로 좋은 의도는 불행한 결말로 이어질 수 있다.

분석의 전사적 접근을 가능하게 하려면 CIO와 IT 조직은 다음 두 가지 일을 해야 한다. 첫째, 가장 중요시되는 분석 업무의 지원에 포커스를 유지해야 한다. IT 조직들은 대개 데이터 분석이라는 중요한 일에는 시간과 돈을 거의 들이지 않고, 주로 거래 애플리케이션에 중점을 두기 때문이다. 둘째, 회사 전반에서 사람들이 필요로 하는 정보와 분석을 현재는 물론 미래에도 전달할 수 있는 IT 구조를 구축해야 한다.[5] IT 조직은 막 개발한 거래 시스템이 무엇이든 간에, 증축이나 추가로 분석을 제공하려는 유혹에 저항해야 한다. IT 조직이 데이터를 통합하고 표준화할 수 있는 플랫폼을 구축하고 사용자들에게 필요한 애플리케이션을 제공하지 않는 한, 분석은 전사적 수준으로 진화할 수 없다.

분석의 초기 단계에서 IT 조직은 자동 접근법을 취하기 쉽다. 즉, 그들은 마치 셀프서비스 주유소 주인이 가솔린을 파는 것처럼 보고서를 제공한다. 그러면 선택이 제한되고 사용자들이 직접 분석에 나서게 된다. 이런 셀프서비스는 초기에는 긍정적일 수도 있다. 근로자들에게 표준 리포팅에 접근할 정보를 제공하고 IT 자원을 다른 업무에 자유롭게 집중시킨다면 말이다. 하지만 분석 지향의 후반 단계(4단계나 5단계)로 가면 IT 조직은 셀프서비스 운영자에서 변화의 적극적인 옹호자와 설계자로 전환해야 한다. 즉, 의사결정자들이 필요한 데이터와 테크놀로지를 가지고 통찰력을 키울 수 있도록 도와야 한다. 궁극적으로 IT 조직은 기업의 분석 분야에서 어느 정도 오너십을 갖추어야 한다.

무엇보다 IT 관리자들은 분석의 잠재력을 측정하고 이해해야 한다. 그리고 IT 스태프들은 모델을 만드는 분석 프로그램과 그것을 사용하고 정보를 소비하는 아마추어 분석가들과 상호 작용해야 한다. 이 상호 작용이 잦을수록, 모두가 사업의 잠재력과 리스크를 더 잘 이해하게 된다. 이때 IT 관리자들은 다른 동료들과 거리감을 조성하는 어휘에 유의해야 한다.

분석을 위한 전사적 IT 플랫폼을 구축하는 것은 길고 위험한 여정이다. 하지만 모든 여정이 그렇듯, 첫걸음을 잘 떼면 한결 수월해진다. 우선 ERP와 CRM 시스템 같은 기업 애플리케이션을 통해 관리된 거래와 사업 프로세스에 대한 통합된 질 좋은 데이터로 시작한다. 하지만 이것으로 안심해서는 안 된다. 기업들의 회사 시스템 이용 실태에 관한 액센츄어 연구에 따르면, 여기서 어떻게 정보를 레버리지해서 사업 성과를 향상시킬지 고민한 기업들은 이 단계에서 커다란 가치를 뽑아낼 수 있었다.[6]

이런 초기 단계들은 분석으로 성공할 가능성을 늘린다. 분석기반 경쟁자들은 전사적 시스템, 애플리케이션, 거버넌스 프로세스를 제공하는 활발한 정보관리 환경을 발달시킨다. 그들은 과거에 개발되어 현재에도 사용 중인 시스템과, 유지 보수가 어렵고 혼란스러운 오래된 코드, 데이터 마트와 스프레드시트 마트 같은 고립된 정보 보관소를 제거하면서 전진한다. 그리고 독립형(standalone) 분석 애플리케이션들을 찾아내, 집중화된 분석 애플리케이션으로 이동시키거나 폐쇄시킨다.

또한 분석기반 경쟁자들은 새로 나타난 분석 도구들을 실험한다. 예를 들어 P&G는 재고 최적화의 단기 수요 예측 도구를 신생 회사 테라테크놀로지에서 시험 가동했다. 그 결과 새로운 소프트웨어가 단기 수요 예측 오류를 30퍼센트나 줄이고, 현금 흐름을 1억 달러 이상 증가시킨다는 걸 발견했다.[7] 드래프트FCB는 글로벌 통합 마케팅 커뮤니케이션 에이전시로, 분석적 통찰력을 고객들과 다른 에이전시들에게 전달하기 위해 다양한 도구들을 실험했다. 이곳의 분석 전문가들은 플래시와 오픈 소스 도구들을 포함해 분석 데이터의 시각화와 브랜드 콘셉트들 간의 관계를 그리기 위해 다양한 도구들을 사용했다. 여기서는 고품질의 데이터나 고급 기술만이 아니라, 스토리텔링과 시각적으로 매력적인 데이터가 성공의 관건이었다.[8] 그런 도구들을 연구할 전사적 차원의 집단이 없었다면, 드래프트FCB는 이를 결코 활용할 수 없었을 것이다.

마지막으로, 분석 도구들과 애플리케이션을 간과해서는 안 된다. 기업 전반에서 소프트웨어 스위트를 표준화하는 것은 일관된 데이터 관리에 도움이 된다. 그리고 향상된 사업 프로세스들에 들어갈 데이터 저장소, 분석 도구, 프레젠테이션 애플리케이션, 정보 도구로 가득한 통합 환경을 제공한다.

비즈니스오브젝트, 코그노스, 하이퍼리온 같은 독립적인 소규모 분석 벤더들은 이제 합병, 통합되어 메이저급 회사(오라클, 마이크로소프트, SAP, SAS, IBM 등)가 되었다. 소프트웨어 벤더들은 포인트 솔루션(point solution)에서 기업 소프트웨어 스위트로 전환하면서, 분석을 사업 프로세스와 업무 흐름에 새길 혁신적인 방법을 계속 추구했다. 데이터 웨어하우스 제공업체들은 베이직 SQL 질문 능력을 예측, 회귀, 결정 트리, 클러스터링(clustering), 베이시안 분석(Bayesian Analysis) 같은 분석 기능들로 강화했다. 그리고 고객들이 오퍼레이션 결정에 대한 더 나은 통찰력을 요구함에 따라 사업 애플리케이션은 더욱 분석적으로 정교해지고 있다.

만일 여러분이 분석 사용자이거나 옹호자라면 이처럼 긴 조건 목록에 질릴 것이다. 하지만 다행히도, 전사적 분석 플랫폼을 구축하는 것은 IT의 일이다. 여러분의 일은 정보와 시스템의 현재 사용자 및 미래 사용자들을 감시하는 것이다. IT 조직의 사람들과 보조를 맞춰라. 그들에게 질문을 던지고 그들이 회사에 필요한 분석 자원을 구성하도록 요청하라. 그렇지만 인내심을 가져야 한다. 제대로 되기까지는 여러 번 반복해야 하기 때문이다.

분석가들에 대한 전사적 접근법

기업의 방향은 데이터와 IT만이 아니라 분석 업무를 하는 사람들에게도 적용된다. 분석 집단도 이 장에서 이야기하는 다른 부서들처럼 문제가 있을 수 있다. 이는 분석가들을 논하는 5장에서 자세히 설명했다. 바로 5장으로 건너뛰어도 되지만, 그렇게 서두를 필요는 없다.

5단계 발전 모델과 전사적 관점

진정한 분석기반 경쟁자는 분석에 대한 인식이 전사적이며, 분석은 일상의 사업 프로세스에 새겨져 있다. 그래서 모든 사업 단위의 관리자와 직원들은 사실에 기반한 결정을 내릴 수 있다. 회사는 계속해서 진화하며, 사업 프로세스를 재정립할 때 분석을 사용하고 새로운 도구를 만들어낼 새로운 길을 계속 찾는다. 전체 사업은 분석적 탁월함을 위해 설계된, 유연하고 집중화된 IT 인프라가 담당한다. 이 모든 것은 분석을 염두에 두고 전략을 세우는 전사적 전략 개발과 성과관리 프로세스의 후원이 있어야 가능하다. 그리고 경영진과 직원들은 왜 분석이 중요한지 이해해야 한다. 회사의 전략과 어떤 식으로 맞아떨어지는지, 어디에 리스크가 있는지를 알고 분석적 지식을 이용해야 한다.

〈표 2-1〉은 전사적 관점이 각 단계별로 어떻게 진화하는지를 요약한 것이다.

1단계에서 2단계로

1단계에서는 분석에 대한 전사적 관점과 능력이 없지만 니즈는 있다. 몇몇 직원들, 예를 들어 새로 들어온 직원들은 해결할 문제나 내려야

| 표 2-1 | 전사적 관점을 통한 단계 이동

분석으로 경쟁하기 어려운 1단계 → 국지적 분석을 수행하는 2단계	국지적 분석을 수행하는 2단계 → 분석에 열의를 보이는 3단계	분석에 열의를 보이는 3단계 → 분석적 기업의 4단계	분석적 기업의 4단계 → 분석기반 경쟁자의 5단계
소규모이지만 교차직능적인 분석 프로젝트의 동지들을 찾아라. 국지적 차원에서 데이터 리스크를 관리하라. 공통된 도구 선택과 데이터 기준에 관해 IT와 파트너십을 이루어라.	다양한 사업 영역과 관련된 애플리케이션을 선택하라. 관리 가능한 범위를 유지하면서 장차 확장할 수 있도록 주위를 살펴라. 데이터 프라이버시와 안보에 관한 기준을 세워라. 점진적으로 전사적 분석 인프라를 구축하라.	만일 기업이 아니라면, 주요 사업 단위에 대한 분석 전략과 로드맵을 개발하라. 모든 분석 애플리케이션의 리스크를 평가하라. 분석의 테크놀로지와 아키텍처의 기업 거버넌스를 정립하라.	분석적 우선순위와 자산을 전사적 수준에서 관리하라. 모델 검토와 관리를 실시하라. 분석 도구와 인프라를 넓고 심도 깊게 확대하라.

할 결정이 있지만 현재의 기업 시스템에서 필요로 하는 정보를 찾을 수가 없다. 그들은 깨끗한 데이터를 수중에 넣고 싶어 안달이다. 이 조직적인 '로빈슨 가족(Swiss Family Robinsons, 스위스 작가 요한 위스의 소설 제목으로, 무인도에 난파된 한 가족이 마치 로빈슨 크루소처럼 수단과 방법을 가리지 않고 살아남는다는 내용이다-옮긴이)'은 필요에 의해, 긁어모을 수 있는 정보는 무엇이든 사용해 독자적인 분석 애플리케이션을 만든다. 기업 분석을 시작하는 힘든 오르막을 오르기 시작한 것이다. 만일 여러분이 혼자서 외롭게 분석을 주장하고 다닌다면, 관리자들이 분석 프로젝트를 후원하게 만들고 분석의 가치에 의심을 품는 사람들에게 확신을 심어주어야 한다. 아마 여러분은 필요한 정보를 찾지 못해 불만인 관리자들 가운데서 여러분이 계획한 비폭력적 혁명의 동지들을 찾을 수 있을 것이다. 여러분의 계획에 흥분한 IT 관리자들 가운데서 지원군을 찾을 수도 있다. 이런 아군을 얻은 뒤에는,

비교적 손쉬운 혜택이 주어지는 소규모 분석 프로젝트의 비즈니스 사례를 개발하라. 정보와 성공에 대한 공치사를 공유하고, ROI(투자수익률)를 추적하고, 정보 안보를 유지하라. 이런 증명 프로젝트들이 승인되기 시작하면 2단계에 도달한 것이다. 여기서부터는 분석에 대한 전사적 관점이 어떤 모습일지 예측해야 한다.

2단계에서 3단계로

몇 개월 혹은 몇 년이 지나면, 첫 번째 분석 프로젝트는 그 가치를 증명하고 CEO와 일부 임원들도 눈치 채기 시작한다. 이제 목표는 포커스를 제대로 맞춘 전사적 분석을 시작하는 것이다. 이 국면에서, 선견지명을 지닌 소수의 기업들은 분석의 IT 플랫폼을 표준화하기 시작할지도 모른다.

가장 먼저 '사업'의 개념을 정의하라. 그리고 임원들이 분석으로 할 수 있는 일에 대한 비전을 개발하도록 하라. 그런 다음에는 최고의 전략적 타깃과 프로젝트들을 확인하고, 여러분이 갈망하는 혜택과 이를 측정할 수단을 파악하라. 사업 성과를 견인할 레버를 파악하기 위해 성과 데이터를 세밀히 조사하고 회사의 현재 능력을 측정하라. 회사의 노하우, 사업 프로세스, 분석 리스크 관리 능력, 테크놀로지를 평가하라. 지금 상태는 어떤지, 앞으로는 어때야 하는지 분석하라.

이런 프로젝트를 계획할 때는 분석 리스크에 대해 임원들을 교육시켜야 한다. 너무 앞서나가지 않는 게 좋다. 어차피 회의주의자들은 있기 마련이다. 각 프로젝트를 통해 그들에게 증명해 보이고, 내분과 힘든 협상에 대비하라. 여러분의 계획이 일부 관리자들에게는 위협이 될 수도 있기 때문이다. 특히 여러분의 조직이 사실에 기반한 분석적 결정을 내릴 준비가 되어 있지 않을 때는 더욱 그렇다. 여러분이 원하는 것을 위해, 분석에 회의를 품는 사람들에게 그들이 원하는 것을 제공하라.

3단계에서 4단계로

이제 여러분의 회사는 계획에서 실행으로 나아가고 있다. 가장 중요한 전략적 애플리케이션들만 골라내고, 본격적으로 데이터와 테크놀로지를 표준화할 준비가 되었다. 이 단계에서, 대개 고위임원들은 분석적 의사결정을 옹호할 것이다. 여러분의 회사는 분석의 워너비라고 할 수는 없지만 분석기반 경쟁자처럼 행동하기 시작할 것이다.

전반적으로 여러 스트레스 포인트에 대비하라. 가장 먼저 할 것은 새로운 IT 인프라와 표준을 갖추는 일이다. 이를 위한 로드맵을 만들고 단계별로 차근차근 실행하라. 너무 빨리 혹은 너무 많이 하려고 하면 실수나 저항이 생긴다. 새로운 데이터 정책을 실시하는 두 번째 스트레스 포인트도 힘들다. 습관을 바꿔야 하고 지속적으로 반대하는 사람들은 내보내야 하기 때문이다. 이 단계에서 여러분은 고객과 프로세스 데이터를 여러 이해관계자들과 공유하기 시작할 것이다. 그들은 데이터의 통제를 중앙에 뺏길까봐 두려워할 것이다. 그리고 데이터의 정의 방식과 수치가 다른 이유를 놓고 다툼이 발생하면 혼란이 생길 것이다. 따라서 여러분은 핵심 정보 도메인에서 상당한 시간이 걸리는 '단독 버전의 진실' 프로젝트를 시작해야 한다.

4단계에서 5단계로

4단계에 도달한 것을 축하한다! 여러분은 이제 분석의 혁명을 이루어 냈고, 분석적이며 사실에 기반한 결정을 내리게 되었다. 이제 경영진은 회사를 분석기반 경쟁자로 끌어올리기 위해 헌신할 것이다. 하지만 해야 할 일은 아직도 많다. 여러분의 조직은 일부 지역이나 사업 단위에서 여전히 2단계나 3단계일 수 있다. 속도를 내야 할 시간이 왔다.

분석을 핵심에 두기 위해 앞으로 어떤 변화가 필요하고 어떻게 실행할지를 살피려면 IT 아키텍처와 인프라를 재고해야 한다. 모든 노하우와 지원 기능(프로젝트 관리, 분석 전문가, IT 지원)은 이제 전사적 집단에 집중되어야 한다. 가장 성공적인 변화는 직위를 막론하고 모든 사용자와 노동자에게 영향을 미치는 것이다. 회사가 새로운 사업 방식을 채택하면서 그들의 직무 내용과 직능이 변했으므로, IT와 인적 자원과 오퍼레이션 집단은 그들의 변화된 관리 노하우를 총동원해야 한다.

이때부터는 데이터를 통합하거나 분석을 지원하기 위해 전사적 IT 플랫폼을 구축하는 것 이상이 필요하다. 고유한 어젠다와 니즈, 그리고 제한적이며 분산적인 관점과 두려움을 가진 수십 명의 관리자들을 설득해, 분석 기법이 어떤 식으로 회사를 돕는지 멀리 내다보는 통합론적 관점으로 바꾸도록 해야 한다. 메모를 보내거나 새로운 시스템을 설치하는 것으로는 분석에 대한 생각을 바꾸고 제한적 관점과 (때론 무제한적인) 두려움을 극복할 수 없다. 바로 여기서 리더십이 요구된다. 이는 델타 모델의 세 번째 요소이기도 하다.

전사적 관점

- IT에서 뜻을 같이하는 사람들을 찾고, 다른 잠재적 이해관계자들과 협력하라.
- 기업 데이터의 품질을 보증하고 확보하는 책임을 져라. 데이터 거버넌스 제안에 참여하는 것도 포함된다.
- 통합된 분석 환경을 단 한 번이 아니라 꾸준히 구축하라.
- 기업 내부에서 분석의 공급(데이터, 테크놀로지, 분석가들)과 수요의 균형을 맞춰라.

03
리더십
»» 변화를 결정하는 핵심 요인

조직의 분석 정도를 판단하는 단 하나의 요인을 고르다면, 바로 리더십이다. 경영진이 분석 제안을 후원한다면 결실을 맺을 가능성이 더 크기 때문이다. 경영진은 조직 문화에 강한 영향을 미치고, 분석적 의사결정을 밀어붙일 사람들과 자원을 동원할 수 있다. 10년 전 우리는 기업들이 어떻게 분석력을 구축하는지 연구하기 시작했는데, 이때 가장 중요한 전제조건의 하나가 분석적 의사결정에 신경 쓰는 리더라는 결론을 내렸다. 그리고 우리는 지금도 여전히 이 결론을 지지한다.[1]

하지만 우리의 초창기 생각과 저술, 연설에 대해 재고하고 싶은 게 한 가지 있다. 우리는 CEO들의 분석 리더십에만 초점을 맞췄다. 물론 성숙한 분석기반 경쟁자가 되려면 반드시 CEO를 끌어들여야 하는 건 분명하다. 그리고 CEO가 아니더라도 고위임원들의 지지와 대규모의 자원이 있으면 도움이 된다. 하지만 모든 직원이 분석에 대한 열망이 있어도 조직을 분석적인 방향으로 움직일 수 있다. 이 장에서는 CEO가 아닌 다양한 사람들이 어떻게 조직을 더욱 분석과 사실 지향적으로 만드는지 이야기할 것이다.

우선 분석적 리더들의 전형적인 자질들에 포커스를 두고 시작할 것이다. 조직을 분석적 의사결정으로 향하게 만드는 이 자질들을 통해, 여러분이나 그 누군가가 분석적 리더로 얼마나 경쟁력이 있는지 측정할 수 있다. 이런 자질들의 일부는 CEO나 고위경영진 사이에서 더 쉽게 찾을 수 있다. 또한 중간관리자나 팀장 등에게 더 적절한 자질들도 있다.

우리는 조직의 여러 수준의 분석적 리더들에 대한 4개의 사례 연구를 제시할 것이다. 바로 분석 부서의 장, 사업 직능의 장, 사업 단위의 장이자 기업가, 그리고 CEO 및 사장이다. 그리고 각 부문의 리더들이 우리가 설명한 분석적 리더십을 얼마나 많이 가지고 있는지 논의할 것이다.

분석적 리더의 자질

조직의 각 수준에 있는 분석적 리더들은 일부 공통된 자질을 보인다. 물론 모든 리더가 그런 자질을 모두 지닌 것은 아니다. 그리고 리더들마다 그런 자질을 가진 정도는 다 다르다. 분석적 리더들은 다음과 같은 행동을 보인다.

대인 기술을 발전시킨다

분석적 리더들은 좋은 대인 기술을 갖춰야 한다. 대인 기술은 눈에 확연히 보이는 자질은 아니다. 그리고 분석적인 사람들은 언뜻 컴퓨터와 데이터를 사람보다 더 좋아하는 것처럼 보인다. 컴퓨터와 데이터는 동정심을 느끼거나 감정을 이입하거나 의사소통을 할 필요가 없기 때문이다. 하지만 좋은 대인 기술을 갖추지 못하면, 분석적 측면만이 아니라 어떤 측면에서도 좋은 리더가 되기는 힘들 것이다.

더 많은 데이터와 분석을 밀어붙인다

분석적 리더의 핵심적인 책임은 사람들이 데이터와 분석에 근거해 예상하게 만드는 것이다. 만일 누군가가 직관에 근거한 권고를 한다면 반드시 반격해야 한다. 그리고 이단자들에게 더 많은 데이터를 모으라고 격려하고, 다른 데이터와 비교하고 연관 분석을 하고 다변량 수익회귀 모델을 만들도록 밀어붙여야 한다. 사람들이 느슨한 로직과 비정형화된 직관을 의사결정 도구로 쓰도록 내버려둔다면, 당연히 그들은 분석과 사실로 향하지 않을 것이다. 따라서 분석적 방향으로 사람들을 움직이려면 리더십이 필요하다.

똑똑한 사람들을 고용해 재량권을 준다

분석적 리더들의 가장 중요한 역할 가운데 하나는 똑똑한 분석가들을 고용하는 것이다. 그다지 분석적이지 않은 업계의 회사에는 진지한 분석 업무를 할 수 있는 사람들이 상대적으로 별로 없기 때문에 외부에서 영입해야 한다. 그런 직원이 전혀 없었던 하라스엔터테인먼트나 시어스 같은 곳에서는 MBA나 박사들을 설득해 영입하는 일이 까다롭기 때문에, 일단은 그들을 고용한 뒤에 동기를 부여하고 후원하는 업무 환경을 제공하고 전폭적으로 맡겼다. 우리는 자신이 주최한 회의에서 타인의 분석을 제시하는 관리자들을 본 적이 있었는데, 그들은 좋은 분석적 리더가 아니며, 좋은 리더도 아니다.

몸소 사례가 된다

분석적 리더들은 위선자여서는 안 된다. 다시 말해 데이터와 분석을 몸소 결정에서 사용하고 사례를 세워야 한다. 그렇다고 해서 고급 통계 기법인 체이드(CHAID, Chi-squared Automatic Interaction Detection) 같은 것을 모두 알아야 한다는 의미는 아니다. 하지만 직원들에게 불어넣으려는, 사실에 기반한 의사결정에 열정을 가져야 한다. 그리고 종종 데이터를 처리하고 분석가들과 브레인스토밍을 해야 한다. 그들은 분석을 좋아하고 그들의 사례를 다른 사람들이 모방하길 원하기 때문에 그렇게 할 것이다.

결과에 책임을 진다

호텔스닷컴의 임원인 조 메기보우가 지적한 것처럼, 중간 또는 하위 수준의 분석가들은 분석적 리더십의 부족에 대해 불평하곤 한다. 회사의 경영진에서 그들의 일을 인정하고 그들이 얼마나 중요한 사람인지 알아준다면 얼마나 좋겠는가! 그들이 리더 자리에 오를 수 있는 방법은, 자신이 통제하거나 몸담고 있는 부분에서 특정한 결과를 달성하는 데 헌신하는 것이다. 가령 DM(Direct Mail) 부서에 있다면 일정한 수준의 홍보 전단지를 맡을 수 있다. 웹 매트릭스에 있다면 웹 페이지 뷰를 증가시킬 수 있다. 공급사슬에 있다면 특정 수준으로 재고를 줄일 수 있다. 이것은 조직 전반적으로 분석 성향을 진전시키고 목표가 달성되면 그 결과에 책임을 진 사람은 승진할 수 있다. 메기보우는 바로 그렇게 해서 호텔스닷컴의 모회사인 엑스페디아의 분석 담당 중역으로 승진했다.

직원과 동료들을 가르친다

분석적 리더들은 분석적 관점을 사업에 적용시키는 인내심 많은 교사들이다. 때때로 그들은 실질적인 분석 테크닉을 가르치거나, 직원들과 동료들을 더욱 정확한 사고와 의사결정으로 안내하기도 한다. 만일 탁월한 분석적 리더들에게 가르침을 받는다면, 여러분은 가르침을 받았다는 것도 알아차리지 못할 것이다. 어느 날 갑자기 능력을 발휘해 스스로 해냈다고 생각할 정도다.

전략과 성과 전망을 세운다

분석적 리더들은 분석과 사실에 기반한 결정들이 진공 상태에서는 일어나지 않는다는 사실을 알고 있다. 어디서 어떻게 분석 기술을 적용해야 하는지 사람들에게 알려주려면 사업, 기능, 부서 차원의 전략이 필요하다. 우리는 무엇을 달성하려고 하는가? 어떤 목표를 달성하는 데 분석이 도움이 될까? 전략을 세운 뒤에는 성과의 타깃을 정의해야 한다. 매트릭스를 정의하는 것 자체가 조직을 더욱 분석적 방향으로 이끌고 직원들이 분석 도구를 사용하도록 동기를 부여할 것이다.

레버리지를 찾는다

분석은 다양한 사업 문제에 적용될 수 있기 때문에, 차별화를 꾀할 수 있는 곳에 포커스를 두는 것이 중요하다. 분석적 리더들은 레버리지를 찾을 수 있는 곳을 안다. 또한 분석이 견인하는 프로세스 상의 작은 개선이 큰 차이를 만든다는 사실도 안다. 예를 들면, 소매업계에서는 이윤 마진에서 약간의 향상이 세일즈 전반에 큰 영향을 미친다. 우리가 설명할 분석적 리더들에 포함된 캐피털원의 톰 앤더슨 역시, 작은 분석 혜택이 여러 요인들을 통해 증대되어 성공을 견인하는 사업을 바란다고 말했다.

시간이 지나도 꾸준히 실천하는 모습을 보인다

분석적 리더들은 꾸준히 지속적으로 밀어붙여야 한다. 의사결정, 사업 프로세스, 정보 시스템, 문화, 전략에 분석을 적용하는 변화는 하룻밤 사이에 일어나지 않는다. 심지어 그렇게 된다고 해도, 리더들은 계속적으로 분석적 접근법을 수정하고 업데이트해야 한다. 그러므로 일단 분석적 리더가 되면, 참을성을 갖고 장기적, 지속적으로 임해야 한다.

분석 에코 시스템을 구축한다

분석적 리더들은 혼자 분석력을 구축하지 않고 각 사업 영역의 다른 리더들, 직원들, 외부의 분석 제공업체, 사업 파트너들로 분석 '에코 시스템(서로 가치를 공유하고 상호 작용하는 생태계적 시스템-옮긴이)' 을 구축한다. 이런 네트워크는 많은 조언과 자원, 도구뿐 아니라 공통된 문제의 해결책을 제공한다. 실질적으로 리더십은 개인이 아니라 조직 전반에 걸쳐 있는 분석 리더들의 네트워크에서 나온다.

다방면에서 일한다

분석적 리더들은 단독 애플리케이션이나 제안으로는 성공할 수 없다는 것을 알고 있다. 그래서 그들은 각 프로젝트들의 포트폴리오를 가지고 다방면에서 진행한다. 일부 제안들에는 테크닉에 더 포커스를 두기도 하고, 보다 인적이거나 조직적인 분석력을 포함하는 제안들에는 다른 전략을 적용한다.

분석의 한계를 파악한다

뛰어난 분석적 리더들은 언제 직관을 사용해야 할지 알고 있다. 그들은 의사결정에서 예술과 과학을 혼합한다. 가능한 한 분석을 사용하지만 큰 그림도 놓치지 않는다. 사업의 일부 측면들, 예를 들어 사업모델과 고객가치의 주요 변화 같은 것은 인간의 두뇌를 필요로 한다는 사실을 염두에 두어야 한다.

분석적 리더들의 사례

이런 추상적 특성을 구체적으로 보여주기 위해, 우리는 분석적 리더들의 4가지 사례 연구를 제시할 것이다. 굵은 글씨로 강조한 부분은 앞서 설명한 분석적 리더의 자질에 해당한다.

카니발크루즈의 분석 팀 리더, 셰넌 안토차

셰넌 안토차는 세계 최대 크루즈회사인 카니발의 선박 브랜드 카니발크루즈에서 분석 데이터베이스 마케팅 능력을 열정적으로 발휘하고 있다. 그녀는 카니발에 있었던 10년 동안 리뷰 관리에서 시작해서 2006년 6인으로 구성된 데이터베이스 마케팅 팀을 이끌었다. 이 회사는 분석기반 경쟁자까지는 아니지만 분석력에서 큰 걸음을 내딛고 있었다. 그리고 셰넌은 조직의 진보에 중요한 공헌을 했다.

셰넌은 **똑똑한 사람들을 자신의 팀에 고용하려고 애썼다.** "우리는 모두 다른 노하우를 가지고 있고 다른 관계를 맺고 있어요. 우리는 긴밀한 관계의 여러 집단과 함께 '좋은 경찰, 나쁜 경찰' 놀이를 하죠. 우리 중 누군가가 IT 직능과 친밀한 관계를 맺는다면 그는 좋은 경찰 역할을 하는 거예요. 그리고 저는 항상 더 많은 걸 요구하는 나쁜 경찰 역할을 하는 거죠." 그녀는 또한 IT와 마케팅 팀의 여러 집단들, CMO(최고마케팅책임자), CEO, 소프트웨어의 외부 제공업체, SAA 같은 서비스업체와 긴밀한 관계를 형성함으로써 **분석 에코 시스템을 구축하려고 했다.**

셰넌의 팀은 종종 분석 사용법에서 **몸소 사례를 보여주었다.** 그녀의 이야기를 들어보자.

9년 전 카니발에 합류했을 때만 해도, 이곳은 오퍼레이션에 포커스가 맞춰져 있는 것 같았어요. 우리는 주로 상당히 조율된 직관('사업 경험을 고려할 때 올바른 것 같다')이나 비용('작년보다 올해에 돈을 절감했다')에 근거해 많은 사업 결정을 내렸죠.

그런데 분석적 수익관리(Revenue Management)를 맡기 위해 우리 팀이 탄생했어요. 우리는 엄청난 임무를 떠맡았는데, 데이터 웨어하우스는 당시 새로운 개념이었죠. 데이터 마이닝, 분석, BI도 마찬가지였어요. 한마디로 맨땅에서 시작한 셈이죠. 저는 각 개인 혹은 각 사업 단위가 그들의 상품에 대해 책임을 지도록 해야 한다고 생각했어요. 초반부터 IT 프로젝트에 적극적으로 참여하면 프로젝트에 정해진 시간, 예산, 범위에서 벗어나지 않으니까요.

우리의 철학은 처음부터 IT 프로젝트에 개입하는 것이었어요. 우리는 도표 구조를 보고 데이터를 발견하는 연습을 하면서 IT 팀과 아키텍처를 구축했죠. 그리고 각 발전 단계마다 대책을 강구하고 시스템 테스팅도 했어요. 이런 접근법을 사용하다 보니, 사용자들은 IT 프로젝트가 구축한 솔루션을 받아들일 때 모두들 거부감을 느끼지 않았어요.

카니발에서 이런 식으로 IT 프로젝트에 참여한 것은 우리가 처음이었어요. 우리가 단기간에 튼튼한 데이터 웨어하우스를 설계하자, 곧 조직 전반에서 분석에 대한 요구가 증가했죠.

셰넌은 다른 사업 부문에도 분석으로 이룰 수 있는 것들을 **가르치려고 했다.** "혁신을 일으키고 싶다면, 하고자 하는 것에 대해 사람들이 이해하도록 가르치고 도와야 해요. 궁극적으로는 그들의 마음을 얻어야 하죠." 그녀는 카니발에 처음 왔을 때는 지금보다 참을성이 없고 대인 기술도 부족했다고 했다. 하지만 곧 멘토들에게 코치를 받으면서 **대인 기술을** 서서히 향상시켰다.

셰넌은 장기적 제안을 통해 카니발의 분석력이 발전하는 모습을 지켜보았다. 그리고 **시간이 지나도 여전히 불굴의 의지를 과시했다.** "우리는 계속 분석에 몰두해야 해요. 우리의 이론과 아이디어에 압도적인 지원이 있을 때도 있지만, 저항을 만나 가라앉기를 기다릴 때도 있어요." 그녀의 팀은 **다양한 영역에서 일하지만** 프로젝트를 **전략적 맥락**에서 조직한다. "우리는 100여 가지 제안들을 동시에 해내는 놀라운 일을 해냈죠. 중요한 것은 경영진의 전략적 비전의 맥을 유지하는 거예요. 그래서 우리는 그런 비전에 맞는 제안들을 우선시하죠."

성공을 거둔 것 같으냐고 물어보자, 셰넌은 무엇보다 다른 부문과의 관계가 향상된 점을 들었다. "우리는 더 이상 이상한 종족으로 취급되지 않아요." 그리고 그녀의 팀이 내놓은 서비스에 대한 수요가 증가한다는 점을 들었다. "우리는 우리가 할 수 있는 것을 보여주죠. 이제는 우리가 처리할 수 있는 수준보다 더 많은 요구가 있어요. 우리는 머나먼 분석 여정을 거쳤고, 그 결과 위대한 진보를 이루었어요."

탈보츠의 사업 부문 리더, 그렉 풀

그렉 풀은 우리가 인터뷰하기 6개월 전에 여성의류의 선도적인 소매업체 탈보츠에 입사했다. 그는 새로이 마련된 부사장과 공급사슬 책임자를 맡았다. 이전에는 유럽의 소매업체를 비롯해 앤테일러와 갭에서 공급사슬을 담당했었다.

그렉은 분석이 자신의 "DNA의 일부"라고 말할 정도로 사실에 기반해 일하려는 타입이다. 하지만 탈보츠는 이제껏 의사결정에 그다지 분석적이지 않았다. 이에 그렉은 보다 분석적인 성향을 회사에 들여오는 임무를 받았다고 느꼈다. 곧 새로운 리더십 팀이 꾸려졌는데, 그들의 목표는 극도로 어려운 경제적 시기에 회사의 성과를 올리는 것이었다. 그렉은 새로 들어온 CFO, 판매조직의 재무계획 집단에 새로 들어온 책임자, 데이터의 수집과 분석을 도와주는 외부 컨설턴트와 일하면서 **분석 에코 시스템을 구축**할 계획을 세웠다. 또한 핵심 공급업체들에게 탈보츠의 재무 상황 정보를 알리고 주문과 사업 프로세스를 명시해 그들을 네트워크로 들여왔다. 그리고 기회가 될 때마다 다른 부서에서도 분석으로 전환할 필요성을 전달하고 여러 파트너들과 공급업체들을 대상으로 강연도 했다.

그렉의 초창기 행동들 가운데 하나는 공급사슬 조직의 리더십과 더불어 **전략과 성과 전망을 세우는 것**이었다. 그리고 상품의 품질에 포커스를 맞추면서 시장에서 속도를 높이며 원가 지위를 향상시키는 전략을 세웠다. 그는 각 영역에서 특정 수치 타깃을 정의했다. 각 상품 카테고리 오너도 타깃을 가졌는데, 특히 마진 향상의 영역에서 그랬다. 그렉은 이사회에 마진 향상 제안을 제공함으로써 **결과에 책임을 지고자 했다.** 각 전략의 목적에 맞는 분석 목표들을 세우고, 소싱 관리자들과 함께 공급업체 비용과 매트릭스, 그리고 비용/수량 곡선을 고려해 공급업체들과 사실에 기반한 협상을 이루어냈다.

이제 그렉은 점점 **더 많은 데이터와 분석을 밀어붙이면서 선례를 만들어가고 있다.** 그의 사무실 벽은 흔히 볼 수 있는 사기 진작 포스터나 직장인 만화가 아니라 차트와 그래프들로 가득하다. 공급사슬 리더 회의에서는 이전에는 탈보츠에서 사용되지 않았던 핵심 매트릭스로 의사소통을 한다. 하지만 그렉은 **분석적 진전이 지속되어야 한**

다는 걸 잘 알고 있다. 그는 탈보츠에서 계획하고 있는 전환 프로그램이 다른 회사에서는 9년이 걸렸다고 말했다. 그리고 그곳에서는 더 많은 자원이 있었다.

하지만 그렉은 뛰어난 **대인 기술**을 가지고 있으며 **분석의 한계를 알고 있는** 것처럼 보인다. 새로운 공급사슬관리와 분석 접근법을 그의 조직(공급업체들을 포함해)에 소개할 때, 무엇보다 압박감을 주지 않으려고 신중을 기했다. 그는 좋은 선례를 세우고 성과 위주로 가게 함으로써, 관리자들과 직원들로 하여금 분석이 성공의 길임을 깨닫게 만들었다.

지부장이자 기업가인 톰 앤더슨

여러 회사에서 분석 분야의 임원을 지냈던 톰 앤더슨은 단도직입적인 성격에 언제나 자신만만하다. 그는 리더로서 자신의 강점 중 하나가 분석 노하우라는 것을 알고 있다.

예전에 그는 MIT에서 경영학 박사학위를 받고 맥킨지에서 컨설턴트로 일했다. 당시 그는 항상 정량적 모델링을 지향하는 고객 프로젝트를 추구했다. 맥킨지에서 파트너에까지 올라가자, 그는 분석적인 신용카드회사이자 소비자금융회사인 캐피털원으로 옮겼다. 그곳에서 그는 25세 이하 고객들을 주로 상대하게 되었다. "캐피털원에 매력을 느낀 건 정보 기반 전략을 취했기 때문입니다. 그것은 상당히 비서열적인 문제 해결입니다. 직급에 상관없이 누구나 자유롭게 새로운 분석 접근법을 제시할 수 있습니다."

캐피털원은 강한 테스트 문화를 가졌지만 그 자체를 목적으로 여기지는 않았다. "원하는 무엇이든 테스트하려 든다면, 이는 그것에 집착하는 겁니다. 장기적으로는 그렇게 할 수 없습니다. 매번 테스트할 때마다 돈이 드니까요." 톰은 계속해서 **데이터와 분석을 밀어붙이면서도** 직원들에게는 이렇게 말했다. "분석을 하기 전에 그 목적과 이유와 결과에 대해 차트가 담긴 문서로 작성하세요."

캐피털원에는 많은 분석 인력이 있지만, 톰은 여전히 자신이 옹호하는 분석 접근법의 일부를 증명해 보여야 한다. "스스로 **스승이 되어야 합니다.** 이미 문제 해결 능력을 가진 사람들에게는 수학을 가르쳐야 합니다. 그리고 수학은 알고 있지만 사업 문제에 어떻게 적용시켜야 할지 모르는 사람들도 있습니다." 때때로 그는 직접 분석을 하고 남들에게 보여줌으로써, **사례를 몸소 제시한다.**

캐피털원은 톰의 리더십 아래 매년 2000만 달러의 수익을 벌어들였다. "6개월 동안 사업을 파악한 뒤 12개월에 걸쳐 7000만 달러를 벌었습니다." 하지만 더 많은 재량권을 원한 톰은 캐피털원이 인수한 의료금융 서비스를 맡게 해달라고 요구했다. 그는 캐피털원의 CEO인 리치 페어뱅크에게 1년에 수백만 달러의 손실을 안고 있는 사업을 회복시켜 놓겠다는 약속을 하고 그 **결과를 책임지려고 했다.** 톰이 떠날 무렵 그의 사업은 수천만 달러를 벌어들이고 매년 대출을 150퍼센트 이상 향상시키고 있었다.

톰은 손쉬운 해결책은 없지만 **다양한 영역에서 일할 수 있었던 곳**에서 기회를 찾았다. "분석의 묘미는 점진적으로 향상될 많은 것들을 찾을 수 있다는 점이죠." 그는 **분석을 통해 상당한 실적 차이를 가져올 곳에서 레버리지를 찾는다.** "만일 의료금융처럼 급증하는 사업에서 각 요인(가령 의사 수와 환자 수와 융자를 구하는 비율)을 10퍼센트 향상시킬 수 있다면 그건 대단한 일입니다."

톰은 캐피털원을 떠나, 물건을 살 때마다 고객들이 일정 금액을 학비로 받을 수 있는 유프라미스라는 신생 기업을 이끌었다. 여기서도 그는 레버리지를 찾았다. 이제까지는 새로운 회원 유지에만 포커스를 두었다. 하지만 그는 유프라미스를 통해 회원들이 구매한 금액과 퍼센트로 범위를 확대했다. 훗날 유프라미스는 다른 회사에 팔렸다. 톰은 인수되는 회사에 머물고 싶은 생각이 없었다. 인수한 회사의 리더들이 분석 지향적이지 않다는 것도 한 이유였다.

톰은 평소에 **똑똑한 사람들을 채용**하려고 노력했다. 그는 좋은 사람들을 찾는 열쇠는 분석과 **대인 기술**의 조합이라고 믿었다. 그리고 자신과 마찬가지로 두 가지 자질을 모두 갖춘 사람들을 부하직원으로 채용하려고 했다. 캐피털원에서 일했던 직원들 일부는 캐피털원을 떠나 톰에게 합류하기도 했다. 톰은 다음 벤처를 위해 분석 성향을 지닌 예전 직원들과 여전히 연락하고 있다. 그의 다음 벤처도 분명 분석 성향을 가질 테니 말이다.

1-800-플라워스닷컴의 CEO인 짐과 크리스

짐 맥켄과 크리스 맥켄은 함께 1-800-플라워스닷컴을 운영하는 형제다. 짐은 창립자이자 회장 겸 CEO다. 크리스는 사장으로 있다. 1-800-플라워스닷컴은 뉴욕에서 플로리스트 상점으로 시작해 이제는 전 세계에서 선도적인 꽃 배달과 선물 배달 회사가 되었다. 이 회사는 현재 수입이 7억 달러를 넘고 3500만 고객 데이터베이스를 가지고 있다. 게다가 1-800-플라워스닷컴의 꽃 배달 서비스 외에도, 미식가들을 위한 음식과 선물바구니 범주에서 패니메이 컨펙션과 팝콘 팩토리라는 브랜드로 선도적인 위치를 달리고 있다.

짐과 크리스는 둘 다 분석적 리더들이지만, 리더십 우선순위와 스타일은 확연히 다르다. 짐의 말을 들어보자. "크리스가 저보다 더 분석적이죠. 크리스는 형인 제가 저지르는 실수를 통해 교훈을 얻습니다. 저는 예전보다는 훨씬 분석적인 편이지만, 예전에는 플로리스트이자 사회복지사로 일했습니다. 그다지 분석을 사용하지 않는 집단이죠!" 하지만 그런 짐의 감수성은 선물과 기념일을 중심으로 운영되는 사업에서는 큰 자산이다.

크리스도 이에 동의한다. "우리는 좋은 업무 스타일을 만들어냈습니다. 형의 의사결정 스타일은 직관적이죠. 저는 형이 아이디어에 미쳤다고 생각하지만 그는 그걸 계속 끄집어냅니다. 반면에 저는 분석을 보고 싶어하죠. 실수를 막을 수 있으니까요. 하지만 형의 직관은 대개 옳았습니다." 그리고 크리스는 그들 각자가 데이터를 다르게 사용한다고 밝혔다. "형의 스타일은 소량의 데이터를 모아 재빨리 움직이는 겁니다. 저는 많은 양의 데이터를 확보해 분석을 거친 다음에 결단을 내립니다. 이건 시간이 좀 걸리죠. 트렌드 파악에 있어서는 형이 저보다 나아요." 분명히 두 사람은 직관의 한계만이 아니라 **분석의 한계도 알고 있었다.** 그리고 둘 다 좋은 **대인 기술**과 분석적 성향을 가지고 있다.

두 사람은 전략적 우선순위를 분담하고 있다. 그들은 현재 경제에 대해 세 가지 전략적 주제, 즉 고객, 비용 절감, 미래를 위한 혁신 도

모를 논의한다. 크리스는 데이터와 분석으로 파악하기 쉬운 고객과 비용 절감에 포커스를 둔다. 반면 짐은 혁신에 더욱 포커스를 두는데, 직관으로 결정을 내리기가 보다 쉬운 주제다. 둘은 **함께 분석 업무에 대한 전략을 세우고 성과를 예상한다.**

크리스는 자신의 역할을 더 많은 **데이터와 분석을 밀어붙이는 것**이라고 말한다. "우리는 분석과 테스트 문화를 가지고 있습니다. 저는 '당신이 무슨 생각을 하는지는 알겠는데, 증명할 수 있는 걸 말해주세요'라고 말합니다. 또 '우리는 신을 믿어요. 나머지는 데이터가 해줄 겁니다'라는 말도 종종 하죠." 짐도 이런 격언을 믿는다. 비록 개인적 관계나 관찰을 통해 아이디어를 떠올리긴 해도 말이다. 그는 헤지펀드 매니저인 아들이 플라워스닷컴의 상품이 너무 비싸서 자주는 이용하지 못한다고 말했을 때, '우리 회사의 상품이 너무 비싸구나'하는 생각이 들었다고 한다. 하지만 어떤 행동을 취하기 전에 반드시 그런 가설을 뒷받침할 데이터를 수집한다.

짐과 크리스는 한 회사를 매수하기로 했을 때, 새로운 브랜드에 도입할 자사의 역량들 가운데 하나가 분석 기술이라고 보았다. 하지만 그런 역량이 언제나 우월하다고 가정하지는 않는다. 크리스는 이렇게 밝혔다. "새로운 회사를 매입하면 즉각 우리의 분석 환경으로 밀어넣는 편입니다. 하지만 우리보다 더 나은 제조 능력과 기획 능력을 가진 선물바구니 회사를 매입했을 때는 그들의 실무 관행을 상당수 그대로 채택하죠."

그들은 사업에 분석을 사용하는 것 외에도, **분석 에코 시스템을 더 넓은 꽃 산업에 구축하고 있었다.** 즉, 꽃 주문을 지역 플로리스트에게 보내 처리하는 블룸넷 네트워크를 통해 어떤 꽃이 어떤 상황에서 주문되는지에 대한 데이터를 확보했다. 그리고 이런 데이터와 분석을 플로리스트뿐 아니라 꽃 재배업자들과도 공유하기 시작했다.

그들은 **다양한 영역에 분석을 사용하고 있었다.** 그들은 운영, 재무, 고객관계 등 사업의 여러 측면에서 분석적 접근법을 취한다. 마케팅에서는 데이터와 분석을 고객에 대한 직관적 이해와 조합한다. 그리고 시장 리서치에서는 특정한 가상의 인물을 도입한다. 짐은 이렇게 말했다. "'티나'는 최고의 고객을 대표하는 인물입니다. 그녀는 선물을 주는 걸 좋아하고 이로써 대인 관계를 유지하죠. 이렇게 그녀의 이름과 특성을 정의하는 것이 그녀가 속한 인구통계학적 범주보다 우리 직원들에게 더 와 닿습니다."

그들은 **분석 기술을 가진 똑똑한 사람들을 고용**하는 게 핵심적인 성공 요인이라고 믿는다. 짐의 말을 들어보자. "우리는 인재들에게로 눈을 돌리고 있습니다. 특히 높은 직책에 있는 사람은 반드시 분석력을 갖추고 데이터를 수용해야 합니다." 하지만 크리스는 분석적 성향을 지닌 인재만으로는 안 된다고 한다. "우리에게는 자기 일을 잘하는 매우 창조적인 제조업자와 디자이너들이 있습니다. 그들에게 필요한 분석 지원을 함으로써 그들을 보완하려고 합니다."

이처럼 형제가 의사결정에서 상호 보완적 성향을 보이는 건 어떻게 보면 당연하다. 그들은 전혀 남남인 사람들도 자신들의 스타일을 모방할 수 있다고 주장한다. "어느 회사든 최고위직에 저희와 같은 파트너십이 존재할 거라고 생각합니다."

물론 이 장에서 설명한 분석적 리더들의 4가지 사례가 모든 범위의 접근법과 스타일을 대표하지는 않는다. 하지만 그들은 분석적 리더의 다양한 특성을 보여주고, 분석적 성향이 리더십의 중요한 측면임을 증명한다.

이런 사례들로 볼 때 분석적 리더들은 1차원적이거나, 직관을 무시하고 숫자에 집착하는 기계가 아니다. 다방면에 뛰어난 개인으로서 분석 기술과 대인 기술을 모두 갖추었을 뿐이다. 좋은 분석적 리더는 일반적으로도 좋은 리더다. 단지 강한 분석 성향을 갖고 있을 뿐이다.

이 '분석적 리더십'은 경영 관련 서적에서 많이 언급되는 주제가 아니다. 하지만 조직을 더욱 분석적으로 이끌려는 사람이라면, 어느 직급이든 간에 그 중요성을 증언할 것이다. 그럼에도 불구하고 대부분은 분석적 리더십이 CEO나 최고경영진만이 아니라 개별적인 관리자나 직원들의 영역이기도 하다는 점을 깨닫지 못하는 경우가 많다.

5단계 발전 모델과 리더십

이제까지 우리는 리더십에 대한 방법론적 접근법보다는 리더의 자질들을 설명했다. 하지만 이제는 조직이 분석력의 각 단계들을 통과할 때 거치는 여러 리더십 환경을 설명할 것이다. 이런 변화에 대한 요약이 〈표 3-1〉에 나와 있다.

| 표 3-1 | 리더십을 통한 단계 이동

분석으로 경쟁하기 어려운 1단계 → 국지적 분석을 수행하는 2단계	국지적 분석을 수행하는 2단계 → 분석에 열의를 보이는 3단계	분석에 열의를 보이는 3단계 → 분석적 기업의 4단계	분석적 기업의 4단계 → 분석기반 경쟁자의 5단계
각 직능과 사업 단위에서 분석적 리더들의 출현을 장려하라.	장차 조직에서 분석이 어떻게 사용될지에 대한 비전을 창출하고, 필요한 특정 능력을 파악하라.	데이터, 테크놀로지, 분석 인력의 영역에서 분석력 구축에 고위경영진을 개입시켜라.	분석력으로 가시적 성과를 내게끔 리더들을 격려하고, 분석이 얼마나 성공에 공헌했는지를 대내외 관계자들에게 알려라.

1단계에서 2단계로

여러분의 조직이 1단계에서 분석적 리더를 가졌다면, 그들은 리더십 서열에서 매우 낮은 지위에 있고 고용주의 '분석적으로 미비한 상태' 에 불만을 갖고 있을 것이다. 1단계에서 2단계로 가는 최선의 길은 각 사업 단위에서 많은 분석적 리더들이 나타나거나 고용되는 것이 다. 그들이 분석의 나팔을 온 사방에 불고 다닐 필요는 없지만, 분석 적 프로젝트를 진행해서 일부 결과를 획득해야 한다. 그래야 조직이 분석의 효능을 알아차리기 시작할 것이다. 분석 프로젝트들은 분석 에 대한 열광적인 지지를 가져오지 않더라도 상당한 가치를 획득해 야 한다. 그래야 다음 단계의 리더십 역할로 갈 채비를 마칠 수 있다.

2단계에서 3단계로

3단계 조직은 리더의 태도와 행동을 통해 분석적 갈망을 키운다. 이 시 점에서 갈망은 특정한 직능을 넘어서 조직 전체의 혜택을 목표로 해야 한다. 그러므로 나서야 할 리더들은 최소한 주요 사업 단위를 통제하는 사람들이다. 물론 고위경영진이 나선다면 가장 이상적일 것이다.

그들의 임무는 분석이 장차 어떤 식으로 사업을 변화시킬지에 대한 비전을 창출하는 것이다. 당장은 아니지만 2~4년 내에는 가능할 것이다. 제약회사나 헬스케어의 리더들은 어떻게 맞춤형 의료로 전환할지를 다뤄야 한다. 투자회사의 리더들은 투자 결정이 사업과 고객관계를 어떤 식으로 변화시킬지를 고민해야 한다. 이런 비전 이면의 아이디어는 더욱 공세적인 분석 활동을 가져오고, 조율되어야 하는 개별 프로젝트들에 대한 포괄적인 개념을 제공한다.

3단계에서 4단계로

4단계는 분석에 대한 능력과 자원을 구축하는 것이다. 즉, 비전이 아니라 실행, 말이 아니라 행동이다. 이 단계의 리더들은 회사에 다른 전략적 우선순위가 있어도 분석 프로젝트와 인프라에 몰두한다. 고위임원들은 사실에 기반한 분석적 의사결정을 주장하고 이를 조직의 문화적 특성으로 구축하려고 한다. 하지만 꼭 밖으로 확연하게 드러나는 건 아니다.

이 단계에서는 분석을 지원하는 직능의 역할이 특히 중요하다. CIO들은 분석을 위한 테크놀로지와 데이터 인프라를 구축한다. 라인 관리자들과 인사책임자들은 분석 배경을 가진 사람들을 고용하고 보유한다. 이전의 단계들에서 직능별 리더들은 독립형 애플리케이션을 구축했는데, 여기서는 다른 임원들과 함께 교차직능적 통합 애플리케이션을 창출한다. 낮은 직급의 분석적 리더들은 분석이 회사 전략의 핵심 특질이 될 때를 기대하며 서로 의사소통하고 조율한다.

4단계에서 5단계로

5단계는 분석으로 경쟁한다는 게 확연하게 드러난다. 한마디로, 4단계였던 기업들의 커밍아웃 파티라 하겠다. 회사의 분석력은 점점 네트워크의 중심으로 이동하고 이를 세상에 드러내 보인다. 분석 활동을 추구한 리더들이 이를 대내외적으로 알렸기 때문이다. 그들은 분석 업무만 잘하는 게 아니라 고객들과 투자자들을 설득해 분석이 상당한 우위를 제공한다는 걸 강조한다.

　분석기반 경쟁자들은 결코 현재에 안주하지 않기 때문에, 이 단계의 리더들은 정체된 분석 전략을 거부해야 한다. 즉, 분석을 계속 검토하고 조직을 여기에 맞춰야 한다(이와 관련해 자세한 내용은 8장에서 논의할 것이다). 재능 있는 리더들은 조직의 분석적 성과를 축하하고 더욱 성장하게끔 박차를 가한다.

분석의 델타

리더십

- 분석 활동에 관한 한, 리더들은 모범을 보여야 한다.
- 분석과 사실에 근거한 결정들은 보상을 받고 그렇지 않으면 비난 받아야 한다.
- 리더들은 분석력 개발을 도와줄 사람들과 조직들을 찾아내고 후원해야 한다.

- 리더들은 똑똑한 분석가들이 분명한 방식으로 설명할 수 없는 분석적 방법과 도구들을 잔뜩 들여오는 걸 막아야 한다.
- 리더들은 의사결정에서 분석에만 의존하지 않는다. 좋은 의사결정은 직관이라는 예술과 사실에 기반한 과학적 태도가 조화를 이룰 때 나온다.
- 리더들은 회사의 분석력 개발을 도와줄 사람들과 조직을 찾아 후원해야 한다.

04

타깃

»» 분석을 적용할 비즈니스 모델

어느 사업이든 간에 고객을 이해하고 운영하고 결정을 내릴 때 분석으로 혜택을 누릴 수 있다. 하지만 매우 분석 지향적인 회사도 그들이 가장 잘할 수 있는 영역에 분석의 타깃을 맞춰야 한다. 성과의 대변혁이나 시장에서 차별화를 제공하는 기회는 드물기 때문에, 사업 기회는 각각 다른 비중으로 취급되어야 한다.

물론 분석의 여정을 막 시작한 기업들에게 특정한 사업 문제는 분석을 시작하기 좋은 타깃이다. 즉, 고객이 서비스나 품질에 대해 불평을 한다거나, 사업 프로세스가 자원을 낭비하는 상태이거나, 경쟁자가 기준을 높이는 바람에 대처 방안을 행동에 옮겨야 하는 경우가 그렇다.

가령 2000년 프린세스크루즈는 초기 타깃이 수익관리(Revenue Management)였다. 프린세스크루즈는 다른 여행 관련 산업이 공세적으로 수익을 관리하는 걸 알고 있었지만, 자사의 역량은 초보자 수준에 불과했다. 그리고 배가 항구를 떠날 때 텅 빈 객실에서 상실된 수익 기회를 알아내는 건 쉬운 일이었다.[1]

점점 분석 경험이 늘어나고 성공을 거두면 타깃은 더 넓고 전략적으로 변화한다. 또한 핵심 사업 프로세스를 최적화하고 고객의 눈과 경험을 통해 사업을 차별화하는 방식으로 혁신하고 운영하게 된다. 따라서 3단계 정도의 기업들은 분석적 투자를 통해 탁월한 능력을 낼 수 있는 타깃을 정해야 한다. 경쟁사와는 차별화된 방식으로 고객들을 대하고, 사업 성공의 공식을 창출하고, 가장 수지맞는 타깃을 제공해 통합된 사업 프로세스를 일궈야 한다.[2] 앞서 프린세스크루즈는 고객관계에 내재된 분석 기회, 즉 데이터베이스 마케팅과 타깃화된 고객 홍보에 포커스를 두기로 했다.

좋은 타깃은 사업에 중요한 기회로 가득하며, 경영진의 지원을 받아 모멘텀을 만들어낸다. 단지 정보만이 아니라 통찰력의 창출에 포커스를 두기 때문이다. 따라서 타깃은 사업에 영향을 줄 정도로 야심차고, 성공에 필요한 자원과 능력에 접근해야 한다. 유럽에 기반한 식료품 소매업체 테스코의 CEO 테리 리히 경은 회사의 임무가 고객의 충성심을 얻고 키워나가는 것이라고 말한다. 핵심 목표는 누구보다 고객을 잘 이해하는 것이다. 고객에 대해 더 많은 정보를 얻었기 때문에 테스코는 그만큼 성장할 수 있었다.

하지만 리히 경은 그런 정보가 고객에게도 혜택을 준다고 말한다. "고객과 관련된 정보에 접근하게 되면서 우리는 고객들이 원하고 생각하는 바를 더 많이 알게 되었죠. 하지만 이는 고객들에게도 매우 유용한 도구를 제공했습니다. 즉, 가격을 비교해 마우스 클릭 한 번으로 온라인에서 구매하는 일이 가능해지고, 소매업체의 윤리적·환경적 정책을 열람할 수 있게 되었지요."[3] 테스코의 비전은 최고 수준의 고객 지식이다.

이 장에서 우리는 두 가지 기본적 타깃 활동을 논의할 것이다. 즉, 사업 기회를 찾고 야망을 설정하는 일이다. 우리는 그렇게 할 수 있는 몇 가지 도구와 테크닉을 제공할 것이다. 맨 처음에 소개한 〈그림 A-1〉의 질문들은 비즈니스 도메인에서 분석의 적용 범위를 조사하고 측정하도록 돕는다. 그리고 앞으로 소개할 분석 애플리케이션 사다리는 여러분의 분석적 야망을 조율할 것이다. 또한 우리는 공급사슬과 마케팅 프로세스 사례를 통해 여러분의 조직 스타일에 맞는 한두 가지 도구들을 소개하고, 타깃과 타깃 설정 과정이 분석의 5단계 발전 모델에 따라 어떻게 변하는지 검토할 것이다.

분석으로 비즈니스 기회를 찾아라

일부 조직들은 기회를 잡으려고 하지만 종종 방향을 잘못 잡아 헛수고를 하곤 한다. 우리는 여러분이 사업 목적을 염두에 두고 행동에 나서길 바란다.

조직의 전략 플랜은 사업의 성장, 혁신, 차별화, 타깃 기회를 찾기에 딱 좋은 장소로 보인다. 하지만 전략 계획 바인더(요즘엔 파워포인트 파일이나 PDF이겠지만)에서는 원하는 걸 발견하지 못할 것이다. 이것은 어떤 사업 영역이 중요한지 알려줄지는 몰라도 그 영역의 어떤 활동을 분석 타깃으로 잡아야 할지는 알려주지 못한다. 전략 작성 프로세스가 분석을 이해하고 분석 타깃에 대한 세부 사항을 알기 전까지는 올바른 분석 기회를 찾지 못할 것이다.

대다수 사업들은 그들의 업계에서 일어나는 일을 조사해 새로운 아이디어와 관행을 찾기 시작한다. 어떤 사업과 산업 트렌드가 변화의 필요성이나 기회를 제시할까? 114쪽 〈표 4-1〉은 가장 흔한 분석 애플리케이션의 일부를 나열했다. 표를 참고하여 주기적으로 업계를 파악하고 경쟁사들의 활동을 꼼꼼히 살펴라. 이런 분석 애플리케이션은 여러분에게 경고를 해주고, 여러분이 경쟁에서 뒤처지지 않고 변하거나 높아지는 고객의 기대를 따라잡기 위해 무엇을 해야 할지 알려준다.

하지만 여러분이 업계 내부에만 신경을 쓴다면 크게 성공할 수 없다는 걸 일러두고 싶다. 물론 이전 성과를 유지하는 데 필요한 것을 알아낼 수는 있겠지만 이것이 앞서나간다는 의미는 아니다. 분석기반 경쟁자들은 분석력으로 업계를 따라잡으려는 게 아니라 시장에서 최고가 되려고 한다. 우리가 다음에서 분석 기회를 잡을 수 있는 두 가지 추가적 접근법을 권고하는 이유도 그 때문이다. 둘 다 사업적 성과를 이끌어내는 요소를 이해하는 데 매우 중요하기 때문에 주기적으로 실시해야 한다.

- 여러분의 사업과 여기에 영향을 미치는 트렌드에 대해 큰 그림을 그려라. 인구통계학적 변화, 경제적 트렌드, 고객 니즈의 변화 등을 고려하라. 여기에는 어디서 성과를 올리고 어떤 요인들이 성과를

| 표 4-1 | 공통된 분석 애플리케이션

산업	분석 애플리케이션
금융 서비스	신용점수 산정, 사기 탐지, 가격 책정, 프로그램 트레이딩, 클레임 분석, 고객 수익성
소매업	판촉, 매대관리, 수요 예측, 재고 보충, 가격과 제조 최적화
제조업	공급사슬 최적화, 수요 예측, 재고 보충, 보증서 분석, 맞춤형 상품, 신상품 개발
운송업	일정, 노선 배정, 수익관리
헬스케어	약품 거래, 예비 진단, 질병관리
병원	가격 책정, 고객 로열티, 수익관리
에너지	트레이딩, 공급, 수요 예측
커뮤니케이션	가격 계획 최적화, 고객 보유, 수요 예측, 생산능력 계획, 네트워크 최적화, 고객 수익성
서비스	콜센터 직원 꾸리기, 서비스/수익 체인
정부	사기 탐지, 사례관리, 범죄 방지, 수익 최적화
온라인	웹 매트릭스, 사이트 설계, 고객 추천
모든 사업	성과관리

좌우하는지 평가하는 것도 포함된다. 또한 다음 대변혁이 어디서 나타날지에 대해서도 예측해야 한다.

• 핵심 프로세스들과 그것을 통한 의사결정, 그리고 더 정교하고 뛰어난 분석으로 혜택을 얻을 수 있는 사업 결정들을 체계적으로 조사하라.

큰 그림을 그려라

여러분의 사업, 성과를 견인하는 요소들, 차별화를 꾀할 기회에 대해 큰 그림을 그릴 수 있도록 도와줄 다양한 도구들이 있다. 가장 좋은 것은 여러분에게 익숙하고 잘 맞았던 도구들을 사용하는 것이다. 그런 도구들은 여러분의 활동들이 어떤 결과들을 가져왔는지 보여주는 핵심 프로세스를 해부해줄 것이다. 예를 들어 하라스엔터테인먼트의 관리자들은 고객 로열티와 데이터로 움직이는 마케팅 오퍼레이션을 통해 성장을 견인하고 싶어했다. 회사의 탁월한 능력을 키우겠다는 것이다. 그들은 각 활동의 분명한 매트릭스를 사용하며, 핵심 결정 영역들을 이해하고 타깃을 정하기 위해 서비스 이익사슬(Service Profit Chain) 모델을 사용했다.

사업 분석의 잠재력이 높은 타깃들은 산업 기제에 따라 달라진다. 그리고 어떤 식으로 회사들이 시장에서 상품과 서비스를 향상시키느냐에 달라진다. 물리적 자산을 생산하는 회사[때때로 '가치사슬(Value Chain) 회사'라 불린다]들은 공급과 수요 변동, 오퍼레이션의 유연성, 공급사슬과의 접면 문제에 포커스를 두려고 한다. 제약회사들처럼 회사의 가치가 품질, 수량, 지적 자산 시장과 관련된 회사들은 분석적 실험과 의사결정에 집중해야 한다. 인터넷 사업(페이스북이나 이베이)을 하거나 가치 네트워크에 기반을 둔 회사, 금융기관, 텔레커뮤니케이션회사들은 분석이 어떻게 고객과 서비스 네트워크를 증가시킬지 검토해야 한다.[4]

이런 가치 기반 분석은 두 가지 중요한 기능들을 담당한다. 첫째,

사업의 근본 목적과 분석 이용 방식에 포커스를 두도록 돕는다. 가령 텔레커뮤니케이션회사들은 고객 서비스보다는 효율적인 콜센터 이용을 더욱 추구하는데, 이는 비용 절감은 될지 몰라도 고객들을 쫓아내는 자살 행위다. 둘째, 분석 애플리케이션의 참신한 사례를 업계 외부, 즉 여러분 회사의 가치 유형을 가진 다른 업계들에서 찾게 해준다(예를 들어 텔레콤회사들은 금융회사에서 배운다). 맥락은 달라도 비슷한 사업 문제에 직면한 회사들이다. 그들의 분석 애플리케이션을 파악하면 여러분의 회사에도 이를 적용할 수 있다.

한편 서로 모순되지만 분석 지향에 포커스를 둔 상황에서 타깃을 고르는 것은 직관에 기반한다. 예를 들면 다음과 같은 상황들이 있을 수 있다.

- 업계에 대해 이러저러한 추정을 하지만 검증해볼 수가 없다. 업계 핵심 주자들의 운영 방식이 어떤지, 그런 방식들 가운데 어떤 것이 쓸모없거나 철회 가능한지 알아내야 하는데, 회사에서 이에 대해 품고 있는 가정은 무엇인가?
- 논리적 혹은 실행 가능한 것으로 보이는 혁신이지만 그것을 증명할 증거가 없다. 다른 수단에 의해서도 해결되기 어려운 것으로 증명된 사업 문제나 난제는 무엇인가?
- 여러분 또는 사업에 영향력을 미치는 인물이 열정적으로 믿는 무엇인가가 고객들에게 중요하다. 여러분의 고객은 여러분의 회사 또는 업계에서 어떤 니즈 혹은 새로운 형태의 가치를 아직 발견하지 못했는가?

| 그림 4-2 | 하라스엔터테인먼트의 분석 모델

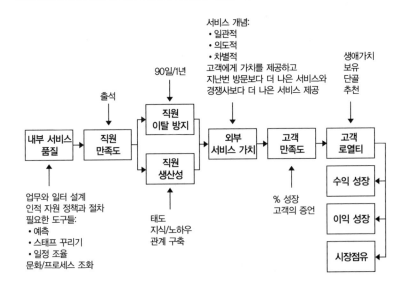

출처: James L. Heskett, Thomas O. Jones, Gary W. Loveman, W. Earl Sasser Jr., and Leonard A. Schlesinger, "Putting the Service-Profit Chain to Work," *Harvard Business Review*, March-April 1994.

3장에서 분석적 리더로 제시한 1-800-플라워스닷컴의 창립자이자 CEO인 짐 맥켄은 꽃과 선물을 주문하려는 고객들에게 전자채널이 중요해질 거라고 직관적으로 판단했다. 그래서 1992년 오하이오 주 콜럼버스의 컴퓨서브에 꽃집으로서는 최초로 입성했고 AOL의 첫 사업 파트너가 되었다. 1995년에는 웹사이트를 개시했는데, 소매업체로서는 아주 빨리 웹에 등장한 셈이다. 1-800-플라워스닷컴은 이에 그치지 않고 검색엔진 최적화와 콜센터 대응을 강조했으며 고객에게 접근할 새로운 테크놀로지(최근에는 트위터와 아이폰 애플리케이션)를 초기에 채택했다.

여기까진 별 무리가 없다. 그럼 분석적 방향은 어떤가? 1-800-플라워스닷컴은 멀티채널 이름을 가진 첫 회사에 걸맞게, 통합된 고객데이터 웨어하우스와 고객관계 분석을 자사의 모든 브랜드와 채널에 걸쳐 갖추고 있다. 구매 경로는 모든 거래에 기록되고, 다변수 테스트가 채널 전반적으로 행해지며, 각 고객과의 상호 작용에 따른 채널을 예측한다. 온라인 대 오프라인 판촉의 효율성을 쉽게 추적할 수 있는 것이 대표적인 사례다.

짐 맥켄은 정보가 뒷받침된 직관이 새로운 기회를 잘 찾아낸다는 걸 증명했다. 하지만 직관을 사용할 때는 동생인 크리스의 조언을 따른다. 따라서 여러분도 데이터를 모으고 분석하고 검증하여 직관을 증명하라. 아이디어를 소규모로 테스트해서, 해볼 만한 때만 크게 확장하라.

체계적으로 조사하라

만일 큰 그림 프레임워크가 사업의 주요 부분들을 통합할 수 있는지 묻는다면, 체계적 조사를 통해 어떻게 사업 프로세스가 구조화되고 기능하는지, 그 안에서 결정들이 어떻게 내려지는지, 극적인 향상의 기회가 어디인지 더 잘 볼 수 있다. 어떤 사업 프로세스가 가장 시급하며 성과의 대변혁을 통해 가장 큰 혜택을 볼 것인지부터 생각해야 한다. 다음은 분석을 적용할 만한 사업 프로세스들이다.

- 데이터가 풍부하다: 분석은 여러분이 가지고 있는 데이터의 잠재력을 발산할 것이다.
- 정보 집약적이다: 분석을 통해 데이터의 의미를 밝히고 가치를 생산할 수 있다.
- 자원 집약적이다: 분석은 비싼 자원을 효율적으로 이용하고 공유하는 것을 가능케 한다.
- 노동 집약적이다: 인재의 공급은 부족하고 수요는 경기 순응적이며 훈련 시간은 긴 곳에서, 분석은 의사결정과 전문 지식의 레버리지를 가능케 한다.
- 속도와 타이밍에 의존한다: 분석은 프로세스 가속화와 실시간 결정을 가능케 한다. 특히 고객 만족이나 프로세스 효율성이 초인간적인 반응 시간을 요구할 때 그렇다(웹을 통한 경우).
- 일관성과 통제에 의존한다: 분석은 일관적 결정을 예측하기 어려운 사례에서도 가능하다.
- 분산된 의사결정에 의존한다: 분석은 의사결정자들이 업 스트림(up stream)과 다운 스트림(down stream)을 보고 행동의 효과를 예측할 수 있게 해준다.
- 교차직능적 혹은 교차 사업적이다: 분석은 상호 의존성을 드러내고 각 부분들을 더 잘 통합시킨다.
- 낮은 평균 성공률: 평균 성공률이 낮은 프로세스는 분석을 통해 향상시켜야 한다.

멕케슨 제약회사는 전 세계에 가장 많은 유통 네트워크를 가진 복잡한 공급사슬을 타깃으로 했다. 하루에도 2만 5000곳 이상의 지역과 미국 시장에서 소비된 의약품의 3분의 1을 다룬다. 공급 측에는 주요한 제약업체를, 고객 측에는 강력한 소매업체(월마트를 포함)를 둔 맥케슨은 엄청난 양과 높은 효율성을 염두에 두고 운영한다. 맥케슨은 판매, 물류, 구매, 재무 프로세스의 데이터들을 통합해 더욱 통합된 분석과 의사결정 지원을 얻어냈다. 관리자들은 공급사슬 전반적으로 배송 일정, 운송 이용, 수량 매치, 생산 일정, 약 쇼핑과 관련된 결정의 운영적·재무적 영향을 평가한다.

여러분은 여러분의 사업 결정을 평가하고 어떻게 더 나은 결정과 더 나은 결과를 낼지 질문함으로써 분석 기회를 찾을 수 있다. 일반적으로 다음과 같은 6가지 조건들이 적합하다.

① 많은 변수와 단계들이 개입된 복잡한 결정들
② 일관성이 요구되거나(비차별적인 신용대출 같은) 법 규정에 의해 내려진 단순한 결정들
③ 프로세스와 활동을 전반적으로 최적화해야 할 곳(특히 국지적으로 분해해 최적화할 경우 전반적으로 최적화되지 않는 결과를 가져올 때)
④ (맥케슨의 공급사슬에서처럼) 연결, 연관, 중요도를 이해해야 하는 결정들
⑤ 더 나은 예측, 전망, 다운 스트림 가시성이 필요한 곳
⑥ 현재 평균 성공률이 낮은 곳

체계적으로 타깃을 찾기 위해, 공급사슬 관리자들과 정보관리 직원

들은 공급사슬의 활동을 분석하고 조사한다. 이것은 여러분의 노력이 어디에 집중되고 어디에서 더 잘할 수 있는지를 보여준다. 122쪽 〈그림 4-3〉은 맨 처음에 나온 〈그림 A-1〉의 분석적 질문 매트릭스를 사용해 공급사슬 프로세스의 공통된 사례를 설명한 것이다. '정보' 행에서, 전통적인 리포팅 활동은 대개 주문 처리와 자산 이용 성과 등에 중심을 두었다. 한번 자문해보자. 과거에 포커스를 둔 여러분의 리포팅과 모델들은 예측을 손쉽게 하는가? 여러분의 예측은 단순한 과거 데이터 추출에 덜 의존하고 현재 데이터와 외부 데이터를 더 많이 반영하고 있는가?

경고는 정체되거나 품질이 범위를 벗어날 때를 알려준다. 역사적 트렌드 추출은 모델링으로 향한 첫 단계다. '통찰력' 행에서, 모델링은 문제의 원인을 드러낸다. 덕분에 여러분은 프로세스와 품질 통제를 개선할 수 있다. 실시간 권고는 즉각적인 대처를 가능하게 한다. 그리고 예측, 시뮬레이션, 최적화는 더욱 역동적인 일정 조절과 더욱 정확한 상품 믹스, 그리고 수익관리(Yield Management)를 가능하게 한다.

야망을 가져라

여러분이 큰 그림을 그리고 사업 영역을 체계적으로 조사한다면, 분석을 통해 향상시킬 후보자들을 얻게 된다. 그러면 이제 여러분은 어떻게 최고의 타깃을 조준할 수 있을까? 무엇보다 여러분이 기대하는 혜택과 여러분이 가진 역량을 신중하게 평가해야 한다.

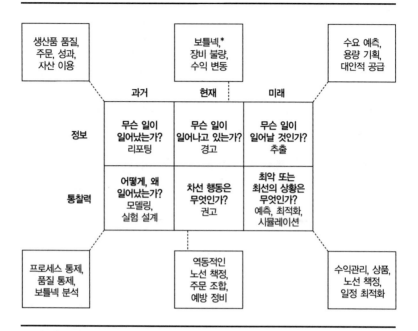

| 그림 4-3 | 분석적 질문들: 공급사슬 사례들

생산품 품질, 주문, 성과, 자산 이용		보틀넥,* 장비 불량, 수익 변동		수요 예측, 용량 기획, 대안적 공급
	과거	현재	미래	
정보	무슨 일이 일어났는가? 리포팅	무슨 일이 일어나고 있는가? 경고	무슨 일이 일어날 것인가? 추출	
통찰력	어떻게, 왜 일어났는가? 모델링, 실험 설계	차선 행동은 무엇인가? 권고	최악 또는 최선의 상황은 무엇인가? 예측, 최적화, 시뮬레이션	
프로세스 통제, 품질 통제, 보틀넥 분석		역동적인 노선 책정, 주문 조합, 예방 정비		수익관리, 상품, 노선 책정, 일정 최적화

＊보틀넥(bottleneck): 경영의 성장 및 확대를 저해하는 요인.

기대하는 혜택에 대한 평가

• 사업 프로세스는 전략적이거나 높은 우선순위인가?

• 분석 애플리케이션이 사업 성과에서 큰 차이를 내는가?

• 프로세스에서 우수성을 확보하면, 최고의 성과 기준을 세우거나 차별화된 능력을 구축하는 식의 시장 우위를 가져오는가?

• 결정 속도를 높이고 단계를 건너뛰어 최고의 프로세스 변형들을 선택함으로써 상당한 비용 절감을 할 수 있을 정도로, 프로세스가 대용량인가?

- 만일 사업 잠재력이 크다면, 어느 정도의 노력과 투자가 들어가야 하는가?
- 얼마나 빨리 행동에 나서야 하는가?

가지고 있는 역량에 대한 평가
- 애플리케이션이 새롭다면, 이 새로운 애플리케이션에 필요한 요소들을 다 갖추었는가?
- 만일 몇 가지 요소가 부족하다면, 그것들을 구매하거나 빌릴 방법이 있는가?

5가지 델타 요소들이 상호 연관되어 있지만, 타깃들은 가장 독립적인 변수임을 기억하라. 따라서 타깃은 데이터와 숙련된 분석가의 이용 가능성, 기업 관점, 기업과 사업 단위 리더십의 헌신에 근거해 조율되어야 할 것이다.

124쪽 〈그림 4-4〉는 잠재적 야망을 분석 애플리케이션의 사다리로 시각화한 것이다. 사다리를 올라갈수록 더욱 정교한 분석이 필요하기 때문에, 더 높이 올라갈수록 조직들의 수는 적다. 사다리와 마찬가지로, 칸을 건너뛰다 추락할 수도 있다. 그러니 맨 아래 칸부터 차근차근 시작하자.

- 가장 중요한 토대는 좋은 데이터다. 좋은 데이터란 정확하고, 일관적이고, 통합되고, 접근 가능하고, 적절한 데이터를 의미한다.
- 그런 데이터의 통계 분석은 고객, 상품, 거래의 세분화를 가져온다.

| 그림 4-4 | 분석 애플리케이션의 사다리

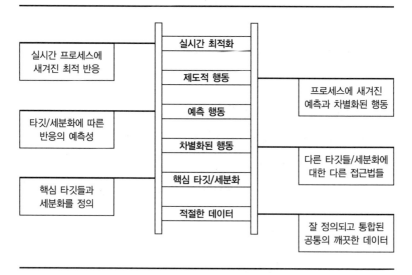

- 세분화는 맞춤형 서비스나 사업 프로세스에서 가장 효율적인 노선을 고르는 식의 차별화된 행동을 가능케 한다.
- 행동을 예측함으로써, 기회가 무르익은 곳에 자원을 결집시킬 수 있다.
- 제도적 행동에서, 차별화와 예측은 사업 프로세스에 새겨지고 자동적으로 달성된다.
- 분석 애플리케이션 사다리의 맨 위는 프로세스가 최적의 사업 산출을 유지하기 위해 실시간으로 조율되는 실시간 최적화 영역이다. 대다수 사다리들과 마찬가지로, 여러분도 이 단계에 이를 수 있다.

〈그림 4-4〉의 사다리는 일반적인 패턴이다. 어떤 사업 프로세스 영

124

역에서든 다음과 같은 질문을 하면 좋을 것이다. 얼마나 높이 올라왔는가? 얼마나 높이 올라갈 수 있는가? 시장은 우리가 얼마나 높이 올라가길 기대하는가? 한 칸을 건너뛰는 대신에 성과가 위태로워지는가? 한 칸 이동해 성과를 올리거나 수익을 낼 수 있는가?

그리고 사다리를 올라갈 때는 끊임없이 아래 칸에 신경을 써야 한다. 여러분의 회사가 경쟁사를 매입하거나 제3자 데이터에 변화가 생기면, 데이터를 순서대로 정리하기 위한 조정이 필요하다. 전체 사다리(달성한 기회와 남아 있는 기회)를 염두에 둠으로써 여러분의 관점을 유지하라.

물론 모든 사업 프로세스는 고유한 사다리를 가지고 있다. 즉, 산업 관행과 표준 프로세스 특성을 반영하는 사다리다. 126쪽 〈그림 4-5〉는 공급사슬 사다리를 설명하고 있다. 가장 아래에는 상품 및 상품 소스에서 발생한 일들에 대한 정보로 시작된다. 두 번째 단계에서 상품들은 종종 비용이나 공급업체나 고객들의 이용 가능성 관점에서 분류된다. 세 번째 단계에서 상품들은 고객과 시장 정보에 기반해 다르게 처리되거나 가격이 매겨진다.

네 번째 단계는 더욱 예측적이며, 넓은 의미에서 재고 보충의 난제를 처리한다. 예상 주문을 채우기 위해 파이프라인에 보관해야 할 상품과 자원의 양은 얼마인가? 다섯 번째 단계에서는 상품과 프로세스의 다양성을 창출하기 위해 효과적인 차별화를 꾀해야 한다. 맨 위 단계는 이윤을 최대화하는 상품 흐름과 수익의 실시간 최적화 영역이다.

127쪽 〈그림 4-6〉은 마케팅 분석의 애플리케이션을 위한 사다리를

| 그림 4-5 | 분석 애플리케이션의 사다리: 공급사슬

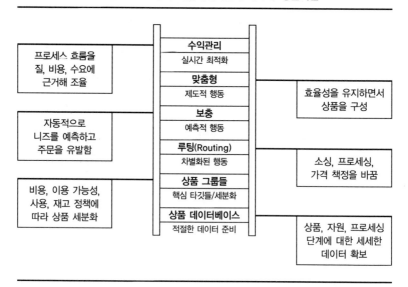

보여준다. 맨 아래는 통합된 고품질의 고객 데이터베이스의 개발인데, 고객에 대한 공통된 정의로 시작된다. 세분화는 두 번째 단계로, 단지 범주가 아니라 고객들을 구분해 가장 소중한 고객을 타깃으로 설정하는 근간이 되어야 한다. 예를 들어 카지노에서 돈을 많이 쓰는 고객들에게 체크인할 때 회원 업그레이드나 저녁 식사를 제공한다든지, 디지털카메라를 처음으로 구매하면 4주 후에 새로운 프린터 쿠폰을 받는다든지 하는 식이다.

세 번째 단계에서 사업 프로세스는 고객 활동에 상응해 즉각적인 행동을 유발한다. 예를 들어 은행들은 온라인 거래 후에 간단한 감사의 인사나 확인 이메일을 보낼 수 있다. 혹은 계좌로 대규모 입금이 들어온 이후에 전화를 할 수 있다. 네 번째 단계는 전반적인 광고관리

| 그림 4-6 | 분석 애플리케이션의 사다리: 마케팅

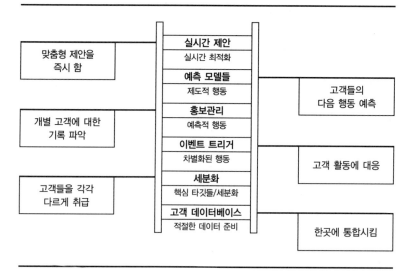

와 고객들이 어떤 제안을 받고 어떻게 대응하는지를 추적하는 식으로 맞춤화하는 영역이다. 다섯 번째 단계는 예측 분석으로 미래에 고객들이 어떻게 행동할지, 어떤 제안들이 판매로 이어질지 예측한다. 한 보험사는 예측 분석을 사용해 수입은 두 배로 늘리고 다이렉트 마케팅의 양을 50퍼센트 줄였다. 마지막으로, 사다리의 맨 위는 수용 가능성이 높은 실시간 제안을 고객에게 제시하는 능력이다. 한 온라인 여행 예약 사이트는 항공기를 검색만 한 뒤 그냥 로그오프한 고객을 발견하면, 즉각 고객에게 할인 가격이나 렌트카를 제시하는 이메일을 보낸다.

우리는 직원관리, 재무, 전반적인 사업 성과 관리 같은 내부 프로세스를 포함해 모든 주요한 사업 프로세스 영역에서 사다리를 개발하라고 권고한다. 이것은 여러분이 분석적으로 어느 정도 위치인지, 어디로 향해야 할지를 알려줄 것이다.

우리가 논의한 타깃 방법들이 완벽한 자원 계획, 시간표, 매트릭스를 갖춘 특정한 프로젝트로 바로 이어지는 건 아니라는 점을 밝혀둔다. 여러분은 해야 할 일들이 더 있다. 타깃을 정한 뒤에는 이를 정교하게 만드는 실험에 몰두해야 한다. 심지어 주요 분석 프로젝트가 진행된 후에도, 이런 타깃 질문들을 주기적으로 생각해보며 적절하게 조정해야 한다(129쪽 '우리는 좋은 타깃을 가지고 있는가' 참조).

기업이나 조직이 더욱 분석적으로 될수록 타깃을 정하는 일은 계속 이어질 것이다. 미처 생각하지 못한 기회를 찾으려고 노력할 뿐만 아니라, 이미 분석을 적용하고 있는 영역에서도 추가 기회를 찾을 것이다.

5단계 발전 모델과 타깃

가장 분석적으로 발달한 분석기반 경쟁자들은 어떤 식으로 타깃을 정하는가? 이들은 사업 성과와 차별화에 가장 큰 효과를 낸 영역을 분석 타깃으로 정한다. 이들이 꿈꾸는 야망은 분명하며, 이들의 분석 프로젝트는 당면한 사업 방침과 특정한 전략적 목표들을 불러온다. 그리고 경쟁에서 차별화되는 중요한 한 가지 타깃이나 작은 여러 타깃들에 몰두한다.

이들은 일단 주요 목적을 달성하면, 애초의 우위는 그대로 유지하

우리는 좋은 타깃을 가지고 있는가

- 사업 성과, 경쟁력, 수익에서 차이를 낼 수 있는 탁월한 능력이나 영역을 목표로 하는가?
- 경영진과 적절한 사업 영역 관리자들이 제안을 후원하는가?
- 정보와 능력을 한데 모음으로써 타깃이 혁신과 차별화의 요소를 포함하는가?
- 발전과 성공을 평가할 방법들을 포함해 특정한 목표와 매트릭스를 가지고 있는가?
- (다른 델타 요소들을 포함해서) 자원과 능력의 이용 가능성을 놓고 볼 때 실현 가능성이 있는가?

면서 다른 타깃으로 이동한다. 그리고 성공적으로 채택된 분석 기술은 곧 다른 영역의 타깃으로 이전된다. 예를 들어 구글은 페이지 랭크 및 검색과 관련된 분석에 근거해 설립되었다. 하지만 이후에는 어떤 광고가 어떤 상황에 나타나는지에 대한 분석으로 이동했고, 지속적으로 두 타깃에 대해 리서치하고 혁신을 거듭했다.

분석기반 경쟁자의 타깃을 정하는 과정은 매우 정교하다. 이들은 시대의 흐름과 차별화를 꾀할 새로운 방법과 내일의 타깃을 긴밀히 살핀다. 그리고 잠재적 타깃에 대해 모든 통찰력을 끌어모은다. 즉, (산업 트렌드와 시장 요구에 근거해) 사업의 목적과 구조에 대한 큰 그림을 그리고 사업 프로세스를 체계적인 조사해 결정을 내린다. 여기서 가장 중요한 것은, 분석적 기회(전반적인 사업 성과에서 가장 큰 차이를 낼 수 있는 타깃들)의 평가와 추구에 대한 전사적인 관점(델타에서 'E'에 해당한다)이다.

131쪽 〈표 4-2〉는 타깃의 측면에서 단계별로 이동하기 위해 필요한 것들을 요약했다.

1단계에서 2단계로

1단계에서 여러분은 처음부터 시작해야 한다. 대개 타깃이 없기 때문이다. 2단계로 나아가려면 분석에 대한 관심을 유발하고 일부 초기 성공을 보여주어야 한다. 문제를 안고 있는 사업의 관리자와 함께 그 문제를 해결할 좋은 데이터로 시작하라. 분석 전에 최소한의 정화만 필요한 좋은 데이터로 시작한다면 시간 낭비를 막을 수 있다. 또한 일찍 성공을 보여주는 것이 가장 좋다. 그래서 첫 타깃은 쉽게 획득할 수 있는 것들, 즉 분명하고 가치가 있고 즉각 할 수 있는 사업 문제와 목표들이어야 한다. 일단 여러분이 그런 성과를 낸다면, 회사의 야망과 분석 난이도는 상승한다.

2단계에서 3단계로

처음 몇 가지 프로젝트들은 기회주의적으로 선택된 것일 수도 있지만, 몇 번의 성공 이후에는 프로세스나 결정 영역에서 분석적 기회의 체계적 조사에 관심이 있는 사업 스폰서들을 구해야 한다. 일단 2단계에 도달하면, 비록 국지적이어서 높은 성과를 내는 건 별로 없지만 타깃들이 여기저기서 나타날 것이다. 3단계로 이동하려면 중요한 타깃에 집중하고 이런 영역에서 야망을 더욱 크게 가져야 한다. 타깃들

| 표 4-2 | 타깃을 통한 단계 이동

분석으로 경쟁하기 어려운 1단계 → 국지적 분석을 수행하는 2단계	국지적 분석을 수행하는 2단계 → 분석에 열의를 보이는 3단계	분석에 열의를 보이는 3단계 → 분석적 기업의 4단계	분석적 기업의 4단계 → 분석기반 경쟁자의 5단계
후원과 좋은 데이터가 있는 곳이라면 어디서든 일하라. 낮게 달려 있어 쉽게 따 먹을 수 있는 열매를 타깃으로 정한다.	이미 다소 분석적이거나 분석으로 크게 혜택을 얻을 수 있는 사업 영역에서 일하라. 사업 프로세스나 교차직능적 애플리케이션을 타깃으로 삼아라.	주요 사업 프로세스의 소유주와 일하라. 높은 가치와 높은 영향력을 가진 타깃에 포커스를 두라. 타깃을 찾고 발굴하는 데 있어 전사적 관점을 취하라. 타깃 프로세스를 IT 리더와 분석 리더, 임원들 사이의 협력으로 공식화하라.	경영진과 일하라. 전략적 제안과 가치 창출, 경쟁력 있는 차별화를 강화할 탁월한 능력의 구축에 포커스를 두라. 전략 기획 프로세스를 침투시켜 분석이 사업 전략에 반응하는 정도가 아니라 사업 전략을 형성하게 만들어라.

은 교차직능적이며, 분석 프로젝트에서 더욱 많은 사업 쪽 사람들을 포함해야 한다. 그리하여 더욱 협력적 타깃 프로세스가 필요해진다. 분석 기회와 사업 영향에 대한 큰 그림을 소개하거나 전사적인 관점의 타깃을 격려하기 좋은 때다.

3단계에서 4단계로

3단계에서 여러분이 결정한 분석적 타깃은 중요한 것이긴 하지만, 다시 한번 생각해보라. 여러분은 가장 중요한 것을 추구하고 있는가? 3단계에서 4단계로 이동하려면, 영향력이 큰 사업 기회를 찾는 방법을 공식화하고, 그것을 사업적 관점에서 평가해 적절한 자금과 자원으로 후원해야 한다. 집중되지 않았지만 사업 단위들을 연결시킬 분석 기회를 가지게 되었다면, 분석 프로젝트와 자원 활용을 조율하는 작은 '프로그램 관리 오피스'를 만들도록 한다. 기업 전반적으로 고위임원들을 개입시키는 데서 그치지 말고 분석 도구를 회사가 지원하게 만들어라.

4단계에서 5단계로

축하한다! 이제 여러분은 4단계에 도달했다. 분석은 여러분 회사의 일부가 되었다. 마지막 단계는 여러분의 고객에게 가장 큰 가치를 제공하고 경쟁자와 차별화될 수 있는 곳에 분석을 전략적으로 사용하는 것이다. 다른 식으로 표현하면, 여러분 조직의 분석력과 전문 지식을 시장 침투 방식의 필수 부분으로 만드는 것이다. 그러면 여러분은 회사 전반에서 분석적 리더들과 더불어 CEO 및 임원들과 함께 일할 것이다. 분석적 사고와 기회 발견은 전략적 사고 프로세스에 새겨져 있다. 그리고 분석 애플리케이션을 타깃으로 정하는 것은 전략적 사업 제안을 타깃으로 정하는 것과 다르지 않다. 사실, 분석은 전략적 사업 제안의 일부다.

분석의 델타

타깃

- 업계 상황으로 한정해서 바라봐서는 안 된다. 업계에 맞춰가는 수준이 아니라 차별화를 향해 나아가라.
- 사업적 잠재력만이 아니라 데이터 및 필요한 자원이 이용 가능한지를 고려해 타깃을 택하라.
- 앞서 생각하라. 타깃으로 정한 사업 영역에서 사다리를 올라갈 때 여

러분의 분석력이 어떤 식으로 나아갈 수 있는지를 전망하라.

• 무엇이 가능한지 발견하기 위한 실험을 망설이지 마라.

• 조직이 분석을 배우는 동안에는 분석의 노력을 너무 많은 타깃에 들이지 마라. 한 가지 주요한 타깃이나 몇 가지 작은 타깃에 몰두하라.

• 분석 기회에 대한 여러분의 직관을 무시하지 말고 테스트해보라!

05
분석가들
»» 분석 인력의 관리

비록 컴퓨터와 데이터가 분석적 의사결정을 견인하지만, 사람들만큼 중요한 건 아니다. 분석 지향적인 회사치고 분석 지향적인 사람들로 가득하지 않은 곳이 없다. 분석가들(조직에서 일상적인 분석 업무를 담당하는 사람들)을 찾고 개발하고 관리하고 채택하는 일은, 회사의 핵심적인 성공 요인이다.

분석가의 4가지 유형

대기업에서는 수백 혹은 수천의 사람들이 분석가라는 명칭을 갖고 있다. '분석가' 라고는 하지만, 대체로 데이터나 정보를 사용하는 사람들을 가리키는 말로 쓰인다. 여기서는 '분석가' 를 사업 결정을 위해 통계와 정확한 정량적/정성적 분석, 정보 모델링 기법을 사용하는 근로자들로 정의하며, 넓은 범위의 분석 활동을 포함하고자 한다. 분석 인재 관리라는 난제를 제대로 설명하기 위해, 우리는 분석 인력을 다음 4가지 유형으로 구분했다.[1]

① 분석 챔피언
② 프로 분석가
③ 세미프로 분석가
④ 아마추어 분석가

분석 챔피언

분석 챔피언은 게토레이 광고에 나오는 '챔피언'들이 아니다. 그들은 사업 결정을 내리기 위해 데이터에 의존하고 주요 분석 제안들을 이끄는 고위 의사결정자들이며, 분석 기술과 테크놀로지를 사용해 의사결정을 내리는 분석 선구자들이다. 앞서 캐피털원의 톰 앤더슨이 이 범주에 속한다.

분석 챔피언들은 뛰어난 사업적 통찰력과 더불어 분석 기술도 이해하고 있다. 또한 분석과 관련된 의사소통에 능숙하다. 분석이 조직에 어떤 식으로 혜택을 주는지 계산할 수 있기 때문이다. 이들은 종종 고위경영자로 승진하곤 하는데, 승진해서도 분석을 통한 장기 전략을 세우고 달성하는 방법을 구체화한다. 이들의 전문 지식은 사업 이해에 사용되고, SAP와 오라클 같은 기업 애플리케이션 시스템과 트렌드 예측, 예측 모델링, 분석 기술, 테크놀로지가 사업 목적을 달성하도록 돕는다. 또한 종종 다른 부서의 사람들에게 IT 시스템과 프로세스와 관련된 주제를 소개한다.

IBC의 부사장이자 CMO 겸 MD인 스티브 우드바헬리

스티브 우드바헬리는 IBC에서 의료관리, 프로그램, 정책, 공급자들과의 계약과 관계, 제약 서비스, 인포매틱스를 담당한다. 그중에서도 그는 특히 인포매틱스와 관련해 기업 전반적인 정보관리와 리포팅 활동을 책임진다.

분석은 스티브에게 아주 자연스럽다. "저는 한평생 수학과 과학 성향을 가지고 있었죠. 특히 분석적인 문제를 푸는 걸 좋아합니다." 그는 자신의 역할을 기업 전반에서 분석을 실시하는 임원으로 보았다. 그는 분석력의 가치를 열정적으로 주장하지만 다음과 같이 말했다. "세상에서 제일가는 분석력과 데이터를 갖는 것만으로는 경쟁우위를 창출하지 못합니다. 사업에서 분석을 활용하는 방식을 바꾸는 것만이 우위를 창출하는 유일한 길입니다."

스티브의 정의에 따르면, 분석 챔피언은 프로 분석가의 기술적 측면은 덜 가지고 있어도 데이터에 대한 이해는 훨씬 많이 하고 있는 사람이다. 분석 챔피언의 가장 중요한 역할은, 분석의 혜택을 사업 영역의 사람들에게 공공연히 알림으로써 문화적 · 조직적 변화를 촉진하는 것이다.[2]

프로 분석가

두 번째 유형은 프로 분석가다. 이들은 전 범위의 정량적 기술에 해박한 사람들이다. 발전된 분석 애플리케이션을 창출하고 통계 모델과 알고리즘을 개발해 조직의 다른 사람들이 사용하도록 만든다. 이들은 전형적으로 높은 수준의 테크닉을 채택한다. 예를 들면 트렌드 분석, 분류 알고리즘, 예측 모델링, 통계적 모델링, 최적화와 시뮬레이션, 다양한 데이터와 웹, 텍스트 마이닝 테크닉 등이다.

분석 챔피언들과 마찬가지로, 분석 집단에서 가장 창조적인 그룹에 속한 이들은 조직의 다른 이들에게 분석을 안내한다. 그리고 종종 장기적 목표를 세우는 데 개입하고 그것을 달성할 최고의 전략을 구체화하며 필요한 자원들을 계산한다.

말할 필요도 없이, 《바보들을 위한 통계학(Statistics for Dummies)》을 읽는다고 해서 프로 분석가가 되는 건 아니다. 대체로 경제학이나 통계학 혹은 오퍼레이션 리서치나 수학 같은 정량적 학문의 석사나 박사 학위가 필요하다. 혹은 바이오통계학, 인포매틱스, 유전학이나 응용물리학 같은 분야의 학위가 필요하다. 건강보험사 HCSC의 특별조사팀은 정치경제학 박사학위를 가진 카일 칙이 이끌고 있다. 그리고 그의 팀에는 통계학, 바이오엔지니어링, 사업, 유행병학의 전문가들이 포함되어 있다.

프로 분석가들은 종종 C++, SQL, SAS 코딩 같은 발달된 테크닉 기술도 가지고 있다.[3] 최고의 프로 분석가들은 테크닉과 정량 성향을 갖추었을 뿐만 아니라, 분석적 문제와 결과를 쉬운 언어로 설명하는 기술도 뛰어나다. 하지만 그런 조합은 좀처럼 찾기 어렵다. 후반부에 다시 언급하겠지만, 프로 분석가들은 사업 쪽 사람들과 의견을 나눌 때 통역가가 필요한 실정이다. 사람들은 이들을 기이하다거나 괴짜 천재라고 부르면서, 경외와 경멸이 섞인 눈으로 바라본다. 프로 분석가는 대개 회사 내 분석 집단의 5~10퍼센트를 차지한다.

블루크로스와 노스캘리포니아 블루실드의 리서치 책임자인 대릴 완식

버펄로대학에서 사회심리학 박사학위를 받은 대릴 완식은 원래 학계에서 리서치를 직업으로 삼을 생각이었다. "전 의료업체에서 일하면서 한 놀라운 데이터를 봤는데, 그때 데이터의 매력에 빠지고 말았죠." 대릴은 헬스케어 전달과 사업 결정을 향상시키기 위해, 통계적·실험적 방법을 적용하며 프로 분석가 팀을 이끈다. 가장 큰 난제는 명확한 대답을 내놓는 좋은 데이터를 얻는 것이다. 12년 이상 실험을 해온 대릴의 부서에는 여러 프로 분석가들이 일하고 있다. 하지만 그는 여전히 적극적으로 SAS, SPSS, S-플러스와 스폿파이어를 통해 스스로 모델을 구축한다. "무슨 일이 일어나는지 이해하려면 데이터를 건드려야 합니다. 그리고 모델 구축은 반드시 필요한 일입니다."

많은 프로 분석가들이 데이터를 파고드는 것을 좋아하지만, 대릴은 이렇게 지적한다. "모든 데이터는 양날의 칼입니다. 따라서 프로 분석가들은 실용주의적인 면모를 갖춰야 합니다. 그렇지 않으면 수개월 혹은 수년 동안 수많은 데이터들 속에서 길을 잃고 사업적 가치가 있는 것을 전혀 찾지 못할 수도 있어요."[4]

세미프로 분석가

세미프로 분석가들은 프로 분석가들이 개발한 모델과 알고리즘을 사업에 적용하는 사람들이다. 재무와 마케팅 분석의 대다수가 세미프로 분석가들이다. 그들은 자신의 영역에서 뛰어난 전문가들이며 때때로 애플리케이션을 개발하기도 한다. 하지만 주된 역할은 분석을 일상적인 의사결정이나 특수한 결정을 내려야 하는 사업 문제에 적용시키는 것이다.

세미프로 분석가들은 데이터 창출과 수집과 해석과 사용 면에서 전문가들이다. 그리고 정보의 흐름과 구조를 통해 사업의 작동 기제도 잘 이해한다. 그들은 복잡한 질의를 처리하고 데이터에 관한 모델을 만들며, 분석과 통찰력을 사업 결과에 연결시켜 사업 보고서를 준비한다. 이 세미프로 분석가들은 특히 분석 애플리케이션, 정보 분석의 시각적 도구들, 결과 예측 도구들, 가격 모델들, 판매 예측 모델들, SAS와 SPSS 같은 통계 소프트웨어, SAP 같은 엔터프라이즈 시스템으로 작업하는 데 능숙하다.

세미프로 분석가들은 사업 쪽 사람들의 언어로 자신의 업무를 전달해야 한다. 이는 프로 분석가들과 사업 관리자들 간의 거리를 좁힌다. 일부 세미프로 분석가들은 정량적 성향의 MBA들로, 종종 식스시그마 같은 프로세스 향상 기법을 능숙하게 사용한다. 컴퓨터과학 석사학위를 가진 정보 및 결정 분석가들도 있다. 통상적으로 세미프로 분석가는 분석 집단의 15~20퍼센트에 이른다.

베스트바이의 고객 행동 분석 책임자인 데이비드 스카메혼

데이비드 스카메혼은 사업에 수학을 적용시키는 데 장기적인 관심을 가지고 있다. 매칼리스터칼리지에서 수학을 전공하고 미네소타대학에서 통계학 박사학위를 받았다. 그는 미니애폴리스에 소재한 전력회사인 엑셀에너지에서 8년을 보낸 뒤, 새로운 산업 분야에서 새로운 도전을 시도하고자 베스트바이에 합류해 모델을 구축하는 프로 분석가로 일하고 있다. 하지만 이제 그의 임무는 40명의 고객 분석 팀을 이끄는 것이다. 그들 가운데 14명만이 정규직이다. 데이비드의 팀은 데이터베이스 전략, 도구 선택과 실행, 소매업의 분석 컨설팅, 새로운 분석 접근법의 리서치와 개발, 고객 세분화, 고객 성과 균형성과표 개발을 담당한다.

데이비드의 직원들 가운데 몇몇은 프로 분석가들이지만, 대다수는 데이터 시각화 도구에 의존하는 세미프로 분석가들이다. 이들은 사업 성과를 향상시킬 고객에 대한 통찰력을 적용하고 해석하기 위해 제조부서와 함께 일한다. 데이비드와 그의 팀은 상당한 성과를 냈다. 2008년 처음으로 베스트바이의 크리스마스 휴가 시즌에 대한 가격 책정과 분류 결정이 고객 분석을 통해 나왔는데, 이것이 블랙 프라이데이 주말의 이윤을 상당히 증가시켰다. 소매업계 역사상 최악의 크리스마스 쇼핑 시즌에서 이룬 뛰어난 성과다.

데이비드는 더 이상 분석 모델을 구축하지 않지만 마음만은 여전히 분석가다. "저는 계속 데이터를 계속 만지작거리고 싶답니다. 이제는 할 기회가 없지만, 집에서는 늘 만지작거리죠. 전략 최적화가 제 취미거든요."[5]

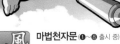

어학-모질게 시리즈

모질게 토익

📱 Phone 무료

모질게 토익 브랜드 공식 무료 어플리케이션

500개 이상의 저자 직강 토익/토익 스피킹/영어 동영상 강의와
도서 mp3, 베스트셀러 및 신간 소개 제공

모질게 토익 VOCA

📱 Phone $4.99

발음 청취 훈련, 실전 모의고사로 토익 어휘 마스터

파트별 빈출 어휘 및 혼동 어휘, Review Test 제공
고득점 공략 단어와 파트 5 모의고사 5회분 수록, 파트 5, 6 집중해부

모질게 듣기만 해도 느는 텝스 LC

📱 Phone $4.99 📱 Phone 4,900원

국내 최초 텝스 리스닝 훈련 프로그램!

대화 또는 담화로 구성된 1~2~3단계의 지문 100개
+ 최대 1,000개 업다운 텝스 어휘 수록

모질게 듣기만 해도 느는 토익 LC

📱 Phone $4.99 📱 Phone 5,900원

T스토어, 일본 앱스토어 1위! 토익 어플의 최강자

최초 토익 리스닝 훈련 앱! 전 문장 영국 발음 제공!
파트별 1,500문장+58개 예문+2,000개 어휘 수록

모질게 듣기만 해도 느는 일본어

📱 Phone $4.99 📱 Phone 5,900원

블로거 '당그니' 김현근 선생님의 일본어 회화

단계별 청취와 어휘/패턴 테스트 수록
50음도 훈련 및 전체 문장 듣기 모드 제공

모질게 패턴 영어회화

📱 Phone $3.99

백선엽 저자의 생활 회화 패턴과 문장 학습

필수/동사/활용 패턴 각 50개와 패턴별 예문 학습
전체 패턴 문장과 대화문을 이어 들을 수 있는 음성 학습 기능 제공

성인

알콩 달콩 경제학 1, 2

📱 Phone / Pad 각 권 $4.99

만화로 읽는 알콩달콩 경제학!

주식, 펀드, 채권, 부동산에 투자하기 전에 꼭 읽어야 할
「정갑영 교수의 만화로 읽는 알콩달콩 경제학」을 앱으로 만난다!

Real Palm

📱 Phone / Pad $0.99

궁금증 해결! 손금 어플 Real Palm

정확한 인식, 체계적인 분석, 유연한 작동, 깔끔한 그래픽으로
언제 어디서나 바로 손금 보기가 가능한 앱

나를 위로하는 클래식 이야기

📱 Phone $4.99

메마른 마음을 적시는 클래식의 나지막한 울림

최고의 클래식 전문가 진회숙이 들려주는 에세이와 함께
클래식 음악을 다운로드 없이 듣는 스마트시대 교양 필수 앱

가계도

📱 Phone / Pad $0.99

실생활 100% 활용 가능한 가계도 정리 APP

유난히 복잡한 친인척 호칭과 인적 사항 정리를
가계도 어플리케이션 하나로 명쾌하게 정리

아마추어 분석가

아마추어 분석가들은 주된 업무가 분석이 아니지만 자신의 업무를 제대로 하기 위해 분석을 조금이나마 이해하고 있어야 하는 직원들이다. 이들은 분석적 통찰을 업무에 적용할 정도까지는 분석을 알고 있다. 이들은 데이터가 끌어내는 통찰을 이용해 판매량을 증가시키려는 사업 관리자일 수도 있고, 고객을 효율적으로 모시려는 콜센터 직원, 최적의 재고 수준에 대해 데이터에 근거한 조언을 구하는 창고 관리자일 수도 있다. 우리는 여기서 전혀 생소한 분야의 아마추어 분석가 두 명을 소개할 것이다.

대체로 사업 쪽 사람들은 엑셀 스프레드시트와 기본적인 정보관리 도구들을 사용해 데이터를 입력하고 다룰 수 있다. 이런 아마추어 분석가들은 분석 모델의 산출을 처리하고, 가장 영향력 있는 직원들과 경영진에게 데이터를 요약해 보고한다. 그리고 프로 분석가들이 모델을 만들어 얻어낸 정보와 그들의 데이터 지식과 경험을 조합시켜 분석에 기반한 사업 결정을 내린다. 아마추어 분석가들은 대개 조직 내 분석 인력의 70~80퍼센트를 차지한다.

배우 윌 스미스

할리우드의 스타이자 배우인 윌 스미스는 아마추어 분석가가 성공하는 데 어려운 수학이 필요 없다는 사실을 증명했다. 비전형적인 아마추어 분석가인 윌은 대단한 기록을 가지고 있다. 2008년 극장 소유주와 영화필름 바이어들은 그를 수익을 많이 내는 상위 1퍼센트 스타에 포함시켰다.[6] 이는 당연한 결과다. 〈해리포터〉 시리즈를 제외하면, 그가 출연한 영화는 다른 영화들에 비해 주말에 더 많이 개봉되었다. 그리고 어떤 남자 주인공의 영화들보다 박스오피스 평균 수입이 높았다.[7] 과연 어떻게 했기에 그런 결과를 낸 것일까? 그저 데이터에 귀를 기울이면 된다. 〈USA 투데이〉는 이렇게 설명한다.

스크린에서 보여준 카리스마에서 나타나듯, 윌 스미스는 할리우드의 현금지급기가 되었다. 이는 그가 뛰어난 통계학자이기 때문이었다. 월요일마다 그는 박스오피스 보고서를 마치 스포츠광들이 경기 점수를 읽듯 살핀다. "저는 우주를 커다란 마스터 컴퓨터라고 생각해요. 키보드는 우리 각자의 내부에 있지요. 즉, 제 안에는 저만의 키보드가 있습니다. 그래서 무엇을 칠지 알아내고, 코드를 배우고, 제가 원하는 결과가 나타나도록 만듭니다."[8]

윌은 종종 자신을 "우주의 패턴을 배우는 학생"이라고 부른다. 처음으로 영화를 만들기로 결정했을 때, 그는 매니저와 함께 상위 10위권에 드는 영화들을 연구했다. "여기서 패턴은 무엇일까요? 10편 모두 특수효과를 사용한다는 겁니다. 9편은 특수효과를 사용한 생명체가 나오고, 8편은 특수효과를 사용한 생명체와 더불어 러브 스토리가 나오더군요."[9] 이런 분석적 통찰에는 큰 노력이 들지 않았다. 하지만 이를 통해 윌은 차기작 두 편을 보다 쉽게 선택할 수 있었다. 바로 전 세계적으로 성공을 거둔 〈인디펜던스 데이〉와 〈맨 인 블랙〉이다.

물론 윌은 대본을 고를 때 수학에만 의존하지는 않는다. 하지만 영화가 얼마나 멋질지와는 상관없이, 항상 데이터를 분석해 자신의 영화를 성공시킨다. 그가 말하는 성공의 열쇠는, 무비스타는 미국에서 만들어지지 않는다는 것이다. 무비스타는 브라질에서 2000만 달러를 벌어들이거나 일본에서 4800만 달러 이상을 벌어들일 때 탄생한다.[10] 때문에 월은 전 세계에 영화를 홍보하러 나섰다. 그 결과 최근 영화인 〈세븐 파운즈〉는 미국에서는 크게 흥행을 하지 못했다. 하지만 국제적으로 영화를 마케팅해야 한다는 월의 주장 덕분에 전 세계 박스 오피스 매출은 1억 6800만 달러가 넘었다.

베스트바이의 미시건 지사장 번 돌

베스트바이의 미시건 지사장인 번 돌은 가장 성과를 못 내는 지역의 상점을 최고 성과를 내는 지점으로 변모시켰다. 동료들은 그와 같은 성공이 번의 리더십과 상당한 고객 지식, 분석기반 통찰력, 분석이 사업 성과를 향상시키는 방식에 대한 탁월한 이해 덕분이라고 말한다.

번은 과거 베스트바이에서 오퍼레이션과 고객 서비스 쪽에서 일했으며 지역 재무책임자를 비롯해 여러 직책에 있었다. 이런 배경 덕분에 그는 다양한 사업 관점에서 데이터를 보고 말할 수 있었다. "저의 분석 적용 방식에 큰 이점이 되었죠." 스스로 배워나간 번은 새로운 직책을 맡을 때마다 이를 사업 수완을 갈고닦을 기회로 여겼다. 전문 지식을 쌓기 위해 MBA 코스를 밟았지만 실제 경험을 통해 테크놀로지, 사업, 통계 분석을 배운 그는 스스로를 "컴퓨터가이" "만물 수선공"이라고 부른다.

경쟁적인 천성과 근본 원인을 이해하려는 욕구 덕분에, 번은 아마추어 분석가로서의 기술을 발달시킬 수 있었다. "제 일은 다른 사람들이 하지 못하는 연결을 해야 합니다. 저는 무엇보다 근본 원인으로 바로 들어가 다른 사람들이 간과한 패턴을 찾아냅니다."

번은 단기적 손익/재무 매트릭스와 장기적 고객, 그리고 직원 매트릭스를 연결시키는 놀라운 일을 해냈다. 그의 성공 비법은 철저하게 데이터를 파고드는 것이다. "사람들은 너무 많은 정보를 공유하려고 합니다. 하지만 우리 사업에서는, 그저 '시장점유율을 높이면 뛰어난 성과를 낼 수 있다'는 점에 집중하면 됩니다."

번의 부하직원들은 그를 모델로 삼아 사업에 분석을 적용하는 법을 배웠다. 그는 상점 관리자들과 판매직원들이 그달의 매트릭스에 반응하기보다는 사업을 구축하는 방식에 적극적으로 나서야 한다고 말한다. 그리고 이런 목적에 포커스를 두고 상점을 이끌어, 2년 전에는 직원 경험상을, 작년에는 고객 경험상을 수상했다.[11]

분석가의 자질

어떤 유형의 분석가든 정량 기술은 핵심 조건이다. 하지만 회귀분석과 스프레드시트를 다루는 것은 단지 시작에 불과하다. 효과적인 분석을 하려면 데이터뿐만 아니라 사람도 잘 다뤄야 한다.

- **정량적 전문 기술**이 토대가 되어야 한다. 프로 분석가는 세미프로, 챔피언, 아마추어 분석가보다 정량적 전문 지식을 더 많이 가지고

있다. 하지만 모든 분석 인력은 금융회사의 확률변동성 모델 분석, 제약회사의 바이오매트릭스, 헬스케어 회사들의 인포매틱스 같은 업계나 사업 직능에서 사용되는 정량적 업무에 능숙해야 한다. 분석 인력들은 반드시 그들의 분석 업무 유형과 관련된 소프트웨어 도구들이 어떻게 사용되고 알고리즘 모델을 구축는지, 어떻게 의사 결정 규칙을 정의하고 미래 예측 분석을 하고 사업 대시보드를 해석하는지 알아야 한다.

- **사업 지식과 설계 기술**을 알아야 백오피스 통계학자에서 벗어날 수 있다. 분석가들은 분석이 적용되는 업무와 프로세스에 익숙해야 한다. 즉, 사업 프로세스와 문제의 접면에서 일할 수 있을 정도의 일반적인 사업 배경 지식이 필요하다. 또한 회사가 직면한 난제와 핵심 기회에 대한 통찰력을 가지고 있어야 한다. 그리고 사업 가치를 견인하기 위해 분석을 어떻게 사용해야 하는지도 알아야한다.[12]

- **관계 기술과 컨설팅 기술**은 사업 파트너들과 효과적으로 일하며 분석 애플리케이션을 인지하고 구체화하며 파일럿하고 실행하도록 해준다. 관계 기술, 즉 충고하고 협상하고 전망을 관리하는 것은 분석 프로젝트의 핵심 요소다. 더군다나 분석가는 분석 작업의 결과를 의사소통할 수 있어야 한다. 즉, 최고의 실무 관행을 공유하고, 분석 프로젝트의 가치를 강조하고, 사업 외부에서 고객과 제공 업체들과의 관계를 형성하고, 규제 조건(전력회사 등에서)을 충족시키는 데 있어 분석의 역할을 설명해야 한다. 이런 이유로 우리는 워렌 버핏의 "공식을 가진 괴짜들을 조심하라"가 아니라 "자신의 공

| 그림 5-1 | 분석가의 유형별 기술 정도

	정량적 전문 기술	사업 지식과 설계 기술	관계와 컨설팅 기술	코칭과 스태프 개발 기술
아마추어 분석가	◔	◔	◔	◔
세미프로 분석가	◕	◔	◕	◑
프로 분석가	●	◑	◑	◔
분석 챔피언	◑	●	●	●

○ 기본   ◔ 초급   ◑ 중급   ◕ 고급   ● 전문가 수준

출처: Jeanne G. Harris, Elizabeth Craig, and Henry Egan, "How to Create a Talent-Powered Analytical Organization," research report, Accenture Institute for High Performance, 2009.

식의 이점과 한계를 설명하지 못하는 괴짜들을 조심하라"고 말하고 싶다(비록 괴짜들의 대다수가 그렇지만 말이다).[13]

• **코칭과 스태프 개발 기술**은 분석 조직에 필수적이다. 특히 회사가 급성장하는 대규모 분석가 풀을 가지고 있거나, 분석 인력이 사업 단위와 지리적 단위 전반에 퍼져 있을 때 그렇다. 분석 인력들이 집중되어 있지 않으면, 최고 관행이 회사 전반에서 공유되도록 코칭해야 한다. 좋은 코칭은 단지 정량적 기술만 구축하는 게 아니라, 데이터가 이끌어낸 통찰력이 사업 가치를 견인한다는 것을 사람들에게 알려준다.

분석 인재 리서치

2008년 액센츄어 하이퍼포먼스연구소는 '인재 고용 태도와 동기부여'라는 주제로 리서치를 실시했다. 이는 일반적인 직원 고용에 영향을 주는 요인과 분석가 인력 고용에 영향을 주는 요인을 조사하기 위해서다. 웹에 근거한 전면적인 설문조사는 인력 채용, 업무 태도, 정규직 근로자들의 커리어 동기부여를 측정했다. 1367명의 응답자들(799명이 분석가들)은 최소한 연봉이 5000만 달러인 회사에 다니는 미국 직원들이다. 다양한 영역의 산업들을 대표하는 그들은 금융, IT, 운영, 생산, R&D, 마케팅과 판매를 비롯해 여러 분야에서 일하고 있었다.

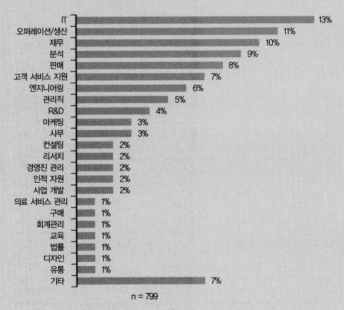

n = 799

출처: Jeanne G. Harris, Elizabeth Craig, and Henry Egan, "How to Create a Talent-Powered Analytical Organization," research report, Accenture Institute for High Performance, 2009.

좋은 소식이 있다. 우리의 조사에 따르면, 전반적으로 다른 부류의 직원들보다 분석가들이 상당히 일에 몰두하고 더욱 만족하고 조직에 헌신하는 것으로 나왔다(아래 '분석가 vs 비분석가' 참조).

분석 업무는 금융공학자가 아닌 사람들에게는 매우 지루해 보인다. 하지만 실제로 직원들에게 동기를 부여하고 몰두하게 만드는 특성을 가지고 있다. 분석은 다양한 기술(정량적 기술이나 대인 기술)을 섞어서 사용해야 한다. 그리고 일을 완성할 기회를 제공하고 남들에게 상당한 영향을 끼치며, 업무에서 어느 정도의 자치권을 허락하고 업무 성과에 대해 자동적으로 피드백을 제공해야 한다. 실제로 우리가 조사한 분석가들은 다른 직원들보다 이런 면에서 더 수준이 높았다. 만일 칼 마르크스가 분석의 출현을 예측했다면, 그는 보다 낙관적인 이론을 제시하고 더 행복한 사람이 되었을 것이다.

분석가 vs 비분석가

	분석가	비분석가
아침에 일어나자마자 회사에 일하러 가고 싶다	68%	52%
어려운 업무를 달성하기 위해 헌신할 의향이 있다	82%	66%
내 일에 몸과 마음을 다 바칠 준비가 되어 있다	77%	64%
새로운 방식을 사용해 효과적으로 일할 생각에 절로 흥분이 된다	67%	50%
현재 회사에서 일하는 게 좋다	78%	65%
우리 회사의 운명에 대해 정말로 신경을 쓴다	74%	59%
회사의 성공에 상당한 노력을 들일 각오가 되어 있다	70%	51%

출처: Jeanne G. Harris, Elizabeth Craig, and Henry Egan, "How to Engage and Retain Your Analytical Talent," research report, Accenture Institute for High Performance, 2009.

사실 우리는 몇몇 개인들이 우리가 열거한 기술 모두를 갖췄다는 사실을 발견했다(147쪽 '분석 인재 리서치' 참조). 분석력은 분명 다윈의 진화론적 우선순위는 아니다. 그러므로 회사는 분석가 서열에서 분석 인재들을 적절히 섞어야 한다. 다시 말해 고급 분석 테크닉에 포커스를 둔 프로 분석가, 그리고 강한 분석과 사업 설계와 관리 기술을 조합해 고객들과 프로 분석가들을 연결시켜주는 광범위한 기술을 갖춘 세미프로 분석가 간의 균형을 맞춰야 한다. 146쪽 〈그림 5-1〉은 주요 분석 기술 범주에서 각 유형의 분석가들이 가진 상대적 강점을 표시한 것이다.

분석가들에게 동기를 부여하라

필요한 분석 기술의 확보는 더 많은 정량 분석가들을 고용하면 끝나는 간단한 문제가 아니다. 분석가들을 찾고 보유하려면, 그들의 생활상을 이해하고 그들을 관리할 제대로 된 접근법이 필요하다. 무엇보다 분석가들이 상당히 특화된 기술을 이용할 수 있게끔 흥미롭고 도전적인 업무로 동기부여를 해야 한다. 도전과 복잡성은 특히 정교한 데이터 분석을 다루고 새로운 모델과 테크닉을 개발시키는 프로 분석가와 세미프로 분석가에게 필수적이다.

대다수 분석가들과 마찬가지로, 월그린스의 헬스케어 애널리스틱스와 리서치의 부사장인 샤론 프레이즈는 흥미로운 업무 기회를 중시한다. "돈도 좋지만, 전 매일 반복되는 일이 아니라 흥미로운 일을 하고 성장할 기회가 있다는 데 더 흥분이 됩니다. 제 역량을 맘껏 발휘하고 싶어요."[14] 관리자들은 분석적 역할을 설계하고 조직할 때 이런 사실에 신경을 써야 한다. 프로 분석가들은 정교한 분석 모델을 구축하는 대신에 간단한 분석과 보고서 작성에 너무 많은 시간을 보낼 때 의욕을 크게 상실한다. 우리는 스프레드시트 개발자로 취급된다고 느끼며 방황하는 분석가들을 여럿 봤다.

분석가들은 다양한 임무를 맡고 개인적으로 성장하고 있다고 느껴야 흥미와 도전 의식을 갖게 된다. 한 식료품 소매업체는 상당한 기술을 가진 MBA들을 유치해서 반복적인 분석과 리포팅 업무를 시켰다. 하지만 곧 그들이 업무를 지겨워하고 항상 새로운 도전을 찾아나서기 때문에 오래 붙잡아둘 수 없다는 걸 알았다. 분석가들에게 흥미와 도전 의식을 부여하려면 새로운 프로젝트와 순환근무를 제시하는 게 좋다. 분석가들을 전략적 문제와 우선순위에 노출시키고 학습과 실험에 상당한 시간을 투자할 수 있기 때문이다. 소규모 분석 집단이나 분석 커리어 경로에 대한 선례가 없는 집단에서는 새로운 전문 지식을 개발할 기회를 갖는 것이 중요하다. 사업 직능, 정량 모델, 분석 테크닉, 소프트웨어 패키지의 새로운 지식을 개발하는 것은 그런 기회의 몇 가지 사례에 불과하다.

분석가들은 또한 의미 있는 중요한 일을 하길 원한다. 따라서 그들이 구축한 모델과 애플리케이션은 사업에 중요해야 한다. 앞서 샤론 프레이즈는 이렇게 말했다. "전 차이를 낼 수 있는 일을 하고 싶어요. 실제로 적용되는 인포매틱스 업무를 하고 그로 인해 변화하는 모습을 보는 것은, 제게 다른 어떤 일보다 중요해요." 또 다른 의욕 상실

요소는 업무의 일부만이 실제로 사용된다는 느낌이다. 회사에 중요한 분석 업무를 요구하지 않는다면, 프로 분석가들은 이제 다른 데로 옮길 때라고 느낄 것이다.

분석가들은 조직에서 가치를 인정받고 지원 받기를 원하지만 업무에서의 자치권도 원한다. 즉, 업무 방식을 결정할 자유와 유연성이다. 따라서 관리자들은 업무의 목표와 자원을 제공하고, 분석 집단에 그들의 업무를 꾸려나갈 자유를 주어야 한다. 하지만 자치권 위임은 방임을 의미하는 게 아니다. 관리자들은 틈틈이 분석가의 일을 인정해주고 고위임원에게 그들의 공헌을 가시화시켜야 한다.

분석가들이 하는 업무 외에도, 그들이 누구와 일하는지 생각해보는 것도 중요하다. 분석가들은 똑똑하고 능력 있는 동료들과 함께 일하고 싶어한다. 집단에 물리적으로 함께 있든 커뮤니티에 있든, 분석가들을 한데 모으는 것은 그들에게 동기를 부여한다. 또한 이는 최고 관행의 공유를 촉진시키고 지식을 확산시키며, 회사들이 커리어 모델을 재단할 수 있게 한다. 그리고 분석가들의 욕구에 더 잘 맞는 트레이닝 기회를 제공한다.

분석가들에게 다른 똑똑한 분석가들과 사업 쪽 사람들과 일할 기회를 제공할 수 있는 회사들은 분석 인재를 유치하는 데 거의 문제가 없다. 앞서 분석 챔피언으로 소개된 IBC의 스티브 우드바헬리는 자사의 인포매틱스 조직이 그런 매력적인 환경을 제공한 덕분에 분석 인재를 유치할 수 있었다고 말했다. "이는 명확한 COE(Center of Excellence)입니다. 우리는 여기서 다른 사람들과 함께 일할 기름진 토대를 만듭니다. 다시 말해 경력 및 성장 기회와 프로 분석가들의 상호 작용을 얻을 수 있는 크리티컬 매스(Critical Mass, 필요한 최소 인력–옮긴이)를 만들어냅니다."

의미 있는 작업을 설계하고 지적 시뮬레이션과 커리어 성장에 대한 기회를 확보하는 것은, 도전의 절반에 해당한다. 앞서 우리의 리서치에 따르면 분석가들은 특히 신뢰 문화, 즉 공정하고 일관되고 예측 가능하며 조직의 다른 사람들이 개방적이고 정직하며 고결하게 행동한다고 느끼는 곳을 추구한다. 감독관들과의 긍정적인 관계도 다른 직원들보다 훨씬 중요하다(특히 세미프로 분석가들). 이런 요인들 가운데 하나라도 없다면, 분석가들은 종종 조직에서 이탈하려고 한다.

분석가 집단의 조직

우리는 "분석가들을 조직하는 최선의 방법은 무엇인가?"라는 질문을 가장 많이 받는다. 분석을 막 시작하기 시작했을 때, 각각의 부서에 분석가들을 어느 정도 두는 것은 아주 쉽다. 하지만 일단 경영진이 분석을 진지하게 받아들이기 시작하면, 분석가들(특히 뛰어난 프로 및 세미프로 분석가들)을 조직하고 관리하는 방식을 결정하는 것은 경영 측면의 관심이 된다. 최고급 분석가들은 드물고 잠재적으로 매우 소중한 자원이기 때문에, 당연히 여러분은 그들의 가치를 최대화하길 바랄 것이다. 높은 가치를 낼 업무가 있는데도, 낮은 가치의 프로젝트에 투입시키거나 기업의 한 부서에 가둬두는 건 낭비다. 또한 작고 국지적인 문제에 매달리게 하거나, 여기저기 분산시키거나, 크리티컬 매스로 모아 전략적 제안을 다루게 하지 않는 것도 낭비다. 조직 구조는 다음과 같은 방식에 영향을 끼치기 때문에 매우 중요하다.

- 가장 중요하고 가치를 늘릴 업무에 사람들을 배치하는 방식
- 분석가들이 잠재력을 발산해야 하는 기술과 경험을 개발하는 방식

프로 분석가들과 세미프로 분석가들에게 있어, 조직 설계는 두 가지 큰 질문으로 귀결된다(여기서 아마추어 분석가들은 기업 전반에 분산되어 있다고 가정한다).

- 지정학적·행정적 편의를 위해 사람들을 사업 단위에 맞춰 묶을 최선의 방책은 무엇인가? 그들이 주기적으로 함께 일하고 배울 수 있는 최선의 방책은 무엇인가?
- 전사적 관점에서의 분석을 시작하기 위해, 집단들을 조율하고 가장 중요한 프로젝트에서 성과를 향상시키며 충분한 개발 기회를 제공할 최선책은 무엇인가?

프로 분석가와 세미프로 분석가들을 조직하는 관건은, 가장 중요한 분석 제안에서 사업 측 사람들과 긴밀히 협조하고 그들끼리 상호 학습과 지원을 얻고 조율하도록 만드는 것이다. 여러 리서치와 기업들과의 토론을 통해, 우리는 분석가들을 조직하는 방법에서 많은 오답들이 있다는 것을 알았다. 그래서 여기서는 여러분이 흔히 저지르는 실수를 피하고 조직 모델이 달성해야 할 것에 대해 설명할 것이다.

많은 세미프로 분석가들을 둔 기업은 종종 그들을 각 부서에 배치시킨다. 가령 재무 분석가들은 재무 부서에서 일하고 마케팅 분석가들은 마케팅 부서에서 일한다. 반대로, 세미프로 분석가들이 별로 없고 다목적이라면, 그들은 프로 분석가들과 그룹을 이룬다. 일부 기업들은 그들을 집중화된 단위에 모아, 서로 주기적으로 함께 일하고 배울 수 있게 한다. 분석가들을 지정학적·행정적 편의에 따라 각 사업 단위에 조화시킨 기업들도 있다. 〈그림 5-2〉는 여러 지부를 거느린 대기업에서 프로 분석가와 세미프로 분석가의 조직 구조가 가질 수 있는 기본적인 5가지 모델을 설명한 것이다. 우리는 가장 집중화된 곳에서부터 가장 탈집중화된 순으로 이를 논의할 것이다.

집중화 모델

다른 사업 단위나 직능에 배치되어도 결과적으로는 한 조직에 보고하는 모델이다. 이런 집중화는 분석가들을 전략적 우선순위를 가진 프로젝트에 배치하기 더 쉽게 만들지만, 분석가와 사업 쪽 사람들 간에 거리를 만들기도 한다. 특히 분석가들이 모두 한 집단에 있다면 말이다. 이런 접근법을 채택한 조직은 사탕 제조사인 마스인데, 이곳에서는 장기적 자금 지원을 받으며 다른 부서들과 전략적으로 일하게 되어 있다. 엑스페디아도 최근에 집중화된 분석 집단을 만들었다.

컨설팅 모델

모든 분석가가 한 조직에 속해 있지만, 프로젝트에 분석가들을 배치하는 게 아니라 프로젝트의 컨설턴트로 고용하는 모델이다. 여기에

| 그림 5-2 | 분석 인재를 조직하는 5가지 모델

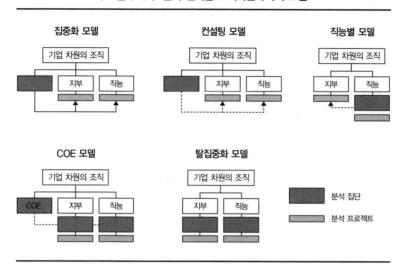

는 여러 이점이 있다. 우선 집중화된 모델보다 시장을 따라잡기 쉽다. 그리고 분석가들을 통합함으로써 기업 전반적인 상황 파악이 가능하다. 더욱 중요한 것은, 컨설턴트들이 고객들에게 분석 서비스 활용 방법을 가르치고 조언할 수 있다는 점이다.

하지만 이 모델은 낮은 기업 포커스, 형편없는 경영 리더십, 잘못된 타깃팅 메커니즘 아래에서는 불안정해진다. 그렇게 되면 분석가들은 가장 큰 사업 가치를 전달하는 프로젝트가 아니라 회사에서 자금 지원을 선택한 프로젝트를 맡게 된다. 한편 집중화된 모델처럼, 이 컨설팅 모델의 분석가들은 개별적인 사업 단위에 속해 있지만 중앙 컨설팅 조직에 보고한다. 미국의 항공사들, 이베이, 슈나이더내셔널이 이런 접근법을 채택했다.

직능별 모델

직능별 모델에서는 부서든 직능이든 간에 분석 서비스의 주된 소비자가 있는 곳에 분석 집단이 있다. 하지만 그 집단은 또한 나머지 부서들에 컨설팅 서비스를 제공한다. 이 모델에서 분석가들은 분석 애플리케이션이 완성되면 떠날 수 있다. 따라서 기업의 분석 지향성도 바뀔 수 있다. 가령 분석 팀은 처음엔 오퍼레이션이나 물류에서 보고하지만 나중에는 마케팅으로 이동할 수 있다. 투자자문회사인 피델리티는 직능별 모델을 채택했는데, 분석가들의 대다수는 마케팅에 보고하는 '고객 지식 집단'에서 일한다. 하지만 필요할 때면 조직의 다른 부분에 컨설턴트로 참여할 수 있다.

COE(Center of Excellence) 모델

COE 모델에서 분석가 집단은 탈집중화된다. 그들은 분석 욕구가 있는 주요한 사업 단위나 직능에 속해 있지만, 모든 집단은 분석 COE의 구성원들이다. COE 모델은 경험과 베스트 프랙티스를 공유함으로써, 상호 학습이 가능한 분석가들의 커뮤니티를 구축한다. 때때로 강력한 COE는 분석 제안들을 쭉 훑어보고 프로젝트 우선순위와 인재 파견에 대해 조언하며 다른 집단에서 스태프를 빌려와야 할 때 유연하게 조정하는 '프로그램 오피스'로 불리기도 한다. 캐피털원과 뱅크오브아메리카가 이 모델을 채택했다. 캐피털원의 COE에는 박사학위를 받은 통계학자들이 있다. 뱅크오브아메리카는 분석가들이 은행 전체에 흩어져 있어서, 정기적으로 회의를 열고 의사소통을 격려하는 온라인 포털을 운영해 모델의 한계를 극복하려고 한다.

탈집중화 모델

탈집중화된 모델에서 분석가 집단은 어떤 전반적인 통합 구조 없이 사업 단위와 직능과 관련을 맺는다. 우리의 조사에 따르면, 오늘날 대다수 기업들은 이 모델을 택하고 있다. 이는 분석력의 미성숙을 반영한다. 이 모델을 채택하면 기업 우선순위를 정하고, 순환근무를 통해 직원들을 효과적으로 배치하고 개발하는 게 어려워진다. 서로 공통점이 거의 없는 대규모의 다양한 멀티사업 회사에서도 일부 드문 경우에만 효과적인 모델이다. 별로 좋은 경우가 아니기 때문에 탈집중화 모델을 가진 회사들의 이름은 거론하지 않겠다. 하지만 우리가 알기론 상당수가 그렇다.

우리는 위 모델들이 변형된 유형도 발견했다. P&G는 집중화 모델로 시작했지만, 나중에는 중앙의 공유된 서비스 조직에 120명 이상의 분석가들을 통합하고 각자 브랜드나 사업 단위를 배정 받은 분석가들을 전 세계의 각 지역에서 일하게 했다. 여전히 다른 P&G 분석가들은 주로 컨설팅 쪽에서 일한다. 우리는 사업 단위 프로젝트에 특정한 서비스와 보충 직원을 제공하는 컨설팅 집단에 탈집중화 분석 집단을 더한 조합 모델도 보았다. 마지막으로, 자치적인 사업 단위를 가진 기업은 종종 연방적 접근법을 사용한다. 즉, 분석 집단들을 각 사업 단위에 설치한 뒤, 제안을 견인할 공동 집단을 설립하고 명확한 연방 가이드라인으로 조율하는 것이다.

물론 우리가 조사한 회사들은 다들 자사가 선택한 모델들이 타당하다고 여겼다. 탈집중화 모델은 가장 인기 있는 접근법으로 응답자들의 42퍼센트에 해당했다.[15] 하지만 고등학교에서와 달리 비즈니스 세계에서는 인기가 전부가 아니다. 이상적인 모델은, 소중한 분석가들이 가장 중요한 분석 프로젝트의 임무를 맡고, 전사적 관점을 가지고, 업무 만족이나 자기계발의 기회가 충분한 모델일 것이다.

우리는 분석에 전사적 접근법을 취할 경우 집중화 모델과 COE 모델이 가장 큰 잠재적 혜택을 제공한다고 생각한다. 집중화 모델 혹은 COE 모델의 분석가들은 컨설팅 모델이나 탈집중화 모델의 분석가들보다 더 높은 수준으로 개입하고 업무 만족도도 높으며, 조직에서 지원과 자원을 받고 있다고 느끼면서 계속 회사에 머물 의도를 가지고 있다. 집중화 모델과 COE 모델은 매우 정교한 분석적 기업에서 흔히 나타난다. 그리고 소매업, 소비재와 서비스, 재무 서비스, 건강, 생명과학 등 고급 분석력을 갖고 있는 산업에서 발견되는 경우가 많다.

회사의 규모는 산업 유형보다는 덜 중요한 요인이다. 비록 직원의 수가 1000명 미만인 회사들은 직능별로 분석가들을 조직하는 경향이, 직원의 수가 2만 5000명 이상인 더 큰 회사들은 COE 모델로 운영하려는 경향이 더 크지만 말이다.

전략적으로 관리하라

분석가 관리는 분석 마인드를 가진 조직의 장기적 성공에 핵심이다. 분석가들은 배치하고 유치하고 보유하기 가장 힘든 인재에 속한다. 하지만 분석 인재들을 전략 자원으로 관리하는 기업은 드물다. 분석가들은 종종 조직 전체에 흩어져 있다. 많은 기업들은 심지어 분석가들이 어떤 사람인지, 그들이 조직의 어디에 있는지, 얼마나 많이 있는지 정확하게 파악하지 못한다. 게다가 고유한 채용 전략, 트레이닝과 개발 플랜, 커리어 경로나 성과관리 프로세스가 요구되는 차별적이며 중추적인 분야로 인식하지도, 관리하지도 않는다.

분석가들을 효과적으로 관리하려면 다음과 같은 4가지 활동에 주력해야 한다.

① 분석가에 대한 니즈를 정의해야 한다.
② 새롭고 다양한 분석 인재 풀을 만들어야 한다.
③ 분석적 사업 기술을 개발해야 한다.
④ 분석가들의 노력이 조직의 전략적 목표와 조화를 이루도록 배치해야 한다.[16]

분석가에 대한 니즈 정의하기

회사의 분석가에 대한 니즈를 정의하는 첫 단계는, 회사가 전략적 · 운영적 목적을 달성하기 위해 분석력을 필요한 요소로 정의하는 것이다. 무엇보다 어떤 분석 업무가 핵심인지 판단해야 한다. 분석 자원의 니즈와 현재 직원들의 기술에 대한 이해로 무장한 회사들은 기존의 분석 인재를 더 잘 활용할 수 있고 인적 자원 니즈를 더욱 효과적으로 계획할 수 있다. 예를 들어 한 글로벌 소비재회사는 어디서 사업이 진행되고 어떤 기술과 능력이 필요한지에 대한 이해에 근거해 회사의 인재 니즈를 3년으로 예측했다. 뱅크오브아메리카는 직원들을

| 그림 5-3 | 소매업체에서의 분석 기술 평가

분석 자원		아마추어 분석가 ▶ 워크벤치 ▶ 표준보고서 ▶ 경고	세미프로 분석가 ▶ 다차원 분석 ▶ 분석 애플리케이션 ▶ 데이터 시각화	프로 분석가 ▶ What if 계획 ▶ 예측 모델링 ▶ 통계 분석
상점	50	◑	◑	◔
구매자	125	◑	◑	◔
공급사슬	55	◔	◔	◔
마케팅	74	◔	◑	◑
금융	48	◑	◑	◔
서비스	25	◔	○	○
인적 자원	12	◔	○	○
합계	389			

○ 기본   ◔ 초급   ◑ 중급   ◕ 고급   ● 전문가 수준

리뷰하고 업무 내용이 분석인 하위 집단을 파악했다. 그리고 2000명 이상의 사람들을 프로 분석가, 세미프로 분석가, 아마추어 분석가로 나누었다.

또한 분석과 관련된 공석을 채우기에 앞서, 관리자들은 사업 전반에서 이용 가능한 기술들을 평가하고 그들이 어디에 가장 필요할지 비교했다(〈그림 5-3〉 참조). 이런 기술과 공석을 검토한 결과 업무에 비해 자질이 과하거나 부족한 사람들을 발견했다. 그리고 사람들을 능력에 맞는 업무에 배치해, 신규 채용을 줄이고 직원의 직무 만족도를 높여 직원들이 적극 업무에 임하도록 해서 혜택을 보게 되었다.

새롭고 다양한 인재 풀 만들기

분석가들에 대한 수요가 늘어나면서, 현명한 사업 리더들은 필요한 기술을 가진 분석가들을 어디서 찾아야 하는지 알아내는 데 고심한다. 대개는 마치 화이트칼라 직원들을 고르는 것처럼 분석가들을 채용하는데, 이제는 직원들의 발견되지 않은 기술을 이용하는 것에서부터 새로운 인재 풀을 찾는 것에 이르기까지 분석 기술에 접근하는 새로운 방법을 발견해야 한다. 그래야 특정한 장소에 한정되지 않고 인재 풀도 줄어들지 않는다.

사냥꾼들이 덫을 놓아둔 숲 속에서 사냥감을 찾듯이, 여러분은 오퍼레이션 리서치 학회, 벤처가 후원하는 회의, 그리고 대학처럼 분석가들이 자연스럽게 모이는 곳에서 가장 쉽게 분석 인력을 찾을 수 있다. 분석가들은 종종 그들의 기술을 가장 요구하는 정량적 성향의 대학이나 금융센터 근처에 살기를 좋아한다. 고급 기술을 찾는 회사들은 소규모의 소셜네트워크 집단(예를 들면 링크드인), 특수 리서치회사들, 금융공학 웹사이트 같은 곳을 찾을 수 있다.[17] 심지어 요즘에는 성과가 뛰어난 경쟁사의 분석가들을 낚아채오는 것도 흔하다.

최고의 분석가들을 얻으려면 유연성이 필요하다. 한 관리자는 대도시로 발령 받은 사람들에게 원래 살던 시골에 그대로 있게 해줌으로써 여러 자리를 즉각 채울 수 있었다. 최고 분석가들에게 접근할 수 있는 또 다른 방법은 맞춤형 구인 조건이다. HCSC의 특별조사부서에 채용된 카일 칙은, 회사가 필요로 하는 분석 기술을 가지고 있었지만 그의 비전형적인 배경 때문에 채용되지 못할 수도 있었다.

조직 내부에 분석력을 계속 공급하려는 회사라면 경영대학원 프로그램들과도 긴밀한 연대를 맺어야 한다. 정확한 분석 트레이닝으로 높은 명성을 얻은 프로그램들 말이다. 스폰서십과 인턴십은 학계와 긴밀한 관계를 만든다. 예를 들어 다우케미컬은 장기적 파트너십을 센트럴미시건대학과 맺어 졸업생들을 상당수 채용한다. 이와 비슷하게, SAS는 노스캐롤라이나 주립대학에서 고급 분석 프로그램에 기금을 기부한다. 최근에는 많은 회사들이 졸업생들을 채용하기 위해 대학으로 몰리는 경향이 있다.

일부 조직들은 심지어 대학 졸업 전에 미리 채용한다. 텍사스인스트루먼트는 한 교육 프로그램을 후원하기 위해 전국수학교사협회와 CBS와 힘을 합쳤다. 이는 실제 FBI 사건에 영감을 받아 줄거리를 쓴 드라마, 즉 수학자들이 범죄 해결과 테러 공격 예방에 나서는 〈넘버스(Numbers)〉에 근거한 프로그램이다. 수학, 과학, 테크놀로지에 관심을 유발시켜 분석 기술의 개발을 촉진하려는 것이다.

전통적으로, 회사들은 인하우스(in-house) 분석가들을 독자적인 계약업자나 서유럽이나 북미 회사들의 아웃소싱으로 보완해왔다. 하지만 이런 시장에서 인재가 부족하다 보니, 인재를 충원하기 위해 점차 중국과 인도 같은 이머징 마켓에 눈을 돌리고 있다. 저평가되고 몸값이 싼 고등교육을 받은 분석가들의 방대한 풀을 갖고 있는 이머징 마켓들은 가장 복잡한 분석 업무에 필요한 경험과 능력을 획득하면서 인재를 찾기에 최고로 좋은 곳이 되었다. 이런 트렌드를 주도하는 인도는 해외에 분석 인력을 제공하는 급성장하는 시장이다. 2011년이면 해외 분석 인력 시장의 대다수가 인도에 본거지를 둘 것이다.[18]

일부 융통성 있는 조직들은 새로운 경로를 발견했다. 분석 전문가를 직접 회사에 두지 않아도 되며, 심지어는 같은 나라에 있지 않아도 된다. 예를 들면 웹 기반 아이디어 마켓플레이스를 활용하는 방법이 있다. www. innocentive.com과 www.NineSigma.com 같은 사이트에 까다로운 분석 문제에 대한 해결책과 관련해 요구 조건과 보수를 올리는 것이다. 넷플릭스는 자사의 영화 추천 알고리즘인 시네매치의 정확성을 최소한 10퍼센트 향상시킬 수 있는 사람에게 100만 달러를 수여하는 대회를 열었다.[19] 혹 청소부들 중에 알려지지 않은 수학 천재가 있지 않을까 하는 희망에서 칠판에 수학 방정식을 몇 시간 동안 남겨둘 수도 있다. 물론 영화 속 얘기다.[20]

분석가 개발하기

분석 테크닉과 도구들은 계속 변한다. 그리고 각 수준의 분석가들에게 요구되는 기술도 끊임없이 개선되어야 한다. 분석 조직은 분석가들을 고용하는 것은 물론이고, 이런 변화에 대처하기 위해 분석가들, 특히 전략적 사업 혜택을 촉진하는 사람들의 기술 업데이트에 투자해야 한다.

그중 하나는 분석가들을 내부적으로 훈련시키는 것이다. 아마추어 분석가들은 특히 분석 기회, 방법들, 도구들에 대한 기술을 향상시키면 좋다. P&G의 중앙 상품공급 분석 집단은 '스프레드시트 분석'이라는 수업을 제공한다. 스프레드시트는 아마추어 분석가들이 선호하는 도구다. 트럭운송회사인 슈나이더내셔널의 핵심 분석 집단은 '데이터 분석 입문과 서비스의 통계 프로세스 컨트롤'이라는 수업을 제공한다.

분석 기술을 증가시키는 또 다른 방법은 개발 업무를 순환근무로 시행하는 것이다. 일상적으로 같은 데이터를 분석하고 같은 사업 문제를 다루면 상투적으로 일하기 쉽다. 이에 순환근무는 긴장감을 불러오고 사업의 여러 부분에 대한 새로운 관점을 가져올 것이다. 아마추어 분석가도 분석 프로젝트에서 다른 프로 분석가나 세미프로 분석가와 함께 일하는 기회가 있을 때 더 잘 배운다. 이런 근무는 정식 순환근무 프로그램의 일부가 될 수 있다. 잘 관리하면 그들의 부서를 소중한 분석 활동의 근거지로 만들 수 있다.

상하이와 방갈로르에 있는 GE머니 해외 분석센터는 정식 순환근무 프로그램을 통해 사업 오퍼레이션에서 임시 업무에 스태프를 빌려준다. 이것은 분석가들의 이탈 방지를 돕고 그들에게 새로운 학습 기회와 업무 다양성을 제공하여 중요한 공헌을 했다고 느끼게 함으로써 고용을 향상시킨다. 로컬 사업 역시 혜택을 보기 시작하면서, 이런 분석가들에 대한 수요가 증가하고 있다.[21]

분석가 배치하기

한 사람의 기술과 갈망을 사업이 필요로 하는 업무에 배치시키는 것은 중요하다. 하지만 오늘 좋은 상품을 내놓는 것만이 아니라 내일 다른 상품을 내놓을 수 있는 기술을 개발할 사람을 찾는 건 간단한 일이 아니다. 대다수 아마추어 분석가와 일부 세미프로 분석가의 일은 예측 가능하고 일상적이다. 그래서 사람들이 기술을 보여주고 회사가 성과 척도를 정립한다면, 업무에 인재를 배치하는 것은 상대적으로 쉽다. 하지만 박사학위를 받은 통계학자 출신의 프로 분석가라면 이야기가 달라진다. 지식과 경험의 드문 조합을 갖춘, 고등교육을 받은 프로 분석가들은 부족하다. 그래서 최고의 분석가들은 능력을 가장 잘 발휘할 수 있는 곳에 배치해야 한다. 이들이 회사의 가장 중요한 문제를 다루도록 하고 필요할 때는 이동할 수 있도록 한다.

적절하게 분석가들을 배치하면 회사와 분석가 모두에게 도움이 된다. 분석 인력은 수요가 높은 기술을 가지고 있다. 따라서 회사는 분석가들을 특수 분야의 고부가가치 근로자들로 인식해야 한다. 그들의 선호와 동기부여는 일반 직원들과는 다르다.

또한 회사는 분석가들을 서로 연결시켜야 한다. 특히 분석가들의 수가 적거나 분산되어 있을 때는 더욱 그렇다. 커뮤니티 창출은 비효율적인 분석을 줄이고 상호 학습을 촉진한다.

5단계 발전 모델과 분석가

분석 인력은 델타 모델의 마지막 요소이지만 조금도 중요성이 떨어지지 않는다. 분석 인력이 어떤 요인에 영향을 받는지, 그들의 능력과 기술을 전면적으로 이용할 수 있는 방식이 무엇인지를 이해하면 여러분은 거대한 혜택을 받을 것이다. 분석의 초기 단계에서는, 분석가들에 대한 지원과 배려에 신경 쓰는 것으로도 충분하다. 하지만 분석 수요가 구축되면 문제가 늘어난다.

각 단계에서 분석가들을 어떻게 획득하고 개발할지, 그리고 어떻게 조직하고 배치할지 생각하라. 단계별 권고는 〈표 5-1〉에 요약되어 있다.

| 표 5-1 | 분석가들을 통한 단계 이동

분석으로 경쟁하기 어려운 1단계 → 국지적 분석을 수행하는 2단계	국지적 분석을 수행하는 2단계 → 분석에 열의를 보이는 3단계	분석에 열의를 보이는 3단계 → 분석적 기업의 4단계	분석적 기업의 4단계 → 분석기반 경쟁자의 5단계
분석가들과 기술을 파악하라. 분석 기술 트레이닝을 제공하라. 시스템 프로젝트의 분석적 요소들을 장려하라. 관리자들이 분석가들을 이해하고 고용하게 하라.	분석 직책을 정의하고 인재 풀을 조성하라. 모든 유형의 분석가 간의 지식 공유를 장려하라. 분석가들의 순환근무를 촉진하라. 특히 프로 분석가들에게 코칭과 지원을 제공하라.	모든 정보노동자의 분석 지식을 평가하고, 대학이나 협회와의 관계를 개발하며, 분석가들에 대한 고급 트레이닝을 장려하라. 분석가들의 사업 수완과 임원들의 분석 지식 개발에 포커스를 두어라. 개발과 배치 프로세스를 통합하라. 분석가들의 커뮤니티를 형성하라.	분석적 마인드를 가진 직원들을 모든 사업 부문에 고용하라. 분석가의 역할과 사업적 역할 순환 프로그램을 공식화하라. 분석가들을 집중해서 조직하고 배치하라. 주기적으로 모든 직위에 있는 분석 인력들의 수고를 인정하고 그들이 늘 새로운 도전을 하게 하라.

1단계에서 2단계로

현재 있는 분석가들을 파악하고 평가하는 것부터 시작하라. 그들이 누구인지, 어디에 있는지, 그들의 기술이 얼마나 심층적인지 말이다. 그리 오래 걸리지 않을 것이다! 통계 방법, 소프트웨어 도구들, 애플리케이션 등 분석 지식 개발에 중점을 둔 트레이닝 기회를 제공하라. 분석가들과 다른 부문들이 의사소통하고 정식으로 연결되도록 하라. 그리고 고위임원들이 분석 인력을 이해하고 고용하게 하라.

2단계에서 3단계로

이런 전환은 최고 분석 인재를 획득하고 관리하고 개발하려는 지속적인 노력으로 나타난다. 분석가들을 타깃으로 채용할 수 있는 특수한 곳(웹사이트, 협회, 학계)을 찾아 후원하라. 분석 기술과 노하우를 끌

166

어들일 맞춤형 업무 내용을 만들어라. 모든 수준의 분석가, 즉 분석 챔피언, 프로 분석가, 세미프로 분석가, 아마추어 분석가들이 기술과 지식을 공유하는 네트워킹을 장려하라. 비슷한 주제에 몸담은 사람들을 한데 모아 협력을 통해 효율성을 이끌어내도록 하라. 중요한 데이터를 맡은 분석가들을 지원하고 코치하며 트레이닝과 개발을 향상시킬 방법을 찾아라. 마지막으로, 분석 인력들이 사업과 업계에 대한 전반적인 지식을 갖게 하라.

3단계에서 4단계로

장차 분석가 채용과 특수 기술에 접근하기 위해 학계나 산업협회와 관계를 맺어라. 프로 분석가와 세미프로 분석가들이 최신 프로세스, 소프트웨어, 테크놀로지의 업데이트가 가능하도록 트레이닝과 개발 기회를 제공하라. 프로 분석가들의 사업 지식을 개발하고 임원들의 분석 지식을 개발하여 조직의 분석 이용을 최대화하라. 분석가들을 위해 직능, 사업 단위, 지리적 위치를 포괄하는 더 큰 커뮤니티를 만들어라. 이런 커뮤니티는 분석가들이 최신 정보를 계속 업데이트하고 공통된 문제를 해결하며 기회를 찾게 해준다.

4단계에서 5단계로

여러분의 인적 자원 전략과 프로세스를 분석 마인드를 가진 직원들을 중심으로 재단하라. 신입 아마추어 분석가들이 기본적인 분석 지식을 증명하도록 하라. 뛰어난 분석 인재를 유치하고 유지할 수 있도록 흥미롭고 도전적인 일을 제공하라. 또한 여러 직능, 사업 단위, 지역들이 직면한 도전에 분석가들을 더 많이 노출시킬 순환근무 프로그램을 실시하라. 분석가들에 대한 여러분의 기대치를 반영하게끔 성과관리 프로세스를 바꾸고 분석 인력의 업무를 인정하라.

분석가들

- 최고 분석가들은 인간 계산기가 아니라 매우 귀중한 자원이다. 대체로 분석가들은 사업 쪽의 동료들로부터 소외감을 느끼고 자신의 공헌을 제대로 인정받지 못한다고 느낀다. 제대로 인정받지 못하면 다른 회사를 부러워하며 옮겨갈 것이다.
- 분석 인재는 높은 연봉만이 아니라 흥미롭고 도전적인 일에서 동기를 얻는다.
- 해외 자원들, 프로들, 대학원생들, 공개적 경쟁은 분석 인재의 혁신적인 출처다. 대학이나 소셜네트워킹 사이트, 회의 같은 곳에서 다양한 분석 인재를 찾아라.
- 분석에 소질이 있는 직원들을 고용해서 분석을 잘 사용하는 데 필요한 트레이닝을 제공하라.
- 분석가들을 전략적으로 조직하고 배치해, 집중화된 집단이나 순환근무를 통해 기업 전반에서 그들의 기술을 레버리지하라.
- 분석은 넓은 범위의 지식이다. 아마추어 분석가, 세미프로 분석가, 프로 분석가들은 정량적 기술, 업계의 전문 지식, 사업 수완을 갖춰야 한다. 그러나 효과적으로 의사소통하고 관계를 구축하며 다른 사람을 코치할 수 있는 기술도 필요하다.

2부

기업 문화로서의 분석

**analytics
at work**

분석의 힘을 맘껏 발휘하고 시간이 흘러도 분석적 성향을 유지하려면, 조직 전반에 걸쳐 사람들이 일하고 관리하고 생각하는 일상의 방식으로 분석을 생각하도록 만들어야 한다. 우리와 함께 일했던 4단계나 5단계의 기업들은 앞서 이야기한 분석의 델타 요소들을 갖추었다. 그리고 그들의 분석 애플리케이션은 사업의 한두 영역만이 아니라 마케팅과 물류에서도 성과를 내고 경쟁력을 높였다. 하지만 대다수 조직들은 여전히 분석을 채택하지 않고 있다. 분석이 무엇인지, 왜 중요한지도 모르고 있다.

전 직원이 분석적이어야 한다는 건 아니다. 다만 회사에 아마추어 분석가들이 많을수록 좀 더 행복해진다는 이야기를 하고 싶다. 또한 모든 사업 활동에 정규 모델이 필요하다고 주장하는 것도 아니다. 단지 분석에 대한 전사적 관점과 분석 타깃이 있으면 최대의 수익을 낼 수 있는 곳에 자원과 노력을 집중시킬 수 있다는 말을 하고 싶다. 만일 더 많은 직원들이 적절한 데이터를 찾고, 분석하고, 타당한 결정을 내리고, 사실에 기반해 관리하는 법을 안다면 회사의 오퍼레이션과 의사결정, 성과는 소소한 여러 방식으로 향상될 수 있다.

진짜로 분석적인 회사는 다음과 같은 세 가지 보증마크를 갖는다.

분석이 일상 업무에 새겨져 있다

분석이 주요 사업 프로세스와 기업의 일상 활동에 '새겨져' 있다. 초기 의사결정 시스템은 관리자들이 더 나은 결정을 내리기 위해 보고하고, 분석하고, 해석하는 것을 도와준다. 하지만 그런 애플리케이션은 그다지 영향력이 없다. 도구들이 사업 애플리케이션과 업무 프로세스에 통합되지 않아, 이를 사용하는 관리자들이 분석을 위해 하던 일을 중단하기 때문이다. 따라서 일상 업무에 분석을 새기는 것이 더 나은 접근법이다(자동차보험 가격 책정처럼). 반복적인 결정에서는 명확한 기준의 자동화된 프로세스를 설계하라. 6장에서는 어떤 유형의 사업 프로세스가 분석에 새겨질 수 있는지와, 여기에 필요한 특정한 테크닉들을 논의할 것이다.

분석 문화를 구축하고 강화한다

분석적 의사결정, 테스트 학습의 관행, 사실에 기반한 의사결정을 내리는 분석 문화를 구축하고 계속 강화한다. 분석 문화를 갖춘 회사의 관리자들은 무엇이 작동하는지를 어림짐작으로 판단하지 않는다. 이런 곳에서는 분석이 사내 정치보다 우선하기 때문에 관리자들은 누군가 데이터가 부족한 프로젝트를 제시하면 이를 배격한다. 거친 질문은 일상이며 고위경영진의 리더십은 필수적이다. 한 분석 지향 임원은 우리에게 이렇게 말했다. "제 일은 모든 해답을 제시하는 게 아니라, 통찰력으로 이끄는 분석 프로세스의 일부로서 껄끄럽고 때론 공격적인, 정곡을 찌르는 질문을 하는 겁니다."[1] 그런 태도가 조직 전체에 퍼질 때 분석 문화는 번영한다. 7장에서는 그런 분석 문화의 특징과 이를 널리 확산시킬 방법에 대해 세세히 설명할 것이다.

현재에 안주하지 않는다

결코 현재에 안주하지 않는다. 분석적인 회사는 사업 상황이 어떻게 변하는지 항상 살피고, 계속 사업적 가정과 분석 모델을 검토한다. 분석력은 더 이상 사업 세계만큼이나 정체되어 있지 않다. 적응 실패는 큰 재앙을 가져온다. 한때 수익관리(Yield Management)와 물류에 분석 모델을 사용한 선구자였던 US에어웨이그룹이 어떻게 경쟁우위를 상실했는지 생각해보자. 혹은 서브프라임 모기지론을 제공한 금융회사들의 분석 모델을 생각해보자. 이들은 주택 가격이 상승할 때는 잘 작동했지만 주택 가격이 폭락하자 더 이상 감당할 수 없을 지경에 이르렀다. 따라서 항상 전략적으로 목적과 사업 모델, 분석 접근법들을 리뷰하고 갱신해야 한다. 데이터 소스, 새로운 테크놀로지, 시장의 가정들, 모델 척도들 모두가 모델을 시대에 맞추기 위한 검토의 대상이 된다. 8장에서는 분석의 사용과 관리에 대해 눈을 똑바로 뜨고 기민해짐으로써 분석 모델을 완성하는 법에 대해 설명할 것이다.

이 세 가지 특성은 특히 분석 발달의 3단계에 도달했을 때 중요하다. 상당수의 직원들이 분석적으로 사고하거나 일하지 않는다면, 여러분은 다음 단계의 분석으로 이동할 수 없거나 리더십이 바뀔 경우 분석적 성향을 유지할 수 없다. 즉, 이 세 가지 특성은 개별적 분석 프로젝트를 실시하는 조직과 장기적 분석력을 구축한 조직을 구별하는 기준이다.

06
사업 프로세스의 분석화

»» 결정과 실행 능력을 향상시키는 엔터프라이즈 시스템

기업에서 분석을 사용하려면 이를 일상적인 사업 결정과 프로세스의 일부로 만들어야 한다. 다시 말해, 업무 수행과 가치 창출의 방식으로 만들어야 한다. 분석기반 경쟁자들은 분석을 데이터 웨어하우스에 갇혀 있는 소수 천재들에게만 맡겨두지 않는다. 또한 몇몇 소외된 애플리케이션이 마케팅 캠페인 같은 몇몇 특별한 경우에만 사용되는 것도 아니다. 분석적 기업에서는 분석 애플리케이션과 도구들이 일상적인 작업의 일부로 자연스럽게 사용된다. 프로세스와 업무 흐름에 새겨진 분석은 부수적 활동에서 일관적이고 일상적이며 자연스러운 사업 방식으로 전환된다. 이처럼 분석을 프로세스에 새기면 새로운 통찰력을 실행하는 능력이 향상된다. 즉, 이는 통찰력, 의사결정, 행동 간의 차이를 제거한다.

자동차 렌탈 서비스 업체인 아비스유럽은 분석을 보유 프로세스에 새겨 그런 차이를 상당히 줄였다. 자동차 렌탈 서비스의 수익성은 적

절한 수량의 차를 최고 가격을 지불할 용의가 있는 고객들을 위해 적절한 위치에 배치하는 것이다. 전통적으로 렌탈 서비스 업체들은 차량 매니저들의 경험과 판단에 의존해, 매주 시스템의 데이터를 연구해서 어떤 지역의 자동차 수요가 가장 큰지 예측하게 한다. 하지만 아비스유럽의 스테이션 시스템 책임자인 옌스 유텍에 따르면, 매년 같은 것을 반복해 사용하다 보니 틀에 박히게 되었다고 했다. 한 예로, 매니저들은 매주 금요일 아침마다 주말의 혼잡을 예상하고 히드로공항에서 런던의 도심으로 트럭 한 대 분량의 차를 이송시켰다. 얼마나 많은 차들이 실제로 필요한지는 전혀 모른 채 말이다. 하지만 당시 아비스유럽은 이런 문제를 개선할 수 있는 방법을 몰랐다. 차량 분배와 가격 책정에 관한 한, 너무 많은 결정들이 예측 없이 대충 내려졌다.

이후 아비스유럽은 자동차 분배에 관한 더 낫고 더 투명한 의사결정을 내리려는 시도로, 기존 프로세스에서 분석 프로그램을 테스트했다. 그리고 1년 후 이 프로그램은 회사의 시스템 데이터를 이용해 어디에서 차가 필요한지 정확하게 예측할 수 있게 되었다. 즉, 히드로에서 런던으로 일요일 아침에 한 트럭 분량의 차들을 보내는 대신에, 자동차를 히드로공항에 4대 보내고 근처 스탄스테드공항에 4대를 보내는 게 가장 잘 활용하는 것임을 예측했다.

분석 시스템은 이런 정교한 차량관리 외에도, 차량 보유를 최적화하는 방법들을 제시할 수 있다. 가령 크리스마스 같은 분주한 시즌에는 최대 사흘만 고객들에게 차를 대여할 수 있도록 제한한다. 그런 식으로 수익성 있는 고객들에게 차를 더 제공하는 것이다. 그리고 이와 비슷하게, 이런 시스템은 매니저들이 특정한 지점에서 차량이 동날 때를 예측해 미리 가격을 올릴 수 있도록 돕는다. 아비스유럽은 이런 방법으로 분석을 일상의 의사결정에 새겨, 차량 활용으로 1900만 달러의 수익을 올렸다.[1]

분석의 내재적 파워는 경제적 수익처럼 상당한 혜택만이 아니라, 사업 활동의 패턴을 인식하고 성과를 이끄는 요소들을 따로 찾아내며 결정과 행동의 효과를 예측하는 데서도 나타난다. 그러려면 반드시 즉각적인 업무나 결정을 넘어서 업 스트림과 다운 스트림에서 어떤 일이 발생하는지 이해해야 한다. 즉, 어떻게 해야 분석이 전체 사업 프로세스에 제대로 들어맞는지 검토해야 한다.

분석을 특정 직능에 적용하면 상품에 대한 최적의 광고비 지출을 결정하는 데 도움이 된다. 하지만 마케팅 임원에게 더욱 시급한 과제는 다양한 광고 채널, 다른 지정학적 위치, 전 범위의 상품들에 걸쳐 지출을 최적화시키는 것이다. 그러기 위해서는 분석의 포커스를 일부가 아니라 전체 마케팅 프로세스에 두어야 한다.

그리고 단 하나의 프로세스를 쳐다보는 건 단지 시작에 불과하다. 우리는 사업 성과를 최대화하기 위해서는 전사적 관점이 필요하다고 앞에서 밝혔다. 교차직능적 프로세스 관점은 다른 사업 부분들이 어떻게 함께 작동하는지 알려주고, 더 나은 결과를 창출하기 위해 분석이 사용되는 모든 방식을 보여준다. 이런 관점을 취하면 여러분은 사람들과 프로세스, 테크놀로지가 어우러져 어떻게 최고의 결정들을 촉진하는지, 어떻게 하면 그런 결정들을 더욱 효과적으로 실행할 수 있는지 알 수 있다. 예를 들어 제조업자들은 사업의 거의 모든 프로세스에 영향을 주면서 연구 개발부터 퇴출까지 상품의 라이프사이클 전반에서 정보와 분석에 근거한 결정을 조율하기 위해 상품 라이프 사이클 관리 소프트웨어에 투자할 수 있다.

크래프트 접근법 vs 인더스트리얼 접근법

어떤 사업이든 맨 처음 분석의 애플리케이션은 더 나은 정보와 분석의 필요성이 분명해졌을 때일 것이다. 하지만 오늘날에도 많은 기업들이 각 결정이 즉흥적 효과를 가지는 크래프트(craft) 접근법을 채택한다. 이런 접근법에 크게 문제 될 것은 없으며, 새로운 분석 결정에 적절한 방법이다. 하지만 결정들(심지어 복잡한 결정들)이 익숙해지고 잘 이해되어 일상이 되면 인더스트리얼(industrial) 접근법에 종속시킬 수 있다. 이 접근법은 분석을 의사결정과 업무 과정에 통합하고 자동화한다. 그리고 노동법 위반이나 환경오염 없이 대다수 산업화 프로세스에 내재된다.

〈표 6-1〉은 사업 분석을 채택하는 크래프트 접근법과 인더스트리얼 접근법을 대조한 것이다. 크래프트 접근법은 단 한 번의 노력으로 효과를 볼 수 있지만 일회적이라는 단점이 있다. 반면 인더스트리얼 접근법은 더 시간이 많이 걸리고 전면적 노력이 필요하지만, 이후 결정이 즉각적으로 나온다는 장점이 있다. 크래프트 접근법을 사용하면 분석은 종종 사용 후에 폐기되거나 잊혀지기 쉽다. 반면 인더스트리얼 접근법을 사용하면 분석 모델들과 규칙들은 결정 실행 프로세스의 일부가 된다.

| 표 6-1 | **크래프트 접근법 vs 인더스트리얼 접근법**

	크래프트 접근법	인더스트리얼 접근법
패턴	즉흥적, 프로젝트 지향적	진행되는 프로세스에 새겨짐
목적	일회적 결정이나 사건 지원	진행되는 프로세스 성과
혜택	일회적	반복적
투자	낮고 일회적	눈에 띄게 높은 수준으로, 결정 모델을 유지하기 위해 계속 투자함
실시 기간	상대적으로 짧음	상대적으로 김
분석의 속도	실시에 걸리는 시간과 같음	일단 실시되면 빠르고 즉각적임
스태프	노동 집약적	눈에 띄게 노동 집약적이며, 이를 유지하기 위해 적절한 노력이 들어감
분석 메모리	재사용되기 위해 보관될 수는 있으나 종종 상실됨	유지되고 개선됨

지속적인 분석 문화를 구축하려면

인더스트리얼 접근법을 사용하려면 분석적으로 가능한 접근법들을 어떤 식으로 자동화할지 결정해야 한다. 여기에는 세 가지 근본적인 접근법이 있다.[2] 첫 번째는 완전히 자동화된 접근법으로, 분석 시스템이 결정을 내리고 후속 프로세스 흐름을 실시한다. 만일 결정이 잘 정의된다면 결정 규칙들은 분명하고 정책의 예외가 없다. 그런 뒤에 결정은 자동화될 수 있다. 만일 즉각적 대응이 필요하다면 결정은 자동화되어야 한다. 호텔과 항공사의 수익관리(Yield Management), 금융 서비스 회사의 대출과 보험 경영 시스템은 종종 완전 자동화된 분석 결정의 좋은 사례다.

두 번째로 예외/개입 접근법이 있다. 결정이 여러 영역의 사례를 커버할 때 표준 결정은 자동화될 수 있다. 하지만 사람이 예외를 검토하기 위해 경비를 서야 한다. 예외를 정의하는 척도를 세우고 예외만이 아니라 표준 결정들도 검토해야 하는지 재빨리 결정해야 한다. 예를 들어 보험회사들은 보험 정책 애플리케이션이 크거나 복잡할 때 전문가를 채용한다. 이런 접근법이 영화 〈터미네이터〉나 〈매트릭스〉에 사용되지 않아 너무 유감이다. 그러면 컴퓨터 시스템이 인간을 노예로 만들기 전에 개입할 수 있었을 것이다!

세 번째는 보조적 접근법이다. 결정이 너무 복잡하고(예를 들면 어떻게 금융거래를 구조화하는지에 대한 결정) 예측 불가능한 요소들을 포함하며(고객 반응) 선례가 없다면(새로운 사업 모델 혹은 다양한 사람들과 훈련, 전문 지식을 요구한다면), 분석의 역할은 결정을 내리는 게 아니라 결정을 보조하고 정보를 제공하는 일이 되어야 한다. 한 예로, 의료 프로세스에서 내과 의사는 우선 자동화된 권고를 고려하겠지만 환자를 어떻게 치료할지에 대해서는 나름대로 판단을 내린다. 이상적인 모습은, 그런 시스템들이 풍부한 관련 정보와 분석, 의사결정자들이 사용할 프로세스 흐름과 결과의 시뮬레이션을 제공하는 것이다. 이런 임시방편적이고 독립적인 모델들을 유지하고 개선하면 나중에 재사용할 수 있다.

〈표 6-2〉는 결정을 가능케 하는 이런 방법들을 요약해 비교했다. 주어진 사업 프로세스는 다른 모든 결정 유형을 나타낸다. 그리고 의

| 표 6-2 | 세 가지 결정 유형

	자동화된 결정	개입이 포함된 자동화된 결정	보조적 결정
결정 유형	단순하거나 잘 정의됨	결정 복잡성의 종형곡선 (鐘形曲線) 분포	복잡함
예외 처리	예외가 없음	예외를 인식하고 따로 처 리함	비예측 변수들은 반드시 포함해야 함
핵심 요소	속도와 일관성	전문 지식	전문 지식과 협력
분석 포커스	규칙들	경고들	시뮬레이션

사결정 설계에서 최상의 믹스를 결정하기 위해 반복적인 설계와 테스트, 실행이 필요하다. 핵심 변수들을 파악하고 이해하며 예외 패턴들이 인식되고 모델로 설정됨에 따라, 결정들은 시간이 흐르면서 자동화되는 방향으로 움직인다.

완전자동 결정, 인간의 검토가 들어간 자동화된 결정, 분석을 통해 정보를 받은 인간의 결정을 적절하게 믹스하려면 신중해야 한다. 여러분의 회사는 다음과 같은 질문을 해야 한다. 결정이 완전 자동화되어야 하는가, 아니면 권고된 결정에 사람이 개입할 수 있는가? 시스템은 경고나 자동 업그레이드를 만들어내는가? 분석이 내놓은 권고에 개입하는 인간에게 처벌을 내리거나 그 이유를 알아내기 위해 인터뷰를 해야 하는가? 이런 질문들에 대한 해답들은 여러분을 사업 프로세스에 분석을 새기는 길로 인도하고, 궁극적으로는 완벽한 분석 프로세스에 도달하도록 이끈다.

완벽한 분석 프로세스

진정으로 분석적인 사업 프로세스는 어떻게 작동하는가? 우리는 이런 이상적인 상태를 '완벽한 분석 프로세스'라고 부른다. 그와 같은 상태는 다음과 같이 요약할 수 있다.

- 프로세스의 핵심 결정 포인트를 안다.
- 프로세스의 업 스트림이나 다운 스트림, 혹은 시장이나 사업에서 나오는 정보들을 바탕으로 결정을 내릴 수 있다.
- 분석 테크닉에 의존하고 사실에 기반해 결정을 내린다.
- 스프레드시트, 예보, 예측 모델 등 분석 테크놀로지를 채택해 각 결정을 자동적으로 내리고 알린다.
- 분석 활동과 테크놀로지가 오퍼레이션 시스템과 프로세스에 통합된다.
- 프로세스의 구조와 흐름이 유동적이다. 프로세스 내내 다른 길 혹은 노선들이 있다. 가령 완전자동화된 신속한 프로세스는 단순하고 표준 사례에 적용된다. 일반 프로세스는 사람이 검토할 자동화된 결정에 적용된다. 특별 프로세스는 경험 있는 의사결정자를 필요로 하는 낯설거나 복잡한 사례에 적용된다.
- 분석의 도움으로 이런 결정 시스템과 프로세스의 성과를 모니터한다. 보다 앞선 프로세스 향상의 기회나 니즈를 재빨리 인지하고 행동에 나설 수 있다.

| 그림 6-1 | 클레임 프로세스에 새겨진 분석

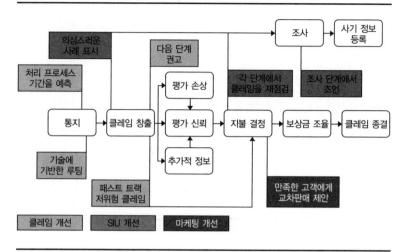

출처: Based on "Predictive Analytics for the Claim Handling Process," SPSS Inc. Technical Report, 2009.

오늘날 이런 완벽한 상태에 접근한 사업 프로세스는 거의 없다. 하지만 어떤 식으로 작동하는지 살펴보는 건 그리 어렵지 않다. 예를 들어 보험 산업에서의 클레임 처리를 살펴보자. 〈그림 6-1〉은 상해보험업의 소송 프로세스에서 핵심 단계들과 결정 포인트를 설명한 것이다. 프로세스는 일련의 분석과 자동화된(그리고 부분적으로 자동화된) 결정들을 나타낸다. 기본적인 프로세스 흐름은 둥근 모서리의 박스와 연결선이다. 분석이 적용되는 자동화된 포인트는 직사각형이다.

이런 결정들은 세 가지 범주에 들어간다. 처음 결정들은 클레임 프로세스 흐름 자체를 향상시킨다. 첫 번째는 클레임과 지불 처리가 얼마나 오래 걸릴지 예측함으로써 고객에게 서비스한다. 다른 것은 예비 정보를 사용한다. 일단 클레임이 들어오면 프로세스는 두 갈래로 나뉜다. 한쪽에서는 간단한 사건들을 다루는데, 저위험 사기와 패스트 트랙 해결, 그리고 지불이다. 다른 쪽에서는 신뢰성을 평가하기 위해 어떤 추가적인 손해 평가와 다른 정보가 필요한지 권고한다. 그리고 프로세스 흐름의 다양한 지점에서, 클레임은 사기 가능성의 점수가 매겨진다. 높은 점수는 특별조사팀이 조사에 나서야 한다는 의미다. 마지막으로, 프로세스 끝의 권고 엔진은 만족한 고객이 지급을 받을 때나 받은 뒤에 교차판매 기회를 제시한다.

그 결과, 효율적이고 유연한 프로세스가 즉각적으로 나타난다. 패스트 트랙은 수고를 덜고 오직 복잡한 클레임만이 전면적으로 평가되며 사기만이 조사될 것이다. 사실 이 프로세스는 유연하고 분석적으로 결정된 변형들이 프로세스 흐름에 있기 때문에 효율적이다. 심지어 자본 집약적인 프로세스(가령 제조업자의 공급사슬)에서도 기업들은 장기적으로 유연한 프로세스가 경직된 것보다 낫다는 사실을 배운다.

한 가지 방식으로만 운영되기 위해 미세하게 조정된 프로세스는 시장 수요와 다른 상황이 변할 때 사업을 궁지로 몰아넣는다. 하지만 정보를 바탕으로 일관적이고 자동화된 결정들을 통해 새겨진 분석은 폭넓은 사업 프로세스를 더 빠르고 효과적으로 운영하게 하면서 프로세스를 더욱 유연하게 만든다. 물론 클레임 처리 사례에서 보듯이, 훌륭한 분석 기술과 정보 기술이 없다면 이런 접근으로 혜택을 얻기는 힘들다.

물론 여러분은 사업 프로세스의 분석적 잠재력을 스스로 평가하고 싶을 것이다(만일 여러분이 건망증이 심하거나 그 부분을 건너뛰었다면,

지금이라도 4장으로 돌아가서 타깃팅 애플리케이션 부분을 살펴보라). 실시간 애플리케이션과 제도적 행동 애플리케이션은 애플리케이션 사다리의 상위 두 단계에 있는데, 특히 진행되는 프로세스에 새겨지면 혜택을 얻을 수 있다. 분석을 프로세스와 실시간 애플리케이션에 새겨 얻은 고양된 속도, 효율성, 유연성으로 시장에서 차별화를 꾀할 만한 최적의 장소를 찾아라.

여러분은 또한 현재 수준의 분석 지원과 각 프로세스의 분석 잠재력이 얼마나 차이가 나는지 산정해보고 싶을 것이다. 기회는 어디에서나 찾을 수 있겠지만, 그 기회를 이용해 진정으로 사업 성과와 경쟁우위를 이끌어낼 수 있느냐가 관건이다. 그리고 즉흥적인 크래프트 접근법도 인더스트리얼 접근법이 준비되지 못한 프로세스와 연계해 여전히 중요한 역할을 한다는 걸 명심하자.

분석적 프로세스란

우리는 다양한 사업 영역의 핵심 프로세스들 내에서 분석의 사례들을 보았다. 통계 분석은 SPC와 TQM의 테크닉으로 시작해, 수십 년 동안 공급사슬관리와 물류관리의 특징이었다. 실시간 분석은 고객과의 상호 작용에서 콜센터 직원들을 이끈다. 그리고 분석은 상품 설계의 엔지니어링과 시뮬레이션에서도 잘 정립되어 있다.

분석은 사업 지원 기능들 중에서도 금융의 많은 측면에서 필수적인데, 테크놀로지 오퍼레이션 관리에서 흔히 볼 수 있으며 상대적으로 인적 자원에서는 새로운 것이다(비록 거대한 잠재력이 있어도 말이다). 가령 인수합병 같은 핵심 결정들은 분석 기법으로 커다란 혜택을 입는다. 하지만 그런 활동에 프로세스 접근법을 취하는 회사는 거의 없다.

UPS의 사례를 보면 핵심 사업 프로세스에 분석을 새겨넣고자 하는 욕구가 샘솟을 것이다. 물류회사인 UPS는 매일같이 다양한 목적지를 정해진 시간 내에 날마다 제대로 배달하는 문제, 즉 외판사원 문제를 해결했다. 항공기와 트럭의 용량 계획을 위해, 유통 네트워크로 패키지를 돌리기 위해, 운송트럭의 일정과 루트를 짜기 위해 이런 해결책에는 매우 정교한 분석이 요구된다. 그리고 이는 분석 애플리케이션에 스며들면서 실시간으로 다이내믹하게 움직인다. 현재 UPS는 도로 봉쇄와 예외적인 고객 니즈 상태가 바뀔 때 배달 주문을 이에 맞추기 위해 알고리즘을 실험하고 있다.

분석적 프로세스의 실행

프로세스의 오퍼레이션에 분석의 효과는 근원적일 수 있다. 시간이 지나면서, 여러분은 분석으로 효과를 보기 위해 전반적인 사업 프로세스를 리엔지니어링하고 정보 시스템을 개조하길 원할 것이다. 하지만 여러분은 아마 정밀한 검사 없이 분석을 새기기 시작할 것이다.

엔터프라이즈 시스템에만 크게 의존하는 프로세스의 경우, 이미 그 소프트웨어에 포함된 분석력의 이점을 이용하는 것도 가능하다.

하지만 많은 프로세스 분석 제안들은 낯설고, 새로운 도구들과 테크 닉들과의 새로운 업무 관계가 요구된다. 우리는 분석 가능한 프로세스들을 실시하려면 4가지 주요한 관점을 적용하는 것이 필요하다는 사실을 발견했다.

첫 번째는 프로세스 실시다. 종종 분석적으로 가능한 새로운 프로세스를 창출하거나 재건하겠지만, 대부분은 현존 프로세스에 능력을 추가하거나 조정할 것이다. 특히 많은 분석 애플리케이션의 반복적인 본질 때문에 베이스라인 프로세스 성과를 측정하는 게 필수다. 그리고 새로운 프로세스를 다듬고 성과와 가치를 측정하기 위해 강화된 프로세스를 원래 프로세스와 병렬시키는 것도 중요하다. 프로세스 시뮬레이션은 프로세스가 실시되기 전에 어떻게 프로세스가 진행될지에 대한 통찰력을 내놓기도 한다.

다음으로는 모델 실시를 고려해야 한다. 프로세스의 상당수는 설계, 개발, 반복적으로 다듬은 통계 알고리즘, 설명적·예측적 모델이나 규칙에 근거한 시스템이 중심이 된다. 만일 여러분이 중요한 결정 프로세스를 산업화하려고 한다면, 여러분의 모델이 가진 규정과 가정, 알고리즘이 옳아야 한다. 분석 프로젝트는 전통적인 시스템 개발과는 다른 도구와 개발 방법이 요구된다. 물론 이런 일은 통계 방법과 모델 설정의 특수 기술을 가진 분석가들 및 프로그래머들이 한다.

세 번째는 시스템 실행이다. 분석 시스템은 사업 프로세스를 지원하는 시스템과 테크놀로지로 구현되어야 한다. 이런 접면을 구축하면서 분석 시스템은 EPR 시스템, 업무 흐름, 기록관리 시스템을 포함해 프로세스 지향적 테크놀로지의 채택을 돕는다. 그리고 새로운 시스템들과 접면을 통합하고 테스트하는 것은, 분석이 넓은 범위의 품질 데이터에 기반하고 분석기반 결정들이 프로세스 흐름을 확 바꾼다는 사실로 봐서도 매우 중요하다.

네 번째는 인간의 실행이다. 종종 가장 큰 난제는 분석이 프로세스와 실행하는 사람들에게 새로울 때 나타난다. 오직 사람만이 새겨진 애플리케이션이 좋은 결정을 내려줄지 그렇지 않을지 판단할 수 있기 때문에, 새겨진 모델의 결과와 가정을 모니터하고 관리하고 개발하는 데 인간을 반드시 포함시켜야 한다. 또 다른 중요한 요인은 자동화된 의사결정과 인간의 의사결정을 적절하게 혼합해서, 프로세스 실행자들이 새로운 분석 정보와 도구들을 믿고 사용할 수 있게 해주는 것이다.

이 4가지 관점들은 반드시 맞물려야 한다. 프로세스 흐름과 의사결정은 분석 모델에 의해 통제되어야 한다. 다른 정보 시스템들은 모델들과 접촉하고 깨끗한 데이터 피드를 제공하며, 사람들은 시스템에 새겨진 분석을 통해 프로세스 실행을 향상시켜야 한다. 만일 여러분이 분명한 사업 목적, 특수화, 가속화가 부족하다면 개념을 파일럿하거나 테스트해야 한다. 타깃의 범위를 좁히고 야망을 세워야 하며, 종종 데이터로 시작되는 필수 자산에 투자할 비즈니스 사례를 만들기 위해 관련 당사자들과 일해야 한다.

IT와 분석 프로세스

IT는 오늘날 대다수 사업 프로세스에서 필수적이다. 그래서 분석을 프로세스에 새기는 최선의 경로는 테크놀로지와 애플리케이션을 통하는 것이다. 일상적으로 직원들이 업무에 사용하는 분석을 프로세스에 새기는 것은, 정확하고 시의적절하고 표준화되고 통합되고 안정되고 신뢰할 만한 정보관리 환경을 제공하는 활발한 분석 프로세스를 설계하는 것에서 시작한다. 요즘은 미리 정해진 역치에 근거해 모니터하고 경고하는 균형성과표와 애플리케이션이 일반적이다. 하지만 독립형 애플리케이션으로 남아 있는 것도 상당히 많다. 인더스트리얼 접근법의 IT 설계는 다음 세 가지 측면에서 분석을 쉽게 업무 프로세스에 새기게 해준다.

① 자동화된 의사결정 애플리케이션

이것은 인간의 개입은 최소로 한 채, 온라인 데이터나 상태를 감지해 부호화된 지식이나 로직을 적용하고 결정을 내린다. 테크놀로지는 디지털 정보(데이터, 텍스트, 이미지)를 사용해서 신속하게 자주 내려야 하는 결정을 자동화하는 데 가장 잘 맞는다. 이런 시스템에 사용된 지식과 결정 기준은 상당히 구조화되어야 한다. 고려할 요인들은 분명히 이해되어야 하며, 갑자기 무용지물이 되면 안 된다. 전문가들이 결정 규칙을 꾸준히 부호화하면 결정을 자동화할 시기가 도래한다. 생산 시스템은 주변 프로세스를 자동화하고 고품질의 데이터는 디지털 형태로 존재한다. 자동화된 의사결정 애플리케이션으로 혜택을 보는 사업 활동들은 사기 탐지, 솔루션 컨피규레이션, 수익 최적화, 권고/실시간 오퍼, 역동적인 예측, 오퍼레이션 통제(예를 들어 온도의 모니터와 통제) 등이 있다.

② 운영적 · 전술적 의사결정을 위한 사업 애플리케이션

분석적인 관리자들은 (맞춤형 개발이든 제3자에게서 얻은 것이든 간에) 분석 애플리케이션과 사실에 기반한 의사결정에 헌신한다. 권고, 계획, 'what-if' 애플리케이션은 거의 실시간 정의와 다양한 모델로 구현된다. 이는 이윤과 고객 만족 같은 충돌하는 목표들을 조율하고 역동적으로 해결책을 최적화하기 위함이다. 분석 애플리케이션은 필요한 정보의 대다수가 예측 가능하고 디지털화된, 잘 정의된 주기적 업무에 가장 잘 맞는다. 데이터, 지식, 결정 기준이 전형적으로 덜 정의되거나 완전자동화된 애플리케이션의 데이터, 지식, 결정 기준보다 덜 명확하게 정의되어 있거나 보다 유동적이기 때문에, 여기서는 산업과 직능의 전문 지식이 요구된다.

③ 정보 업무 흐름, 프로젝트 관리, 협력, 개인적인 생산성 도구들

대다수의 정보 업무는 마이크로소프트 오피스 같은 개인적인 생산성 도구를 통해 실행된다. 벤더들이 협력과 생산성 도구들의 분석 기능을 늘리면서, 아마추어 분석가들은 분석에 접근하기가 더욱 쉬워졌다. 한 소비재회사는 정교한 모델링 도구에서 나온 결과가 매달 10개의 파워포인트 슬라이드로 배포되고 영업부서로 이메일이 가기 전까지는 거의 모든 사람이 무시한다는 사실을 알게 되었다. 플랫폼 벤더들이 상품들을 더욱 완벽하게 만들려고 노력하면서, 관리자는 예측 준비에 사용되는 엑셀 스프레드시트가 회사의 ERP 시스템을 사용하고 있는지 알 필요가 없게 되었다. 이런 도구들과 애플리케이션들은 덜 명확한 결정 기준과 덜 구조화된 정보에 가장 잘 맞는다.

190

분석을 프로세스에 새길 필요성이 커지면서 특수 애플리케이션 벤더들과 주요 플랫폼 벤더들은 직접 그들의 도구와 애플리케이션에 더욱 분석적 기능을 구축하고 있다. 소프트웨어회사들은 더욱 특정한 산업적·프로세스 견인적 애플리케이션을 구축하고 있다. 오라클 같은 메이저 플랫폼 제공업체들은 통계 기능을 직접 그들의 데이터웨어하우스 상품에 구축함으로써 분석을 상품에 새기고 있다. ERP 벤더들은 더욱 정교한 분석 특질들을 포함하는데, 여전히 사업 프로세스에 업계의 베스트 프랙티스를 통합시키는 강력한 방식으로 행하고 있다. 마이크로소프트, 오라클, SAP, SAS는 계속 정교한 분석과 BI 기능을 애플리케이션과 도구들에 새기고 있다.

분석 프로세스의 고착점

우리는 리서치를 하면서 사업 프로세스에 분석을 새긴 경험이 있는, 즉 경쟁에 영향을 주는 애플리케이션에 처음 진출한 다양한 사람들과 이야기를 나누었다. 그들은 분석의 실행과 관련해 가장 흔한 7가지 장애물들을 다음과 같이 이야기했다.

① 특수성
분석이 낯설거나 작동 방식을 그려보기 어렵다면 어디서부터 시작해야 하는가? 누구도 현재 결정이 내려지는 방식을 분명히 표현하지 못한다면 어떻게 해야 하는가? 기록되지 않은 결정 방식들은 매우 흔하다. 프로세스 실행자들이 상당히 많은 경험을 갖고 있는 경우에 특히 그렇다. 이런 걸림돌을 극복하는 열쇠는 분석가들의 기술이다. 그들의 업무 방식과 정신적 프로세스를 이해하고 데이터의 패턴과 의미를 찾아내야 한다.

② 데이터

중요한 정보가 불완전하거나 이용 불가능하다면 어떻게 해야 하는가? 당사자들이 정보의 의미와 포맷에 동의하지 않는다면? 이것은 사업과 시스템 상에서 일어나는 흔한 문제이며, 프로 분석가들은 어디를 막론하고 부족하다. 하지만 그들은 완전한 고품질 데이터에 의존하기 때문에 새겨진 분석 제안에 손상을 가하기도 한다. 장기적으로, 이 난제를 해결하는 열쇠는 데이터 자산이 사업을 잘 대표하게끔 조직하는 것이다. 즉, 여러분의 데이터 관리 방법을 진행 기반에서 평가하는 것이다. 단기적으로는 데이터를 클린징하는 동시에 분석해야 한다. 심지어 가장 잘 구조화된 프로세스도 여전히 상실되거나 오염된 데이터를 가지고 있다. 때문에 종종 반자동화된 결정들보다 인간의 결정이 우선시된다.

③ 사업 관계

사업 분석이나 분석 실행의 실험적 본질을 경험하지 못한 당사자들과 고위경영진, 프로세스 책임자에게 어떻게 계획을 보여주고 나아갈 수 있는가? 이는 종종 판돈이 많이 걸린 셔레이드 게임(Charade Game, 몸짓으로 나타내는 단어나 문장 등을 알아맞히는 게임-옮긴이)처럼 느껴질 것이다. 특히 알고리즘과 모델 개발은 블랙박스처럼 느껴져 그 결과에 근거해 의사결정 하기가 망설여질 것이다. 그리고 더욱 전통적인 프로젝트와 비슷한 결과 및 보고서를 기대할 것이다. 이런 상황에서는 신중한 의사소통과 교육적 노력이 필요하다. 사람들이 사업 분석과 분석 제안을 얼마나 이해하는지 측정하고, 시행의 각 단계에서 어떤 상황이 벌어질지 알려주어야 한다.

④ 사용자 훈련시키기

어떻게 해야 사람들이 기존의 결정 방식에서 벗어나 분석을 신뢰하는가? 그리고 어떻게 해야 자동화된 결정이 더욱 일관적이고 정보에 기반한다는 사실을 편안하게 받아들일 수 있는가? 열쇠는 프로세스 실행자들이 분석적 훈련을 받지 않았다는 점을 고려해 새로운 시스템과 프로세스를 설계하고 테스트하는 것을 그들이 가능한 한 빨리 실감하게 만드는 것이다. 그런 뒤에 실행하는 과정과 이후에 실행자들의 의견을 담을 피드백 채널을 마련하라.

⑤ 롤아웃(Rollout)

만일 사업이 탈중심화되어 있다면, 어떻게 분석적으로 강화된 새로운 시스템, 결정 방법, 분석에 대한 태도를 매우 다양한 분석력을 가진 조직에 펼쳐낼 수 있는가? 여러분은 가장 우호적인 환경에서, 책임자들이 가장 열정적이고 헌신적인 곳에서 시작하는가? 수정된 프로세스는 어디서 가장 현실적으로 사용될 수 있는가? 프로세스 실행자들과 관리의 피드백은 어디서 가장 유용한가? 이런 기준에 맞는 곳은 좀처럼 찾기 어렵다. 첫 실행은 분석과 프로세스 설계의 반복이 된다는 걸 염두에 두고, 고품질 피드백을 얻는 것을 더 중시해야 한다.

⑥ 종결성

이제 그만 손을 떼어도 된다는 것을 어떻게 알 수 있는가? 실행이 완료되고 반복적 구성이 모델 관리로 전환되었다고 선언할 때는 언제인가? 불행히도, 여러분은 이것을 미리 타진해볼 수 없다. 만일 애플리케이션을 구축하는 분석가들이나 후원자들이 완벽주의자들이라면, 그들은 애플리케이션을 무한정으로 미세하게 조정할 것이다. 그러면 사업 프로세스는 향상되겠지만, 수익이 줄어드는 지점에 도달하면 분석가들이 다른 프로젝트나 프로세스를 다루는 것이 더욱 생산적이지 않겠는가? 종결되었음을 표시할 방법은 두 가지다. 하나는 프로세스 성과 타깃을 세우고 그것이 달성될 때 종결되었다고 선언하는 것이다. 다른 하나는 매번 설계와 실행을 할 때마다 자금 지원을 갱신하는 것이다. 스폰서들이 이제는 자금을 지원해도 더 이상 부가가치 창출이 어렵겠다고 여긴다면, 그 프로젝트는 이제 다된 것이다.

⑦ 투명성

여러분의 분석적 방법과 애플리케이션을 어느 정도 드러내거나 공유하고 싶은가? 특히 프로세스가 고객이나 다른 사업 파트너와 관련되어 있을 때 말이다. 이는 특히 분석 애플리케이션이 높은 사업 가치나 경쟁우위를 가져올 때 애매하면서도 중요하다. 그런 프로세스와 정보 시스템을 상당히 독자적인 것으로 취급하는 경향이 오랫동안 있었다. 하지만 최근의 사업 관계 트렌드는 프로세스와 시스템을 고객 및 공급사슬과 통합시키는 협력 쪽으로 흐르고 있다. 한번 이렇게 자문해보라. 분석력을 꽉 쥐고 있는 것보다 공유하는 편이 주기적으로 더 많은 사업 가치를 발산하지는 않는가? 특히 여러분의 조직에서 분석 문화가 쉽게 모방하기 힘든 것이라면 말이다. 여러분이 가지고 있는 알고리즘과 모델의 세부 사항은 업계의 비밀로 남을 것이다. 하지만 프로세스 능력은 공유될 수도 있다.

이런 고착점들을 효과적으로 관리하면서 분석을 핵심 프로세스와 시스템에 새기는 조직들은 완벽한 분석 프로세스에 접근할 것이다. 이런 조직들은 철저하게 업무 흐름, 정보 흐름, 그들의 탁월한 능력 일부인 타깃 사업 프로세스에 대한 결정 포인트를 이해한다. 그들은 분석을 레버리지해서 효율성과 유연성을 동시에 향상시키고 높은 성과를 고객들이 보는 앞에서 전달하려고 한다.

분석을 사업 프로세스에 새기는 일은, 분석이 전체 조직에 중요하다는 사실을 직원들에게 분명히 알리는 일이다. 분석력을 제도화하는 다음 단계는 분석을 조직문화에 새기는 것이다. 물론 완벽한 인생을 사는 개인이 별로 없듯이, 완벽한 분석 프로세스에 도달한 조직도 별로 없다. 하지만 우리는 언제나 분석적 완벽함을 갈망해야 한다.

07

분석 문화의 구축

»» 갈등과 분산을 극복하는 통합 전략

분석에 익숙한 회사를 방문할 때마다 우리는 그 회사의 문화에 분석적 성향이 매우 깊이 배어 있음을 발견한다. 분석 원칙들은 의사결정자들의 개별적인 태도를 넘어서 문화에 배어 있으며, 어려운 교훈들이 아니라 사람들이 잘 알고 있는 것들이다. 이런 분석 문화를 가진 조직에서 신입사원들은 조직이 분석과 사실에 근거한 결정으로 운영된다는 것을 금세 발견한다. 또 그런 신입사원들은 분석 기술 때문에 선발된 사람들이다. 과거에는 대다수 기업들이 의식적으로 이런 분석 문화를 조장하지 않았지만, 우리는 장차 그렇게 될 거라고 믿는다.

분석적 자질과 행동

물론 문화는 조직 구성에서 보다 소프트한 요소로, 분석의 딱딱한 본질과 잘 맞지 않는 것처럼 보인다. 하지만 여러분의 회사가 더 나은 결정을 내리길 원한다면 문화는 무엇보다 중요하다. 그렇다면 분석 문화란 무엇인가? 다른 문화와 마찬가지로, 일련의 개별적 자질들과 반복된 행동들의 총합이다. 분석 문화에 익숙한 사람들은 일련의 공통된 자질을 보이는데, 우리의 조사와 경험에 따르면 다음과 같다.

진실을 추구한다

분석적 마인드를 가진 사람들은 전통적인 행동을 당연시하지 않고, 사업 운영 방식에 대한 진실을 찾아내려고 한다. 그들은 이성적이고 객관적으로 보이기 위해서가 아니라, 사업 환경에 대해 실제로 이성적이고 객관적이기 위해 분석과 데이터를 사용한다. 진실을 탐구하며 선입관이나 편향 없이 엄밀한 객관적 논리를 적용하려고 한다. 다시 말해 현재의 상태, 공통된 가정, 통념에 의문을 갖는다는 뜻이다. 그 결과 예기치 못한 결론에 도달할 수 있으며 일부는 정치적으로 옳지 못할 수도 있다. 분석 문화는 데이터가 끌어낸 최고의 통찰력을 인지하고 보상하는 성과급 제도를 가지고 있다. 그래서 사람들은 의외의 일을 개방적으로 받아들이고 혁신으로 나아가려고 한다.

패턴을 파악해 근본 원인에 접근한다

분석 문화를 구축하려면 여러분의 능력 수준에 상관없이, 데이터나 실제 상황에서 패턴을 찾아내야 한다. 문제의 근본 원인을 파악하는 것은 개인적인 일이 아니라 문화로 구축될 수 있다. 예를 들어 도요타의 기업 문화에는 근본 원인을 찾아내려는 5가지 접근법이 깊이 새겨져 있다. 한 임원이 지적하듯, 도요타의 분석 문화에서 대답은 추론뿐만 아니라 '왜'를 부지런히 추구해서 얻는다.[1]

분석을 통해 도약을 시도한다

더 나은 분석 기법은 더 세세한 데이터와 분석에서 나온다. 여러분의 사업에서 탈평균을 시도하라. 만일 우편코드 데이터를 사용하고 있다면 인구조사 자료나 가구조사 데이터를 구하라. 여러분이 가정을 대상으로 일한다면 가정을 구성하는 개인들에 대해 더 많은 걸 배워라.

질문과 이슈를 분석한다

비분석 문화는 결정을 뒷받침하기 위해 스토리와 일화를 사용하지만, 분석 문화는 데이터를 추구한다. 일화적 증거는 흥미롭지만 때때로 현실을 잘 반영하지 못하기 때문이다. 한 예로 점점 분석 지향적으로 가고 있는 텍사스의 메모리얼허만 병원을 들 수 있다. 어느 날 리더십 회의에서 11개 병원들 가운데 한 병원의 임원이 환자가 느끼는 만족도와 품질에 가장 큰 영향을 미치는 게 음식의 맛이라고 말했는데, 메모리얼허만의 분석 집단은 정말 그런지 알아보기 위해 환자 만족도 데이터를 검토했다. 그 결과 음식의 질은 환자 만족도를 가장 덜 나타내는 지표였다. 회귀분석과 연관율을 검토한 결과 환자 만족도의 30개 이상의 연관에서 맨 끝이었던 것이다. 알고 보니, 그 임원은 병원 음식에 대해 투덜대는 고작 두 명의 환자들과 이야기를 나누고 그런 발언을 한 것이었다. 헬스케어 분야에서 향상을 꾀하고 지속시키는 핵심은, 성과를 내지 못한 것에 대한 그럴듯하지만 입증되지 않은 설명을 제거하는 것이다. 메모리얼허만이 환자 만족도와 관련해 2009년 내셔널 퀄리티 포럼 상을 받은 것도 그 때문이다.[2]

부정적 결과도 소중하게 여긴다

분석적 성향은 사업에 과학적 방법을 적용하는 것이다. 여기에는 당연히 과학적 방법의 원칙이 적용된다. 부정적 결과들도 긍정적 결과만큼이나 소중하다. 즉, 개입이 효과가 없음을 발견했다면(판매를 늘리지도, 고객에게 물건을 팔지도 못한다면) 이는 효과가 있는 개입을 알아낸 것만큼이나 유용한 정보다. 반면 부정적 결과를 수용하지 못하는 문화에서는 사람들이 언제나 긍정적 방향으로 결과들을 왜곡할 것이다. 이 얼마나 불행한 문화적 특성인가!

결정과 행동을 위해 분석의 결과를 사용한다

객관적 분석이 아니라 권력과 정치에 근거해 결정을 내리는 것은, 조직 문화의 암적 존재다. 이는 바로 GM의 문제이기도 했다. 시장조사를 하고 데이터를 수집하며 권고가 경영진에 전달되었지만, 권력과 정치 앞에서 분석은 종종 무시되곤 했다. 반면 P&G에서는 분석가들이 개발한 분석과 답변의 질만이 아니라, 아이디어를 행동으로 옮겨 획득한 획기적인 결과에 의해 평가 받는다.

의사결정에서 실용적인 태도를 취한다

우리가 분석적 의사결정에 대해 받는 가장 흔한 질문 가운데 하나는 이런 것이다. "분석에 지나치게 치중하게 되면 어떻게 합니까? 데이터를 너무 많이 수집하거나 결정에 시간이 많이 걸린다면 어떻게 합니까?" 물론 그럴 수 있으며, 실제로 그런 일은 자주 벌어진다. 대량의 데이터를 수집하고 세세한 분석이 때때로 의사결정과 행동을 미루는 핑계가 되기도 한다. 분석 문화를 가장 잘 실천하는 조직은 매우 실용적인 태도를 취한다. 데이터를 수집하고 분석을 채택하지만 불필요하게 마냥 기다리지는 않는다. 결정을 신속하게 내려야 할 때는 수중에 있는 데이터와 경험에 근거해 서둘러 결정을 내린다.

분석 문화는 달성하기 어려운 많은 특성들로 구성되어 있다. 게다가 기업의 문화는 조직 내 부서, 직능, 사업 단위, 지리적 위치에 따라 다양하다. 조직을 더욱 분석적으로 만들려면 각 부분의 문화가 어떤지부터 평가해야 한다.

단호하게, 그리고 관대하게 분석을 장려한다

대규모 조직에서 많은 사람들이 위와 같은 자질을 보이는 경우는 흔하지 않다. 그러므로 분석 문화를 정립하려는 조직은 잘못된 행동을 채택한 사람들에게 단호한 반격을 가해야 한다. 분석이 좋은 결정을 내리는 데 필요하다고 날마다 알려주면, 사람들은 저도 모르게 분석을 내면화하게 된다.

구글은 새로운 제안이나 상품관리의 능력에 대한 아이디어가 나오면 가장 먼저 "데이터를 사용하거나 테스트를 했는가?"라는 질문이 나온다. 검색엔진과 여러 애플리케이션을 보유한 구글은 수백만 사용자들의 상호 작용으로 엄청난 양의 데이터를 가지고 있다. 따라서 결정을 내릴 때 데이터를 사용하지 않는다면 변명의 여지가 없다. 테스팅과 정보 사용이 문화의 핵심 요소인 캐피털원과 이베이 같은 분석적 회사들에서도 같은 반격이 나타난다.

시간이 지나면서, 이런 반격이 문화로 형성되면 점차 그런 질문도 덜 나오게 된다. 관리자들이 계속 이런 질문을 한다면 동료들도 그렇게 하기 시작할 것이다. 결국 신입 직원(혹은 기억력이 좋지 않은 기존 직원)은 뒷받침할 데이터 없이는 아이디어를 내놓지 않을 것이다. 종종 직원들이 "이걸 지원할 데이터가 없어요. 하지만 고려해볼 만한 아이디어라고 생각해요"라고 말하는 건 괜찮다. 분석 성향을 가진 회사라면, 그럴듯한 아이디어를 지원할 데이터를 수집하거나 테스트할 방법을 생각해낼 것이다.

한편 일부 분석에 반대하는 사람들을 너그럽게 봐주는 것도 일종의 반격에 해당한다. 몇몇 회사들은 제시된 의견과 다른 대안적 관점의 의견(더 낫게는 데이터)이 있을 때는 망설이지 말고 반대하라고 직원들을 격려한다. 물론 반대에도 한계가 있다. 인텔에서는 결정이 내려지고 사람들이 회의실을 떠난 뒤에는 더 이상 반대할 수 없다.

물론 고위경영진은 정보에 근거한 반대 문화를 창출할 책임이 있다. 효과적인 결정 프로세스를 연구한 마이클 로베르토(Michael Roberto) 교수는 이렇게 설명한다.

많은 조직의 내부에서 이루어지는 대화의 본질과 특질을 생각해보면 솔직함, 갈등, 논쟁은 의사결정 프로세스에서 빠진 것 같다. 관리자들은 반대를 드러내는 데 불편해한다. 따라서 재빨리 특정한 해결책으로 응집된다. 개인들은 만장일치가 아닌데도 그렇다고 여긴다. 그 결과, 비판적인 가정은 테스트되지 않고 창조적 대안들은 적절한 관심을 받지 못한다. 프로세스를 이끄는 사람이 서로의 관점을 자유롭게 교환하지 못하게 막는 식으로 말하거나 행동하기 때문에 문제가 되는 경우도 있다. 유명하고 성공한 리더들의 의견은 거의 찬성을 받는 편이다. 아니면 반대라는 의미를 제대로 알아듣지 못했던가.[3]

잘못된 행동에 반격을 가하고 올바른 행동을 축하함으로써 점차 분석 문화를 구축해야 한다. 분석 문화에서는 중요한 문제를 분석으로 해결한 사람이 칭찬을 받는다. 그리고 분석이 명성과 행운을 얻는 길이라는 사실을 남들에게 알린다. 요컨대 격려는 반격만큼이나 중요하다.

다른 문화를 존중하라

이상적인 경우, 분석은 다른 문화적 우선순위와 혼합되어야 한다. 만일 여러분의 조직이 새로운 상품 개발에 열을 낸다면, 고객 반응을 측정하고 신상품이 시장에서 호응을 받을지 측정하는 신상품 매트릭스의 개발을 격려해야 한다. 이것은 바로 P&G가 채택한 분석 접근법이다. 그리고 에어프로덕츠&케미컬에서 그랬듯이, 분석을 이용해 강한 엔지니어링 문화를 지원해야 한다. 메리어트인터내셔널처럼 재무 성과에 치중하거나, 엑스페디아의 사업 단위인 호텔스닷컴처럼 고객에 강한 포커스를 두는 것도 좋다.

호텔스닷컴은 고객들이 객실을 둘러보고 예약만이 아니라 이전 손님들의 리뷰들도 읽을 수 있도록 해놓았다. 2006년에 회사의 전략과 문화를 바꾸기로 결정한 이후 그 결과로 나타난 호텔스닷컴 사이트 (www.hotels.com)는 저렴한 비용으로 호텔을 예약할 수 있는 걸로 유명했지만, 시장이 변하면서 주안점을 고객 서비스와 단골 고객 관계로 바꾸었다. 예약 변경이나 취소 시에도 수수료를 내지 않고 열흘을 예약하면 하루는 공짜로 묵게 해주는 로열티 프로그램을 개발했으며, 기존의 웹사이트를 다시 설계하고 웹 검색 능력을 향상시켰다. 또한 분석 성향의 관리자였던 조 메기보우를 고객 경험과 온라인 마케팅의 부사장으로 고용했다.

호텔스닷컴은 웹 사용 통계를 수집하고 분석하는 데 아주 광적이었다. 그런 데이터 분석이 사이트의 모든 것을 움직였다. 온라인 회사들에서는 흔한 접근법이다. 하지만 메기보우와 다른 임원들은 건실한 성장과 판매 증가를 보여주는 기본적인 웹 활동과 재무보고서로는 고객 경험의 진실을 파악할 수 없다고 느꼈다. 좀 더 조사해보니, 수치들은 일련의 문제들을 감추고 있었다. 메기보우는 웹 분석과 결합된 '고객의 소리 프로그램'을 만들면서, 고객들이 사이트를 경험하는 방식을 제대로 파악하게 되었다.

결과적으로 호텔스닷컴은 사용자가 이용하는 모든 화면과 마우스 클릭을 기록하는 소프트웨어를 사용한 프로그램을 통해 어느 때 고객들이 문제를 겪는지 알게 되었다. 그리고 페이지와 고객들이 사이트에 접근하는 방식에 근거해 역동적으로 나타나는 700개 이상의 전화번호를 두었다. 고객들이 특정 번호로 걸면 어디서 문제를 겪는지 분명히 나타난다. 호텔스닷컴은 이런 능력 덕분에 간과할 수도 있었던 문제를 파악하게 되었다.

진정한 분석 문화로의 전환은 초기의 커다란 발견 덕분이었다. 메기보우는 체크아웃까지 모든 과정을 마친 고객들의 상당수가 거래를 완료하지 않는다는 걸 발견했다. 불분명한 메시지, 사용자 흐름, 데이터베이스 이슈, 불쑥 튀어나는 버그들의 조합 때문에 이런 고객들의 대다수가 거래를 마칠 의도였음에도 불구하고 포기하게 된 것이다. 이런 결과에 근거해 그는 우선순위를 다시 정하는 프로젝트를 후원하고, 모든 관련 집단을 한곳으로 집중시켜 빠른 속도로 운영되도록 했다. 며칠이 지나자 모든 문제가 해결되었고, 이런 변화는 즉각적인 추가 수익을 가져왔다. 뿐만 아니라 분석이 회사 전반에서 협력적으로 사용되면서, 분석이 고객과 회사의 내부 운영의 가시적 향상을 견인하는지 살펴볼 수 있었다.

메기보우의 사이트 전환 교차직능팀은 약 2년에 걸쳐 일주일에 두 번씩 만났는데, 그들의 기록 덕분에 부수적인 수백 개의 기회들이 발견되었다. 메기보우는 장애물을 제거하고 더 나은 사이트 설계에 대한 통찰력을 제공해 호텔스닷컴에서 실제로 객실을 예약한 웹사이트 고객들의 비율을 늘렸다. 또한 회사의 웹사이트 문제를 해결함으로써 수많은 고객 영업권을 창출했다.

호텔스닷컴은 메기보우의 말대로 고객 중심 문화로 전환하는 승리를 거두었다. 이는 강한 분석 문화가 지원되지 않으면 할 수 없는 일이었다. 메기보우는 현재 엑스페디아로 옮겨가, 그곳에서 분석을 사용해 문제를 찾아내고 해결하는 문화를 구축하고 있다.

분명하고 투명한 조직 문화를 구축하라

몇몇 문화적 특징들은 분석 문화를 더욱 강화시킨다. 실질적으로, 명확한 문화를 가지고 있는 잘 관리된 조직은 분석 프로세스를 더 잘 채택하는 경향이 있다.

또한 조직 문화의 투명성은 분석적 성향을 격려한다. 당연히, 사업에 관한 사실들을 개방적으로 공유하려는 의지는 이런 사실들을 더잘 이해하게 만든다. 워렌 베니스, 대니얼 골먼, 패트 비더만의 《투명성(Transparency)》 일부를 살펴보자.

조직이 도전을 충족시키고, 혁신을 꾀하고, 문제를 풀고, 완성하고, 목적을 달성하는 능력은 정보의 흐름이 얼마나 건강한지에 달려 있다. 특히 핵심이지만 받아들이기 어려운 사실들로 구성된 정보, 즉 리더들이 들으면 발끈하거나 부하직원들이 조작하고 숨기고 무시할 만한 정보로 구성될 때 그렇다. 그런 정보가 자유롭게 흐르려면 반드시 공개적으로 자유롭게 말할 수 있어야 하고, 리더들은 그런 개방적인 문화를 환영해야 한다.[4]

이런 '정보의 흐름'을 공유하는 것은 특히 분석 문화에서 중요하다. 만일 데이터와 분석, 그리고 그것이 조직을 변화시키는 힘에 대해 신경 쓰지 않는다면, 여러분은 분석 문화를 기업 또는 조직에 널리 퍼뜨리지 못할 것이다. 여러분의 회사보다 훨씬 더 분석적인 회사들, 심지어 월스트리트 분석가들과 주주들 역시 직원과 사업에 긍정적인 영향을 준다면 데이터와 분석에 대해 알길 바란다는 사실을 염두에 두어야 한다.

다른 문화적 강점들도 역시 분석적 강점들로 전환될 수 있다. 예를 들어 성과에 따라 월급을 주는 문화는 투명성의 친척이라 하겠다. 성과 매트릭스의 필요성을 만들어내고 관리자들과 직원들이 거기에 주목하도록 동기를 부여하는 것이다. 마찬가지로, 인프라와 프로세스 관리를 믿는 문화는 정보 창출을 촉진하고 분석이 지적하는 오퍼레이션 문제에 신속히 대처한다. 마지막으로 전략적 방향을 의사소통하는 문화는 어디서 분석이 사업에 적용되어야 할지를 더 쉽게 판단할 수 있다.

진정으로 분석적인 회사들은 데이터를 모으고 분석하는 것만이 아니라, 그것을 사용해 힘든 결단을 내리고 어려운 행동을 수행한다. 그들은 경험, 업계 관례, 감정적 애착, 머릿속의 잔소리가 무기력한 관성을 만들어내도록 허용하지 않는다. 수치를 통해 효과가 없다는 것이 판명된 정책은 당장 그만둔다.

한 예로, 고객 지향성은 최고의 고객들과 최악의 고객들을 분리하여 손실을 가져오는 고객들은 제거한다. 분석 문화를 추구할 때도 마찬가지다. 수익성이 없는 상품은 중단하거나 비생산적인 직원들을 해고하는 어려운 결정을 내려야 한다. 현재 사라리의 계열사인 어스 그레인스의 전 CEO 배리 베라차는 그런 분석 영웅에 속한다. 그는 데이터를 사용해 나쁜 고객들과 상품들을 정리함으로써 회사에서 극적인 전환을 시도했다.[5]

장애물을 파악하라

분석기반 경쟁자들은 불필요한 활동이나 프로세스를 오랫동안 실시해왔다는 이유만으로 계속 유지하지 않는다. 우리는 분석을 상당히 사용하는 회사임에도 불구하고 분석 문화를 정립하지는 못한 한 소비재회사와 대화를 나누었다. 이곳의 시장조사원은 이렇게 설명했다. "우리는 소비재시장에 대한 데이터를 수 톤이나 구매해 분석했죠. 문제는, 그래봐야 어떤 변화도 일어나지 않는다는 겁니다." 그는 어떤 마케팅 프로그램이 가장 효과적인지 판단하는 마케팅 믹스 포트폴리오 분석의 결과를 설명하기까지 했다. "우리는 텔레비전 광고의 상당수가 효과가 없다는 걸 알았지만 전혀 줄이지 않았습니다." 그리고 마케팅 부문의 리더들이 분석을 믿지 않고 분석이 제시하는 함의를 마음에 들어하지 않았다고 설명했다.

비슷하게, 분석을 지향하는 한 소매업체는 문화적 걸림돌에 넘어졌다. 이 회사의 로열티 프로그램은 고객 맞춤형 판촉에 사용할 대량의 데이터를 발생시켰다. 하지만 마케팅 조직이 상품 카테고리에 의해 구조화되어 있어, 각 카테고리의 관리자들은 각자에게 가장 이득이 되지만 전반적인 상점의 성과를 떨어뜨리는 식으로 행동했다. 즉, 고객들에게 제안을 할 자금을 가지고 있음에도 불구하고 이들은 전반적인 수익성을 무시하고 자신의 영역에만 사용하길 바랐다. 조직구조와 인센티브를 현명하게 다루는 것이 이 소매업체의 단편적인 접근법을 고쳐줄 것이다. 하지만 지금까지는 그렇지 못한 상황이다.

이 소매업체의 또 다른 문제는 일요일 신문에 끼워 돌리는 주말 광고 전단지에 지나치게 집착하는 것이다. 늘 전단지를 돌리지만 그것이 마케팅 도구로 효과적이라는 증거는 없다. 누가 그걸 읽는지, 누구의 쇼핑 행동에 영향을 주는지도 알지 못한다. 전단지가 그다지 효과가 없는데도, 이 회사의 광고 책임자는 계속 돈을 지출했다.

사실 이런 관성은 사업에서는 흔히 있는 일이다. 하지만 분석 문화는 이를 최소화한다. 분석을 지향하는 관리자들은 데이터와 분석이 행동을 이끌어낸다고 단언하면서, 뭔가 더 이상 말이 되지 않는 일이 발생하면 오랫동안 해왔던 관행도 과감히 그만둔다. 간단히 말해, 분석 문화를 가진 조직은 분석기반 결정을 높은 우선순위에 두고 중시한다.

우리와 함께 일했던 한 금융 서비스 회사는 다른 걸림돌을 만났다. 이곳은 분석 문화에 대한 중간관리자들의 태도가 문제였는데, 한 분석가는 이렇게 말했다. "그들은 우리의 의도와 메시지를 항상 알아들었다는 듯이 이야기했습니다. 하지만 이런 아이디어를 권위적이고 고압적인 CEO에게 전달하는 일에는 누구도 나서지 않았습니다." 이 금융 서비스 회사는 집중화된 고객 분석 집단을 가지고 있었지만 조직의 다른 부분들, 심지어 마케팅 직능과도 잘 통합되지 않았다. 수많은 분석 연구가 있었지만, 항상 부서별로 조금씩 하는 수준이어서 통일된 관점을 고객에게 적용하지 못했다. 한 수석 분석가는 문제를 이렇게 설명했다.

우리는 분석 문화를 가지고 있다고 자부하지만 좀 더 노력해야 합니다. 분석에 관한 한 자신감이 지나치고, 타성에 빠져 있어요. 때때로

한 영역에 깊이 파고들지만 부서 전반을 연결하는 것은 점점 더 어려워지고 있습니다. 즉, 정보를 한데 연결하는 진정한 힘을 갖추지 못한 상태인 거죠. 분석 인력은 사업에 새겨지지 않고 특별 직능으로 취급됩니다. 관리자들은 이렇게 말하죠. "제공해준 정보는 정말 고맙습니다. 이게 제 부서의 사례를 뒷받침해주면 좋겠네요." 분석과, 분석을 하는 집단 모두 블랙박스입니다. CEO는 분석적 의사결정의 진정한 힘을 모르고, 대다수 관리자들은 자신들이 기대하지 않거나 믿지 않는 것들을 개방적인 자세로 들으려 하지 않죠. 우리는 마케팅 효율성을 측정하기 위한 프레임워크를 세웠습니다. 하지만 마케팅 쪽 사람들은 원래 하던 대로 하고 있어요. 그들은 지금도 괜찮다고 생각하지만 제 생각에는 마음을 놓아서는 안 될 겁니다. 능력이 있다는 것 자체가 그걸로 뭘 해냈다는 의미는 아니니까요.

이 회사는 최소한 현재의 금융위기 전까지는 괜찮았다. 하지만 지금은 몇몇 분석가를 감원하는 상태가 되었다. 이제 이곳에서 분석은 단지 사업 활동의 하나일 뿐이며, 의사결정자들에게 유용하긴 해도 필수적인 건 아니다.

강력한 분석 문화 구축하기

물론 분석 문화를 조직의 모든 곳에 구축할 수는 없다. 최소한 맨 처음 정립할 곳은 다음과 같은 곳이어야 한다.

- 충분히 분석되지 못한 상당한 양의 데이터를 가진 부서
- 사업 성공에 중요한 부서
- 이미 분석의 중요성을 이해한 관리자가 있는 부서
- 분석 기술을 가진 사람들을 일부 갖춘 부서

웹 데이터와 매트릭스를 분석하는 것은 분석 문화 구축을 시작할 좋은 장소다. 데이터가 풍부할 뿐 아니라 관련된 사람들이 대개 젊고 테크놀로지에 포커스를 두고 있으며, 웹은 점점 대다수 조직에게 중요한 고객 채널이 되고 있기 때문이다.[6] 웹은 최근 발전하고 있는 사업이라 웹 분석 역시 제대로 이용되지 못하고 있는 원시적인 상태다.

분석 문화는 데이터, 사실들, 엄밀한 분석의 기반에서 내려진 의사 결정을 포함해 일처리 방식을 널리 알린다. 손쉽거나 즉시 되는 일은 아니지만, 일단 그렇게 된다면 경쟁우위가 될 것이다. 프로그레시브 보험은 대다수 경쟁사들이 강력한 분석 성향을 하룻밤 사이에 구축할 수 없다는 사실을 안다. 이곳의 한 임원은 우리와의 인터뷰에서 다음과 같이 말했다.

우리는 오랫동안 분석을 해왔고, 우리의 문화에는 분석이 배어 있습니다. 사실 비분석적 문화는 바꾸기가 쉽지 않습니다. 직관으로 굵직한 결정을 내리는 경영진을 극복해야 하기 때문이죠. 하지만 우리의 경영진은 '벤치의 힘(Bench Strength, 벤치에 앉아 있는 잠재적 힘-옮긴이)', 즉 많은 영역에서 경험을 갖고 있습니다. 그리고 데이터 기반 결정이 모든 영역에서 사용되는 것을 편안해합니다.

물론 강한 분석 문화를 가진 프로그레시브보험 같은 분석기반 경쟁자도 결코 안주할 수는 없다. 경쟁업체들을 더욱 앞지르려면 새로운 전략, 새로운 데이터, 새로운 모델들, 새로운 분석 테크놀로지를 생각해내야 한다. 미래의 분석 조직은 분석적 역량만이 아니라 분석의 문화가 적극적으로 갱신되고 시간이 지나면서 재개발되는 조직일 것이다. 다음 장에서는 바로 그런 방법들에 대해 다룰 것이다.

# 08
# 분석 이후의 검토
>>> 변화와 위기에 대응하는 관리 도구

분석으로 성공하는 것은 일시적인 활동이 아니다. 분석기반 경쟁자들은 사업 전략과 사업 모델의 관점에서 그들의 접근법을 계속 검토하고 재고해야 한다. 시장 상황과 경쟁사들의 제안, 그리고 고객의 기대와 행동이 바뀌기 때문이다. 이처럼 급변하는 세상에서 분석 모델들도 변화를 반영해야 한다. 이 장에서 우리는 변화하는 사업 상황을 보다 쉽게 따라잡기 위해 분석 과정과 모델을 기록하는 방법을 논의할 것이다.

2007~2009년 금융위기는 분석을 계속 검토해야 하는 이유를 잘 보여준다. 당시 금융기관들은 재무 모델과 가정을 지속적으로 제대로 검토하지 않았다. 주택 가격은 2006년 이후 더 이상 상승하지 않았고 고객들은 기존 담보대출을 이자가 더 낮은 담보대출로 바꾸지 못하게 되었다. 하지만 은행들은 서브프라임 대출을 계속했다. 한마디로, 분석 모델을 제대로 모니터하거나 재고하지 않은 것이다.

효과적인 분석이 성공의 열쇠인 금융 서비스 같은 산업에 속한 회사들은 분석 모델, 가정, 관리의 프레임워크를 계속 검토해야 한다. 그런 활동은 좋은 관리 방법을 넘어 생존 수단이 되기 때문이다.

새로운 통찰력을 위한 검토

분석을 성공적으로 도입했더라도, 결코 과거의 영광에 안주해서는 안된다. 항상 기민한 자세를 유지해야 새로운 통찰력을 찾고 경쟁에서 한 걸음 앞서 갈 수 있다. 프로그레시브보험은 미국에서 세 번째로 큰 자동차보험회사로, 계속 분석 성향을 검토하고 새로운 아이디어들을 개발했으며 업계에서는 초기에 여러 분석적 혁신들을 채택해 선도적인 기업이 되었다. 이들은 고위험 운전자들을 세분화하고 위험 수준에 따른 여러 가격 포인트를 정립했다. 그리고 신용점수와 행동에 근거해 자동차 운전자들의 등급을 매기고 마이레이트(MyRate) 프로그램을 통해 실제 운전 행동에 대한 정보를 수집했다. 그 결과 경쟁사들보다 훨씬 높은 성장을 기록해 혁신에 대한 보상을 받았다.

하지만 이제는 경쟁사들도 같은 접근법들을 채택했다. 프로그레시브보험이 이런 혁신을 시작한 지 몇 년이 지나 올스테이트에서는 프로그레시브보험의 신용점수 접근법 설계자를 고용해 비슷한 프로그램을 실시했다. 그 결과 세 개의 가격 포인트가 400개로 늘어났다.[1] 2001년 설문조사에 따르면, 상해보험회사들의 92퍼센트는 새로운 정책을 실시하기 위해 신용점수와 다른 지불책임의 척도를 사용하고

있다. 물론 프로그레시브보험은 1996년에 이런 관행을 채택했다.[2]

이처럼 혁신을 따라 하는 것은 보험업계에서는 쉬운 일이다. 보험회사들은 반드시 주 보험위원회에 가격 책정과 운영 방식을 서류로 제출해야 하기 때문이다. 물론 그것만 가지고 분석적 혁신을 완전히 모방하지는 못하겠지만, 적어도 출발점은 될 수 있다.

이제 프로그레시브보험은 다시 경쟁적 차별화를 꾀할 새로운 아이디어를 생각해내야 할 것이다. 한 임원은 다음과 같은 다양한 방법을 통해 이미 그렇게 하고 있다고 주장했다.[3]

- 강한 측정 문화를 지향한다. 사실상 모든 것을 측정한다.
- 분석 성향은 물론 사업을 잘 이해하는 사람들을 고용해 보유한다.
- 어떤 혁신이라도 회사의 오래된 데이터 역사(프로그레시브보험은 1937년 이후로 사업을 해왔다)에 기반한다.

더욱 중요한 것은, 프로그레시브보험의 분석적 혁신이 다른 전략적 우위를 보완한다는 점이다. 이 기업은 분석은 물론 여러 전략적 능력에 포커스를 둔다. 독립 에이전트들을 통해 직접 소비자에게 다가가는 것, 강한 브랜드, 편리하고 효율적인 클레임 처리, 인터넷을 고객 채널로 사용하는 것 등이 그렇다. 또한 새로운 분석 제안을 고려할 때 어떻게 그것이 다른 전략적 성향과 상호 작용하는지 고려한다. 가령 고객에게 경쟁력 있는 가격 정보를 제공하려는 제안(프로그레시브보험의 가격을 경쟁사의 추정 가격과 비교)은 인터넷을 통해 가격을 제공하는 능력과 잘 조합된다. 외부 출처에 따르면 이 회사는 데이터 및 분석의 범위와 복잡성 면에서 우위를 유지하고 있으며, 가격 책정 연구에 따르면 한 시장에서 10억 개 이상의 가격 칸들을 채택하고 있다. 2위에 랭크된 경쟁사는 1억 개 정도의 칸을 보유하고 있어, 프로그레시브보험이 월등한 분석 능력을 가지고 있음을 알 수 있다.[4]

전략과 사업 모델 검토

분석이 특정한 전략과 사업 모델의 지원에 사용될 때, 그들의 역할은 계속 검토되고 업데이트되어야 한다. 분석은 전략의 최적화를 가능하게 하지만 전략 자체가 더 이상 타당하지 않다면 가치가 없다. 신중한 모니터링은 조직의 전략을 전환할 시점을 더 잘 알려준다. 이런 맥락에서 논의할 두 조직은 캐피털원과 아메리칸항공이다. 전자는 전략과 사업 모델을 바꿨고, 후자는 앞으로 그래야 할 조직으로 보인다.

만일 전작인 《분석으로 경쟁하라》를 읽었거나, 최근 미국에서 텔레비전을 보았거나 우편물을 받았다면, 아마 캐피털원이라는 회사를 들어봤을 것이다. 캐피털원은 분석 측면에서 단연 최고의 회사로 최근까지 가장 큰 성공을 거두었다. 시그넷뱅크의 사업 단위로 설립된 캐피털원은 1994년에 주된 사업인 소비자 신용카드만으로는 계속 성공을 유지할 수 없다는 사실을 깨달았다. 즉, 다른 은행에 합병되지 않고 저비용으로 이용할 수 있게 되려면 보다 전면적인 은행이 되어야 했다. 그래서 루이지애나 주의 하이버니아은행, 뉴욕의 노스포크은행, 버지니아 주의 체비체이스은행을 매입했다.

캐피털원은 인수 뒤에 정보 기반 전략이 어떻게 새로운 금융업계에서 작동하는지 알아내야 했다. 분석적인 관리자들은 즉각 그들의 사상을 전면적인 서비스 뱅킹 맥락에서 풀어내려고 했는데, 그러려면 새로운 데이터, 새로운 모델들, 새로운 가정들이 필요했다. 한 직원은 우리에게 이렇게 말했다. "지점의 은행가들을 상대하기보다는 직접 소비자에게 운송되는 광고 인쇄물로 무작위 테스트하는 것이 더 쉽습니다." 결국 캐피털원 같은 혁신적인 회사는 현재의 사업 환경에서 성공적인 경쟁자가 되는 법을 알아낼 것이다. 하지만 하룻밤 사이에 그렇게 되진 않을 것이다.

아메리칸항공은 다른 회사들에 비해 초창기 분석 경쟁자였다. 이 항공사는 1985년에 수익관리(Yield Management) 혹은 최적화된 가격 책정이라는 분석 접근법을 시작했다. 이 접근법은 (피플익스프레스를 포함해) 일부 건방진 경쟁사들을 파산시켰다. 그리고 한 오퍼레이션 리서치 협회에 따르면, 수익관리 시스템은 3년 만에 14억 달러를 가져왔다. 하지만 오늘날 대다수 항공사들은 수익관리 능력을 갖추고 있어,[5] 이런 접근법은 더 이상 경쟁우위를 제공하지 못한다.

한편 아메리칸항공은 분석을 이용해 경로 네트워크와 승무원 일정을 최적화했다. 250개 목적지와 12개 항공기 유형들과 매일 3400건 비행을 하는 복잡한 허브 앤드 스포크(Hub and Spoke, 대도시 공항에 모은 다음 가까운 목적지 도시로 다시 운송하는 것) 방식은 분석 도구 없이는 관리가 불가능했을 것이다. 하지만 아메리칸항공의 최적화된 복잡성은 오히려 해를 끼쳤다. 아메리칸항공과, 그와 비슷하게 복잡한 미국 항공사들은 수년간 그다지 수익을 내지 못했다.

반면 사우스웨스트항공은 훨씬 덜 복잡한 모델을 사용했다. 이 항공사는 오직 한 가지 유형의 비행기만 사용하고 항공 허브가 없다. 그들은 좌석 가격 책정과 운영에 분석을 사용하는데, 최적화하기에는 매우 단순한 모델이다. 더욱 중요한 것은, 사우스웨스트항공이 36년 연속 이윤을 냈다는 것이다. 최근 이 회사의 시장 가치는 다른 미국 항공사들의 시장 가치를 합친 것보다 더 크다. 이런 씁쓸한 현실 앞에서, 아메리칸항공과 다른 항공사들은 복잡한 사업 모델을 단순화하는 게 적합한 전략임을 깨달아야 할 것이다.

분석 타깃의 검토

4장에서 우리는 분석 타깃이 매우 중요하며, 이것이 여러분의 조직 전략과 사업 모델에 의해 움직여야 한다고 주장했다. 만일 전략과 모델이 변한다면(세상이 변하면 당연히 변한다), 분석 타깃들 역시 변해야 한다. 예를 들어 글로벌 소비자금융 조직에서는 타깃 검토가 꼭 필요하다. 영국의 한 분석 집단 책임자는 내부 고객들을 만나서 이런 말을 들었다. "당신이 우리에게 제공해준 모기지론 모델에 감사드립니다. 하지만 그것들은 모두 틀렸습니다. 우리는 더욱 보수적으로 되어야 합니다." 그리고 타깃 변화에 대한 언급도 있었다. "분석의 포커스를 신용 리스크, 자산평가 리스크, 기업 리스크 등으로 바꿔주었으면 합니다."

우리와의 토론에서 분석 관리자들이 밝혔듯이, 신용 분석에서 리스크 분석으로의 전환이 반드시 현명한 것은 아니다. 금융기관들은 리스크와 기회에서 포커스의 균형이 필요하다. 하지만 이들은 전보다 훨씬 더 공세적인 방식으로 리스크 분석을 추구하고 있다.

우리는 소매업계에서 분석 타깃의 변화를 목격했다. 어려운 경제가 동기를 부여한 것도 있었다. 소매업계의 여러 회사들은 로열티 프로그램과 고객 인텔리전스에 기반한 분석 전략을 추구하고 있었는데, 주된 포커스는 충성스러운 고객들이 더 많이 사게 만드는 방법이었다.

2008년 경제 불황이 시작된 이래로, 여러 소매업체들은 분석 업무의 주된 타깃을 비용 감축과 효과적인 마케팅으로 전환했다. 예를 들면 마케팅 믹스 최적화 논의에 포커스를 두는 것이다. 우리가 인터뷰한 한 임원도 이를 인정했다. "우리는 광고 전단지가 정말로 효과가 있는지 알아내려고 합니다. 그리고 더욱 타깃에 맞춰진 제안들과 비교해보죠." 주로 카탈로그를 통해 고객들을 상대하는 또 다른 제조업체는 지난 2년 동안 수익이 나는 구매를 한 고객들의 메일 목록을 추려냈다. 그리고 더 두터운 카탈로그를 우수 고객들에게 보냄으로써 카탈로그 내용을 맞춤형으로 바꾸었다. 비록 이런 관행들이 더욱 두터운 정크메일로 단골 구매자들을 괴롭히는 행위로 비칠 수도 있지만, 마케팅 믹스 최적화와 타깃화된 메일링은 상당한 마케팅 예산을 줄일 수 있었다.

또 다른 소매업체는 반품을 최소화해 수익을 향상시키려고 했다. 이전의 포커스가 최고의 고객을 찾아내는 것이었다면, 이제는 반품을 많이 요구하는 고객들의 특성을 파악하고 제안을 줄이는 데 중점을 두었다. 또한 판매 인력을 재교육해 고객들이 상품을 구입하기 전부터 만족을 느낄 수 있게 만들었다.

경쟁업체 검토

경쟁사의 활동과 비교해 여러분의 활동이 어떤지 알아보려면, 그들의 분석 활동을 계속 검토하는 것이 중요하다. 여러분은 스스로 선도적이라고 믿겠지만, 경쟁사들이 같은 소스의 데이터를 가지고 있다면 따라잡히는 건 시간문제다. 반면 경쟁사들이 여러분이 모방해야 할 분석 접근법을 채택할 수도 있다. 물론 분석 활동에서 경쟁우위를 갖길 바란다면 경쟁사들을 모방하는 것만으로는 부족할 것이다.

경쟁사들을 평가하는 체계적 방법은 최대 이윤을 산출하는 것이다. 220쪽 〈그림 8-1〉은 헬스케어 산업에서 한 회사의 분석 경쟁력을 나타낸 것으로, 각 동그라미들은 각 경쟁업체의 현재 시장 위치와 분석과 관련된 전략을 대표한다. 화살표는 경쟁업체의 미래 방향을 나타낸다. 어두운 동그라미는 다른 유형의 경쟁업체를 나타낸다. 각각의 시장 영역이나 상품 라인에 대해, 프레임워크는 분석 투자와 분석의 전략적 목표가 가진 핵심 특질을 평가한다. 이것들은 산업마다 다르다. 일반적으로 헬스케어 업계에서는 다음과 같은 4가지 수준을 정의한다.

• 후발 주자(리포팅과 분석): 데이터의 전통적인 리포팅을 넘어 분석에

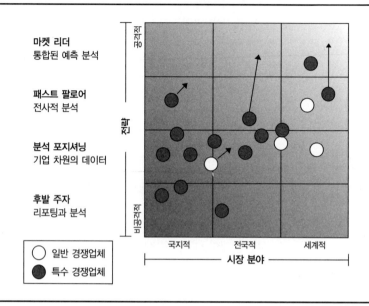

| 그림 8-1 | 분석 경쟁력 모델

마켓 리더
통합된 예측 분석

패스트 팔로어
전사적 분석

분석 포지셔닝
기업 차원의 데이터

후발 주자
리포팅과 분석

○ 일반 경쟁업체
● 특수 경쟁업체

국지적 전국적 세계적
시장 분야

제한된 관심을 갖는다. 분석에 투자하기 전에, 증거 기반 의학의 채택에 대한 더 많은 증거를 기다린다. 아마도 BI 상품들, 도구들, 프로그램들에 대한 옵션을 탐구할 것이다(비록 우리의 추정이 옳다면 이런 제안들이 통과되는 걸 지켜볼 정도로 생존하지 못하겠지만).

• 분석 포지셔닝(기업 차원의 데이터): 분석력 부족 때문에 시장점유율이 줄어들고 역선택(의사결정에 필요한 충분한 정보가 없어 불리한 선택을 하는 상황-옮긴이)의 위험이 상당하는 걸 알아차린다. 내부의 분석 니즈를 지원하기 위해 IT와 분석 인력에 투자한다. 더 나은 분석의 기반을 제공하기 위해 IT 애플리케이션과 정보를 업그레이드한다.

- 패스트 팔로어(전사적 분석): BI와 인포매틱스를 '경쟁력 포트폴리오'의 일부로 본다. 그리고 분석이 산업에서 변혁의 힘이 될 수 있다는 걸 확인한다. 업그레이드된 새로운 분석력에 상당한 투자를 하게 된다.
- 마켓 리더(통합된 예측 분석): 분석을 성장 엔진과 투자 우선순위로 본다. 이는 정보에 대한 공세적인 평가와 경쟁력을 요구하며, 독특하고 독자적인 데이터의 개발을 우선순위로 만든다. 경영진은 예측 분석으로 회사를 변모시키려고 노력하며, 회사는 새롭고 분석에 기반한 상품들과 서비스들을 제공해 경쟁사와 차별화를 꾀한다.

우리는 '분석적 정탐'을 옹호하려는 게 아니다. 하지만 분석 프로젝트와 능력에 대한 경쟁력 있는 정보를 얻는 것은 아주 수월한 일이다. 컨설턴트나 학자들과 대화를 나누거나, 경쟁업체에서 일하고 있는 분석 인력을 인터뷰하거나 채용하거나, 공개 채용을 살피거나, 관련 회의에 참석하면 된다. 물론 고성능 망원경이 없어도, 시장에서 경쟁사들의 행동을 충분히 관찰할 수 있다.

분석으로 경쟁한 최고 사례는 마이클 루이스의 《머니볼》에 나온 오클랜드 에이스의 변혁이다.[6] 그들은 선수 선발의 포커스를 선수들의 무형적 특징에서 실제 과거 성과로 옮겼다. 그래서 다른 팀보다 앞서 채택한 매트릭스는 출루와 타격을 모두 포함한 출루율이었다. 과거의 주된 매트릭스인 타율은 오직 타격만 포함했다. 물론 다른 팀들도 결국에는 이 팀의 비밀을 알아차리게 되었고, 오늘날 출루율은 인재 시장에서 과대평가되고 있다. 그와 관련해서 논의를 펼친 두 명의 경제학자들은 이렇게 말한다. "우리의 테스트는 야구 노동시장의 타격 기술 평가에서 오류가 있다는 루이스의 주장을 계량경제학적으로 지원한다. 우리는 또한 야구 조직 전반에서 통계 지식의 확산이 오류의 감소와 연관이 있다는 증거를 발견했다."[7]

그래서 똑똑한 야구팀은 무엇을 하는가? 보스턴 레드삭스는 빌 제임스 같은 야구 통계학자를 채용했다. 그는 선수들과 팀의 성과를 측정하는 수십 개의 방식을 고안했다(그리고 비밀도 잘 유지한다). 이와 비슷하게, 비즈니스 세계에서도 분석으로 경쟁하려면 전략과 사업 모델을 일관적인 방식으로 계속 혁신해야 한다.

여러분이 분석으로 다른 회사들과 잘 경쟁하는지 평가하려면, 그들과의 협력이 주는 혜택을 검토해야 한다. 협력은 특히 건강보험사에서 효과적이다. 미국의 19개 블루크로스와 블루실드 조직은 블루크로스-블루실드협회에서 BHI(Blue Health Intelligence) 제안을 후원하기 하기 위해 뭉쳤다. 이는 7900만 명에 대한 클레임 데이터를 제공하기 위함이었다. 헬스케어 제공업체와 약국의 데이터도 데이터베이스에 추가될 수 있다. 이런 대규모 데이터베이스는 각 지역과 지역의 계획에 걸쳐 벤치마킹 비교를 가능케 할 뿐만 아니라, 전 국민에게 적용할 수 있는 분석 프로젝트를 가능케 한다. 가령 BHI는 소아당뇨 환자들을 연구해 입원 발생을 예측한다. 또한 척추수술이 실제로 등의 고통을 줄이는지도 조사하고 있다. BHI는 오직 협력을 통해 그런 분석을 수행할 충분한 데이터를 얻게 되었다.

고객과 파트너 검토

고객 및 고객의 선호도는 시간이 지나면서 변할 수 있다. 그래서 고객 기회, 리스크, 행동에 근거한 어떤 모델도 자주 검토해야 한다. 가령 넷플릭스의 고객 행동 모델 대다수는 21세기로 막 들어설 무렵에 만든 것들이다. 이런 고객들은 온라인으로 영화를 신청한 비교적 선구자들이었다. 하지만 5년이 지난 후 넷플릭스 분석가들은 현재의 전형적인 고객들이 2000년의 전형적인 고객들과 다른지 질문하기 시작했고 그들의 모델을 다시 테스트하기 시작했다. 그러지 않았다면 새로운 고객들의 데이터에 모델을 맞추지 못했을 것이다.

캐나다의 한 대형 은행은 은행에 정보를 제공할 용의가 있고 연락을 해도 될지 알아보기 위해 고객 검토를 자주 한다. 이 은행은 새로운 관계를 제공하기 위해 고객 접촉에 의존한다. 우수 고객만이 아니라 그들의 친척 때로는 매우 가까운 사업 파트너들에게도 우대 조건을 제공한다. 또한 이벤트 트리거(Event Trigger), 예를 들면 거액 예치 등으로 고객이 은행과의 상호 작용을 중시하는 때를 예측한다. 은행의 고객 정보 관리자들은 1년에 여러 번 전화하지 말라고 요구하는 고객들의 퍼센트를 체크한다. 이 비율은 다행히도 연간 5퍼센트 정도다(캐나다인은 원래 우호적인 것으로 유명하다). 하지만 외부 데이터 제공업체로부터 잠재고객들의 목록을 샀는데, 50퍼센트가 전화를 원하지 않는 사람들이었다. 이런 검토 결과로 이 은행은 더 이상 외부 목록을 구입하지 않았다.

기업들은 올바른 파트너들을 갖고 있는지 판단하기 위해, 그들의 분석 에코 시스템을 검토한다. 가령 소매업체는 독자적인 분석을 창출하거나, 닐센과 인포메이션리소스 같은 데이터 제공업체의 분석으로 보충할 수 있다. 혹은 카타리나 같은 실시간 프로모션 벤더, 소비재 공급업체, 분석 컨설턴트(자국이나 해외), 분석 소프트웨어와 하드웨어의 벤더들로부터 도움을 받을 수 있다. 일부 이유로 내부 분석 자원이 회사에 맞지 않아도 선택할 수 있는 다른 대안들은 많다.

테크놀로지, 데이터, 정보 검토

최소한 연례적으로 미래의 사업에 영향을 미칠 새로운 테크놀로지와 정보를 검토해야 한다. 가령 소매업과 유통업은 RFID와 EPC 장비가 널리 퍼질 때 대량의 정보를 수중에 넣을 수 있을 것이다. 이는 여러 해 전에 합리적인 비용으로 가능하다고 예측되었다. 월마트는 2005년 이를 시험적인 차원에서 시도했는데, 앞으로는 분명 그렇게밖에 될 수 없는 추세다.

공급사슬 분석의 경쟁우위를 원하는 회사들은 이용 가능한 데이터들을 분석 결정에 어떻게 포함시킬지, 시스템과 프로세스들에서 어떻게 분석을 이용할지 생각해야 한다. 최근에는 다양한 송신 기계들 덕분에 상점 선반에 뭐가 있는지 더 잘 알게 되었다. 따라서 수요 예측, 재고 보충 모델, 물류 최적화 모델을 창출하고 업데이트하기가 더 쉬워졌다. 이런 테크놀로지들을 사용하기 위한 모든 일정을 오늘 당장 짜야 하는 건 아니다. 하지만 일부 계획은 지금부터 시작해야 한다.

이와 비슷하게, 전기 에너지를 창출하고 유통하고 대량으로 소비하는 업계의 회사들은 곧 에너지 관리에 사용할 대량의 데이터를 갖게 될 것이다. 미래의 지능형 전력망에서는 에너지를 사용하거나 양을 기록하는 기계들은 중앙 모니터링과 관리를 위해 에너지 사용 기록을 송신하고, 에너지를 유통시키는 장비들은 에너지 소비 정보만이 아니라 비용 및 탄소 창출과 관련된 세부 사항을 제공할 것이다. 어떻게 에너지를 현명하게 사용하고, 조직 전반에 배치해야 할지 결정을 내리려면 분석이 필요하다. 에너지 산업에 몸담은 사람들은 이런 새로운 데이터를 어떻게 분석하고 사용할지 생각해봐야 한다.

다른 산업들은 이미 데이터 집약 테크놀로지를 갖추고 있지만 일부 영역에 제한되어 있다. 앞으로 테크놀로지가 더욱 널리 퍼지면서 이를 분석적으로 이용할 기회는 많이 생겨날 것이다. 예를 들어 미국 헬스케어 제공업체들이 전자 의료 기록을 표준화한다면, 대량의 데이터를 분석에 이용할 수 있을 것이다. 그리고 충분한 분석으로 제공업체들과 가입자들은 어떤 치료가 효과적인지, 어떤 환자들이 질병관리 접근법으로 혜택을 볼지 더 잘 이해할 것이다. 이미 이런 분석을 계획한 조직들은 몇몇 선도적인 조직들에 불과하지만, 앞으론 모든 조직에 필요한 일이다.

간단히 말해, 인터넷과 정보 제공업체의 새로운 데이터 소스가 매일 나타나기 때문에 여러분은 분석적 결정이 여러분의 미래에서 차지하는 역할을 검토해봐야 한다. 분석에 능숙한 회사들은 항상 문제와 기회에 반응하기만 하는 것이 아니라, 미리 그것들을 예측하고 준비한다.

모델 관리

모델을 창출하고 모니터하고 배치하는 체계적 과정, 즉 모델 관리는 회사가 외부 세상과의 상호 작용 속에서 계속 분석 사용에 대해 검토하도록 도와준다. 다음은 여러분의 모델을 지속적으로 관리해야 할 이유들이다.

- 회사 또는 사업이 어떤 모델을 갖추었는지 구체적으로 파악할 수 있다. 어떤 데이터를 사용했는지, 어떤 가정을 하는지, 어떤 식으로 무엇에 의해 만들어졌는지도 말이다. 그리고 필요할 때 찾을 수 있고 쉽게 바꿀 수 있게 해준다.
- 서로 경쟁하는 여러 모델들을 놓치지 말고 추적해야 어떤 모델이 승리를 거둘지 알아낼 수 있다. 모델을 개발하는 과정에서는 수많은 도전자들이 나타난다. 궁극적으로는 단 하나의 모델만이 챔피언 자리에 오른다.
- 모델의 다양한 버전을 추적할 수 있다. 컴퓨터 코드와 마찬가지로 많은 변형들이 있다.
- 특정한 모델이 얼마나 잘 작동하는지 체크해서 모델 붕괴를 분석가들에게 경고할 수 있다. 예를 들어 모기지론을 대출 받은 사람들이 더 이상 대출을 갚을 수 없는 상황이라면, 모델 붕괴 분석으로 모델과 내재된 가정에 업데이트가 필요하다는 걸 알리면서 대출 제공 모델의 변화를 제시할 수 있다.
- 뱅킹 같은 특정 산업의 규제 조건은 일정 수준의 모델 관리를 요구

한다. 비록 금융위기를 방지하는 데는 크게 도움이 되지 못했지만 말이다.

이 외에도, 효과적인 모델 관리는 규제 조건이나 내부 통제를 위한 문서화를 넘어서야 한다. 효과적인 모델 관리와 분석은 경쟁우위로 작용할 수 있다. 계좌들, 거래들, 상품들, 사업 라인들, 리스크 요인들을 평가하는 모델들을 조율하는 것은 사업 결정의 최적화를 돕는다.

나아가 회계보고 평가 모델과 조화를 이루는 것은, 변수들의 잡음과 부담은 줄이면서 사업 성과의 효율성을 파악하는 데 도움이 된다. 캐피털원은 연방 규제자들의 지시를 넘어서 분석 모델을 파악하고 기록하는 체계적 노력을 시작했다. 그리고 내부 모델과 분석의 조율이 어떻게 더 나은 고객 행동에 사용되고 전반적인 사업 라인과 회사 성과에 영향을 주는지 깨달았다. 시티뱅크, 스테이트스트리트, JP모건체이스 같은 대형 은행들은 여러 자산 유형들을 포함한 분석 모델의 가치를 인식했다. 그리고 사업 라인을 지원하고 모델의 애플리케이션에 충실하기 위해, 집중화된 모델 라이브러리와 전문가 팀을 만들었다. 그런 팀은 일반적으로 리스크 관리 부문에서 발견되는데, 주로 모델 검증을 담당한다.

조직이 점차 분석 모델에 의존함에 따라, 모델 관리가 얼마나 중요한지 점점 더 많이 깨달을 것이다. 그리고 더 많은 회사들에게, 분석 모델은 부와 성공을 가져다줄 숨은 보고가 될 것이며, 이를 끊임없이 연구하고 얼마나 잘 작동하는지 관심을 기울이는 일은 당연해질 것이다.

분석적 리더들은 사업 환경이 급변한다는 사실을 알고 있다. 따라서 그들은 회사의 분석 성향을 이에 맞춰 변화시킬 것이다. 은행에서 야구에 이르기까지 분석이 널리 채택된 산업에서는 모델 검토만이 최상위에 머무는 유일한 길이다. 또한 이것이 과거의 영광에 머물지 않게 해주는 해독제임을 명심하라. 그렇지 않으면 서서히 쇠퇴할 것이다.

09

분석의 고비를 넘어

》》 분석적 경영의 4가지 도전과 해법

2006년 호주 시드니에 소재한 크레디트코퍼레이션의 COO인 숀 케트는 새로이 분석에 포커스를 두었다. 고객 부채의 인수 및 관리가 전문인 이 회사는 급성장하고 있었다. 2003~2008년 동안 매년 최소한 60퍼센트 이상 수익이 증가했다. 숀은 가격 책정, 고객 확보, 잠재고객의 확인을 위해 매우 불안정한 부채 데이터베이스를 이용하는 분석 집단을 설립했다. 이 집단은 채무관리 오퍼레이션에서 채무의 유입과 유출을 분석하고 분석을 위한 수많은 즉흥 질의들을 다룬다. 분석 집단의 책임자인 졸리 바슈는 이와 같은 분석으로의 급작스러운 전환을 이렇게 설명했다. "6~8개월 전만 해도 모든 결정은 직관적으로 내려졌지요.[1] 하지만 이제는 모든 결정이 분석적으로 내려집니다." 하지만 분석에 대한 수요가 늘어나는 바람에 졸리의 분석 집단은 감당할 수 있는 것보다 더 많은 업무가 주어졌다. 그러면 이제는 어떻게 해야 할까?

폭발적인 분석 수요를 충족시키는 문제는 우리가 이 장에서 논의하려고 하는 다음 4가지 도전과 전환점에 포함된다.

- 분석 제안으로 최초의 모멘텀 구축
- 고위임원의 진지한 관심으로 분석관리 조직을 구축
- 늘어나는 분석 수요의 충족
- 분석기반 경쟁자가 되려는 움직임

1부에서(그리고 부록에서) 우리는 중요한 분석 애플리케이션을 갖추기 위한 역량의 구축에 대해 논의했다. 하지만 이 장에서는 이를 공급과 수요 관점에서 바라볼 것이다. 분석에 대한 의욕을 어떻게 불러일으키고, 충족시킬 것인가? 그리고 어떻게 기업 전반에 건강한 분석 문화를 조장할 수 있는가?

분석적 모멘텀을 획득하려면

분석을 통해 사업 성과를 향상시키는 걸 배우는 것은 과학이 아니다. 모순적이게도, 이는 그다지 분석적이지 않다. 여러분은 여러분의 조직에서 리더들의 동기를 불러일으키고, 사업 문제와 기회에 분석을 적용하는 데 있어 관심을 창출하는 공식을 이해해야 한다. 이때는 델타 요소를 준비하는 것 외에도, 모멘텀을 세울 방법을 찾아야 한다. 여기에는 다음과 같은 세 가지 시나리오가 있다.

- 잘 정의된 사업 문제, 성과 미비, 뚜렷이 나타난 향상 기회는 바로 분석의 대상이 된다. 타깃은 분명하겠지만, 경영진의 동기는 각 부문 관리자들의 문제가 아니라면 크게 높지 않다. 특히 분석 해결책이 교차직능적이라면 스폰서십을 고양시켜야 한다. 리더십에 포커스를 두어라.

- 사업 프로세스(가령 POS 데이터, 클레임 내력, 직원 경험)와 연결된 잠재적 가치가 있는 수많은 데이터를 무시하고 있다는 걸 핵심 임원이 알아차린다. 이 시나리오에서는, 프로세스를 향상시킬 데이터의 잠재력을 발견하고 고위경영진에게 그것을 이용해서 얻을 수 있는 사업 가치를 인식시켜라. 데이터를 제대로 준비하고 애매한 정책이 아닌 특정한 타깃을 가져야 한다.

- 경영진이 전략적 사업 기회, 즉 사업 성과와 성장에 중요한 것이 분석에 달려 있다는 걸 인식한다. 종종 직관에 불과한 이런 자각은 모멘텀을 만들어내는 이상적인 시나리오처럼 보인다. 하지만 조금이라도 지체된다면 경영진의 기대를 좌절시키는 정반대 효과가 나타난다. 무엇보다 기회를 보다 명확하게 정의해야 한다. 그리고 다른 델타 요소가 준비되지 않았을 때는 지체되기 쉽다. 현실적으로 판단하고 꾸준한 자세로 경영진의 기대를 관리하는 노하우를 갖춰라. 그리고 성공하겠다는 야망을 가져라.

이 세 가지 시나리오는 조직을 더욱 분석적으로 이끌기 위해 격려하는 것이 아니라, 특정한 애플리케이션과 타깃에 집중되어 있다. 심지어 여러분의 CEO나 COO가 기업 전반에서 더욱 분석적인 관리를

| 표 9-1 | 분석적 모멘텀 획득하기

시나리오	상황	누가 신경 쓰는가?
문제를 안고 있거나 개선 기회가 있다	• 성과를 올리거나 경쟁사에 대응해야 한다. • 비용을 낮추고 자산 이용을 개선하거나 비용 구조를 바꿔야 한다. • 혁신을 늘리거나 시장 접근 시간을 가속화해야 한다.	투자보다는 타깃팅이 보다 쉬운, 중간급 혹은 상위급의 직능별 관리자다.
데이터 광이 있다	• 아직 탐구되거나 이용되지 못한 잠재성이 있는 데이터가 있다. • 데이터가 다른 자산들, 즉 분석가들과 테크놀로지와 조합되어 사용된다.	CIO들은 종종 초기 후원자들이다. 최고경영진에 일부 데이터 광이 있다면 도움이 될 것이다.
전략적 기회가 있다	• 다른 기반에서 경쟁하고 누구도 마스터하지 못한 문제를 풀어 중요한 부분에서 최고가 되기로 한다. • 기회를 잡기 위해 투자한다.	최고경영진이다. 그들은 자산이 준비되지 않았다면 압력을 가할 것이다.

밀어붙이는 진짜 데이터 광이라도, 여전히 한 번에 하나의 애플리케이션과 하나의 결정으로 모멘텀을 세워야 한다. 핵심 플레이어는 사업 문제나 기회를 책임지는 임원이다. 또한 여러분은 다른 시기에 다른 방식으로 사업의 다른 부분에서 모멘텀을 구축해야 한다. 요컨대 한번 해보고 말 일이 아니다.

〈표 9-1〉은 이런 세 가지 시나리오를 요약한다. 여러분의 시나리오도 약간 다르긴 해도 이런 변형들 가운데 하나가 될 것이다. 여기서 핵심 교훈은 델타가 준비되었느냐가 아니라, 분석이 사업에서 어떤 역할을 하는지 혹은 해야 하는지를 봐야 한다는 것이다.

경영진이 분석에 진지해질 때

고위경영진이 분석에 대해 진지해지고 자원과 애플리케이션 우선순위에 대해 전사적 관점을 채택할 때가 바로 회사의 분석력을 정식으로 측정하고 분석 제안을 안내할 경영 구조를 창조하며 분석을 위한 사업 전략을 개발할 때다. 이때 1부의 델타 모델은 여러분의 분석력을 철저하게 평가할 수단을 제공할 것이다. 하지만 전략을 조직하고 개발하는 것은 회사마다 다르다. 헬스케어 보험사인 후마나는 이와 관련해 좋은 사례를 제공한다.

2001년 이래로, 후마나는 지역 헬스케어 업체에서 가장 큰 건강보험사 가운데 하나로 성장했으며, 건강 계획과 처방약을 1800만 이상의 회원들에게 제공하고 있다. 하지만 시장 상황의 변화로 업계는 더욱 분석적인 경영 스타일로 전환하게 되었다. 즉, 더욱 비용 대비 효과적인 치료와 환자에 대한 더 나은 전략적 접근법을 약속하는 증거 기반 의학 및 인포매틱스(헬스케어 전문 용어로는 데이터 기반 분석을 의미함)를 통해 고객 서비스와 비용을 관리하게 되었다.[2]

하지만 후마나는 기업 데이터 웨어하우스의 초기 채택자로서 사업과 IT 목적들 간의 약한 통합과 기업 데이터의 거버넌스에 관한 부적절한 정책들 같은 여러 함정에 직면했다. 게다가 부서별 이기주의로 데이터의 레버리지와 유지, 기업 데이터 웨어하우스의 업그레이드가 어려웠다.

후마나의 COO인 짐 머레이는 분석에 전사적 관점을 취하는 것이 중요하다고 강조했다. "그래야만 후마나의 모든 곳에 일관되고 정확한 정보의 흐름을 촉진하고 부서별 이기주의를 제거할 수 있습니다."[3] 후마나는 이를 위해 분석을 이끌 새로운 직위인 통합 인포매틱스 부사장 자리를 만들었다. 그리고 이 자리에 노련한 보험경영 컨설턴트인 리사 토빌을 고용했다.

리사는 최고경영진 리더십의 중요성을 인지하면서, 후마나의 분석 전략을 개발하기 위해 'BI와 인포매틱스'라는 이름 아래 사업과 IT의 리더들로 구성된 팀을 조직했다. 운영위원회는 짐 머레이, 짐 블룸, 스티브 맥컬리, CTO인 브라이언 리클레어, 서비스와 정보 관리자인 브루스 골드먼이 포함되었다. 팀이 세운 사업 목적은 거대했다. 후마나의 조직, 프로세스, 시스템 전반에서 꾸준히 분석적 변혁을 추구하여 업계의 선도적인 분석 전략을 개발하고, 회사의 사업 전략과 분석을 연결하며, 현재의 분석 투자로 얻을 이윤을 향상시키는 것 등이었다.

경영진의 후원을 받은 이 팀은 탈집중화된 사업 단위들을 통합하려면 BICC를 세울 필요가 있다는 결론을 내렸다. BICC로 후마나의 BI와 분석에서 모멘텀을 세우고, 운영위원회는 그런 임무가 후마나의 전략적 목적들과 조화되게끔 감독하도록 했다.

리사와 팀은 로드맵을 만들었는데, 여기에는 회사의 분석력을 확장하고 더욱 분석적인 기업의 토대를 구축할 우선순위들을 담고 있었다. 첫째는 분석 활동 지원에 필요한 데이터와 기업의 IT 능력을 측정하는 것이었다. 둘째는 후마나가 분석에 대한 투자를 우선시하는 전사적 접근법을 취하도록 돕고, 셋째는 분석을 이용해 높은 가치를 낼 수 있는 특정한 사업 기회를 파악하며, 넷째는 임원들이 분석적 제안을 하고 분석적 리더의 모델이 되도록 만드는 것이었다. 마지막은 회사 내 분석 인재를 파악하고 개발하고 보상을 주기 위한 권고안을 만드는 것이었다.

이런 평가와 계획 덕분에, 후마나는 분석 사용 확대의 이면에 도사린 기술적·운영적 난제들과 인적 평가를 더 잘 이해하게 되었다. 이제 더욱 분석적인 조직이 된 후마나는 수익성을 낼 성장을 촉진하고 최첨단 상품과 서비스를 개발 및 관리하며, 신뢰 관계를 구축하고 건강을 향상시킬 방법을 더 잘 교육시키게 되었다.

분석 수요가 공급을 초과할 때

크레디트코퍼레이션의 사례로 돌아가보자. 그들은 분석에 대한 수요가 분석 집단의 능력을 초과할 때 생기는 흔한 곤경에 처했다. 분석기반 경쟁자의 여러 영역에서 분석의 잠재력에 흥분할 때는 분석에 대한 수요가 거세진다. 수요가 급증하면 100퍼센트 대비하기가 어렵다. 그런 수요에 앞서 미리 분석력에 과잉 투자할 기업은 별로 없다(특히 경기침체기에는 더욱 그렇다). 그래서 데이터부터 시작해 자원을 하나하나 갖추면서 이를 대비하는 게 좋다. 어떤 하나의 행동만으로 큰 변화를 일으키기는 어렵다는 것을 알고 있어야 한다.

크레디트코퍼레이션에서 졸리 바슈와 분석가들은 다양한 접근법을 통해 수요 증가에 대처했다. 분석가들은 분석 결정에 필요한 정보를 배포하고 교육 프로그램을 통해 최전선 스태프들이 (가능한 정도까지는) 스스로 분석을 하도록 격려했다. 일부 경우에는 분석가들이 사업 동인을 파악하면 애플리케이션의 사용자들은 그것들을 모니터하고 점차 어떻게 변하는지 볼 수 있도록 했다. 또한 분석가들은 일회용이 아닌 재생 가능한 생산 애플리케이션을 구축했다.

하지만 수요를 관리하고 노력의 우선순위를 정하는 데 있어 가장 중요한 것은 사업의 전략적 이슈에 대한 분명한 태도다. 졸리는 COO를 비롯해 사업 서비스의 장들과 정기적으로 토론을 하면서, 크레디트코퍼레이션에서 현재 무엇이 중요한지 놓치지 않으려고 했다. 그리고 프로젝트를 시작하기 전에, 분석가들과 함께 문제를 해결하고 고객과 관련된 우선순위와 타임 프레임을 정하는 데 얼마나 오래 걸리는지 판단했다.

공급과 수요의 불균형은 갑자기 나타난 것 같지만, 알고 보면 다음과 같은 여러 요인들의 조합에 의해 점차적으로 나타난 것이다.

- 특히 프로 분석가들이 공급이 부족하다. 그들을 찾고 고용하고 보유하는 일도 어렵다.
- 수요는 일단 사업이 분석을 맛보고 애플리케이션이 성공하면 급성장한다. 때때로 크레디트코퍼레이션에서처럼 수요는 더 나은 데이터를 기다리고 있다가, 그런 데이터가 이용 가능해질 때 봇물이 터진다.
- 엉뚱한 곳에 공급이 낭비되어 분석을 위한 사업 기회를 상실할 수도 있다. 기회와 우선순위가 분명하지 않을 때 이런 일이 발생한다. 분석가들이 각 부서에 흩어져 일하고 전략적 기업 제안에 협력할

| 그림 9-1 | 수요와 공급의 조화

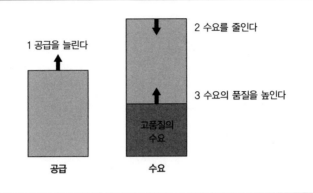

수 없을 때도 그렇다. 혹은 분석가들이 모델 구축과 유지가 아니라 보고서 만드는 일(아마추어 분석가들이 하는 일)에 너무 많은 시간을 써야 할 때도 그렇다.

공급이 수요를 초과하면 어떻게 해야 할까? 경제학 입문 수업을 듣는 대학생들이라면 더 낮은 가격이 답이 아니라는 걸 알 것이다. 크레디트코퍼레이션이 보여준 대로, 공급을 증가시키려면 일련의 행동이 필요하다. 이상적으로 수요에 맞게 공급을 제공해야 한다. 〈그림 9-1〉은 분석의 전체 수요가 공급보다 더 큰 곳의 상황과 해결책을 나타낸 것이다. 각 화살표에 해당하는 방법들은 공급과 수요를 더 잘 조화시키는 세 가지 전술을 보여준다. 즉, 분석가들의 공급을 늘리고, 수요 수준을 관리하고, 수요의 질을 높이는 것이다.

분석가와 분석 서비스의 수요를 증가시키려면 기업은 다음과 같이 행동해야 한다.

- 더 많은 분석가들을 고용한다(최고 분석가 영입 경쟁은 아마 치열할 것 이다).
- 선별된 분석 프로젝트와 서비스를 아웃소싱한다.
- 생산성을 증가시키기 위해 분석가들의 작업 방식을 향상시킨다.
- 분석 데이터와 테크놀로지 인프라를 향상시켜, 모든 프로젝트가 더욱 생산적으로 전달되게 한다.
- 고부가가치 프로젝트에 집중하고 분석적으로 혹은 교차 기능적으로 일하는 식스 시그마나 사업 프로세스 리엔지니어링 같은, 능력을 확장시키는 수단을 사용한다.

수요관리는 어느 서비스 조직에서나 중요한 활동이다. 이는 분식에 대한 식욕을 없애버리는게 아니라 분석 집단이 처리해야 하는 분석 수요의 분량을 완화시키는 일이다. 특히 대안이 있을 때는 더욱 그래야 한다. 수요를 관리하려면 다음과 같이 행동한다.

- 더 많은 아마추어 분석가들을 훈련시켜 간단한 분석이나 보고서는 스스로 하게 한다.
- 가치가 낮은 수요를 줄이기 위해 전사적 관점과 프로그램 관리 오피스를 통해 프로젝트의 평가와 우선순위를 개선한다.
- 분석을 최대한 잘 사용하기 위해, 고객관리 팀을 교육시키는 과정의 일부로서 수요 수준을 계획하고 협상한다.
- 정보 자급자족에 대한 고객관리 팀과 협상한다. 분석이 유용하기 위해서는 데이터가 얼마나 정확하고 완벽해야 되는지 알아야 한다.

수요의 질을 높이려면 다음과 같이 행동한다.

- 수요와 공급의 역할을 포함해 분석의 사업 가치를 최대화하는 방법에 대해 임원들과 기업의 리더십 팀을 교육한다.
- 분석 프로젝트의 전략적이고 전사적인 평가와 우선순위를 실행한다.
- 포트폴리오 관리를 일련의 분석 프로젝트에 적용한다. 계속해서 개별 프로젝트가 어떻게 진전되고 가치가 얼마나 되는지 평가한다.
- 분석 수요의 질과 사업 가치에 대해 고객관리 팀과 주기적으로 상담한다.
- 고부가가치 분석 애플리케이션을 적용할 고객관리 기회를 제시한다.

크레디트코퍼레이션과 마찬가지로, 우리가 연구한 많은 회사들은 이런 전술들의 조합을 채택했다. 올바른 접근법은 분석 경험과 기업 성향과 사업 단위에 따라 달라진다. 특히 한 사업 단위가 사업 분석에 익숙해지면, 분석 조직의 리더들은 사업 니즈를 교육시켜서 분석가들이 가장 전략적이고 가치를 늘리는 사업 애플리케이션에 자유롭게 몰두하도록 해야 한다.

한 호스피탤러티 회사는 특히 고객/수입 오퍼레이션 부분에서 분석적으로 매우 정교한 편이었다. 점차 다른 사업 직능들도 그걸 알아차리면서 분석의 수요가 늘어나기 시작했다. 이미 분석가들은 회사 전체에 널리 퍼져 있었다. 회사는 세 가지 주요한 추진력으로 대응했다. 첫째, 늘어나는 애플리케이션 포트폴리오에 대한 더 나은 플랫폼을 제공하기 위해 분석에 대한 전사적 데이터와 인프라에 투자했다.

둘째, 비슷한 애플리케이션에서 재사용할 수 있는 사례 모델을 개발했다. 셋째, 주요 사업 영역에서 일하는 분석가들 가운데 경험을 공유하는 전문가들의 비공식적 센터를 설립했다.

우리가 인터뷰한 한 에너지회사는 고객 서비스 같은 중요한 영역에서 앞서나갔다. 그리고 선두를 유지하기 위해 분석을 기업 문화로서 구축하고 싶어했다. 하지만 분석력의 상당수가 요금과 규제 조건에 대한 예측 가능하며 시간 소비적인 분석에 사용되고 있었다. 그래서 분석 집단의 리더들은 경쟁적인 애플리케이션을 우선시하기 위해 기업 전략의 부사장과 파트너가 되어 일했다. 그들은 프로젝트 포트폴리오를 범주별로 '주요한/경쟁적인' '규제적인/진행되는' 같은 항목으로 나눈 뒤, 각 항목을 관리하는 데 포커스를 두었다. 또한 정보가 충분한지를 놓고 사업 파트너들과 적극적으로 컨설팅했다. 그리고 최적화되지 못한 주요한 프로젝트 요인들(비용이나 타이밍 등)에 대해 협상을 했다.

한 소비재회사는 공급사슬 애플리케이션으로 분석적 성공을 거두었다. 수익 분석에 새롭게 포커스를 두어, 그 결과 기업 전체에서 정보 수요와 분석에 대한 수요가 급증했다. 분석가들은 이미 너무 많은 시간을 모델 구축보다는 보고서 창출에 들였다. 그리고 리포팅에 대한 수요가 너무 거셌다. 그래서 이 회사는 데이터 웨어하우스를 신속히 채택하고 공통된 분석과 보고서 포맷을 자동화함으로써, 아마추어 분석가의 수를 크게 늘리고 강화시켰다. 또한 식스 시그마를 도입하고 다른 집단들과 파트너를 이루어 분석가들이 더 높은 우선순위와 고부가가치 사업 프로젝트를 다룰 기회를 더 많이 제공했다.

기업 문화로서 분석을 구축하라

베스트바이는 〈포춘〉이 선정한 100대 전자제품 소매업체다. 1997년 부터 2년에 걸친 과학적 소매업 제안이 시작된 이래로 분석은 회사가 움직이고 경쟁하는 방식의 주요 요소였다. 그 제안은 재무 측면에서 커다란 변혁을 가져왔다. 2004년에 CEO인 브래드 앤더슨은 고객 중심주의를 회사의 성장 궤도를 유지하는 수단으로 강조하기 시작했다. 이에 관리자들은 회사에서 분석의 역할을 검토할 때라고 느꼈다. 2006년 앤더슨과 고위임원들은 회사의 미래를 결정하는 열쇠가 전사적인 분석력 구축에 있다고 확신했다. 다시 말해, 고객과 가장 가까이 접하는 상점에서 데이터와 의사결정을 끌어내려면 기업 차원에서 분석이 이뤄져야 한다고 생각했다.

기업 차원에서 고객 세분화와 데이터 웨어하우징은 재빨리 우선순위가 되었다. 비록 고객에 대한 데이터가 있고 고객 행동을 기록하고 있지만 제대로 이해하지는 못한 실정이었다. 더욱 중요한 건, 특히 상점 차원에서 사실에 기반한 결정들을 내리기 위해 데이터가 체계적으로 사용되지 않는다는 점이었다. 베스트바이의 부사장인 샤리 발라드는 이렇게 말했다.

우리는 각 지역과 상점들이 상황을 파악할 도구를 갖추도록 합니다. 오늘 상점에서 어떤 거래가 일어났는지, 얼마나 효과적으로 물건을 팔았는지, 고객 만족도는 어느 정도인지와 더불어 고객 세분화와 시장점유율을 파악하기 위해서죠. 우리는 올바른 도구에 투자해서, 어디에 포커스를 두고 어떤 요인들을 약간 움직여 커다란 혜택을 얻을 지 현장 사람들이 알 수 있도록 합니다.[4]

베스트바이는 사업과 테크놀로지 분야의 프로들로 팀을 조직했다. 그리고 더 나은 의사결정과 사업 결과를 위해 분석을 채택하고 사용하며 통합하는 제안을 시작했다. 프로젝트의 리더는 재무 계획과 분석 부문의 부사장인 마크 고든이었다. 그의 부서는 프로젝트를 효과적으로 만드는 데 필요한 분석력과 가시성(visibility)을 모두 갖추었다.

마크의 목표는 조직의 만트라(mantra, 주문)가 될 것을 구체화하자는 것이었다. 즉, '다르게 생각하고, 다르게 행동하고, 다른 결과를 이끌어내자' 라는 주문을 통해 기업의 성과관리 능력을 구축하기 위한 매트릭스를 정의하고 확인하는 일부터 시작했다. 이는 성과를 최대화할 방법을 알아내기 위해 분석 프로세스, 매트릭스, 시스템을 조직하고 분석하는 프레임워크다. 그런 능력은 상점과 각 사업 부문에 처음으로 고객에 대한 통찰력을 제공해서 행동으로 옮길 수 있도록 해주었다. 그리고 사실에 기반한 결정들을 일상 업무에 통합시키도록 해주었다. 또한 새로운 전사적 분석 문화를 창출하고 본사의 분석 포커스를 확산시켰으며 활기를 불어넣었다.

마크의 다음 난제는 각 직능 대표들과 더불어 매트릭스를 정의하는 일이었다. 그는 전통적인 접근법을 버리고 세 가지 질문을 통해 베스트바이의 고객 중심주의를 가장 잘 반영하도록 매트릭스를 정의했다. 세 가지 질문은 이것이었다. 무슨 일이 일어났는가? 왜 일어났는가? 무슨 일이 일어나야 하는가?

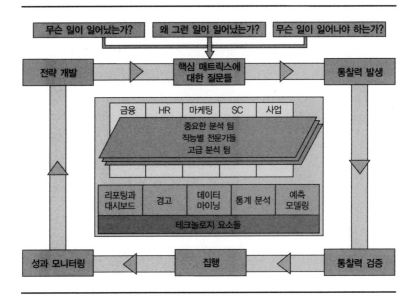

| 그림 9-2 | 베스트바이의 폐쇄 루프 분석 모델

가장 중요한 매트릭스를 이해한 그들은 새로운 분석력을 구축하고 테스트하고 조직 전반에서 통합해야 할 폐쇄 루프 프로세스에 새겨 넣기 시작했다(〈그림 9-2〉 참조). 그리고 베스트바이는 이런 프로세스가 무르익으려면 시간이 걸린다는 걸 확인했다.

비록 직능 집단들이 한동안 데이터를 수집하고 보고해왔지만, 분석은 기업의 전반적인 신뢰를 받지 못했다. 그리고 직원들은 매트릭스들에 관련된 새로운 용어를 수용하길 꺼렸다. 사업 결정을 내리기 위해 새로운 분석적 방법을 사용하는 것도 당연히 받아들이지 못했다. 이처럼 합의 도달이라는 난제는 종종 통합 과정을 지체시켰지만, 궁극적으로는 각 직능 영역과 상점에서 분석 문화의 도입을 촉진했다.

마크는 분석 성공에 박차를 가하기 위해, 조직 전반의 오퍼레이터들에게 분석적 결정을 가속화한 새로운 데이터와 고객에 관한 통찰력을 제공하는 혁신적인 균형성과표와 리포팅 도구들을 채택했다. 또한 여러 유형의 고객들을 파악하고 서비스했으며, 날마다 들어오기 시작하는 데이터를 해석하고 그에 따라 행동하는 법을 가르칠 트레이닝 프로그램을 만들었다.

그 다음 포커스는 분석적 조직을 만드는 것이었다. 상점 관리자들이 특화된 고급 분석을 요구할 거라고 예측한 마크는 베스트바이의 분석력을 일관되게 유지시키는 책임을 맡은 집중화된 집단인 RASC(리포팅과 분석 지원)를 만들었다. 이 집단은 상점 수준에서 기업 수준으로 사업 운영자들에게 중요한 성과 정보를 제공했다. 또한 고객 행동을 분석하고 영향을 미치려는 상점 관리자들에게 도움을 될 만한 사람을 본사에서 찾아주었다.

RASC는 나이 든 미국인, 특히 자녀를 키워 독립시킨 사람들로 구성된 시장에서 점유율을 높이려고 했다. 노인들이 가장 많이 사는 것은 기술적 지식이 필요 없는 가전제품이나 DVD였다. RASC는 기술 구매가 예측한 것보다 더 낮은 이유를 분석하고, 판매를 증가시킬 만한 행동들을 평가했다. 이런 통찰력에 근거해, RASC의 총책임자는 AARP(미국 은퇴자협회)와 팀을 이루어 지역 도서관에 테크놀로지 교육 수업을 제공했다. 그러자 자녀를 독립시킨 부모들을 대상으로 한 테크놀로지 제품의 판매가 상당히 증가했다.

동시에 베스트바이는 마케팅, 공급사슬, 인적 자원 분석의 직능 영역 내에 핵심 집단을 창조했다. 기업 전반적으로 오퍼레이션이 새로운 분석력을 수용하자 성공담이 나타나기 시작했다. 상점 관리자들은 데이터가 가져온 통찰력을 사용해 업계 관행을 검토하고 새로운 기회를 포착하기 시작했다. 재무보고 회의에서, 부사장 샤리 발라드는 분석을 사용해 충분한 관심을 받지 못했던 고객들을 위한 제안들을 개발한 두 명의 총책임자에게 주목했는데, 이런 고위경영진의 긍정적인 인정은 사실에 기반한 의사결정의 가치를 더욱 강화시켰다.

상점에서 중역실로의 피드백은 매우 긍정적이었다. 베스트바이는 사업에 핵심적인 분석력과 인재를 수용했다. 전 CEO인 브래드 앤더슨은 고객에 포커스를 둔 분석이 없었다면 시장에서 고전을 면치 못했을 것이라고 말했다. "우리는 경제 상황을 매우 안 좋게 보고 있지만, 직원들의 기술과 재능에는 커다란 확신을 갖고 있습니다. 우리는 결과에 영향을 줄 수 있는 고객 중심적 가치 제안을 찾고자 합니다."[5]

베스트바이는 점점 더 분석기반 경쟁자가 되기 위해 노력하고 있다. 이제 여러분은 그들의 이야기에서 많은 것이 리더십과 분석적 사업 포커스를 집결시키는 것에 달려 있다는 걸 알았을 것이다. 그리고 델타의 5가지 요소(데이터, 전사적 관점, 리더십, 타깃, 분석가)를 갖춰가는 모습을 볼 수 있었을 것이다.

우리는 또한 3장에서 설명한 행동을 실천하는 임원들을 볼 수 있었다. 여러분은 그들의 사업 방법과 분석 사용을 검토하여 분석을 성과관리와 상점 차원의 의사결정에 새기고, 전사적인 분석 문화를 촉진해야 한다. 다음 수준의 분석으로 이동해 철저하게 분석적 기업이 되기로 결정한 조직들의 일부는 베스트바이가 걸어온 길과는 다른 길을 갈지 모른다. 하지만 그 과정에서 만나는 성공의 요인들과 난제들은 비슷할 것이다.

10
분석적 기업을 위한 조언
»» 이성, 데이터, 분석에 기반한 경영

지금까지 우리가 제시한 깃들이 모두 경영진의 결단만으로 달성된다면 얼마나 좋겠는가? 하지만 다른 소중한 것들과 마찬가지로, 분석을 일터에 적용하려면 많은 노력과 고민이 필요하다.

지금까지 우리는 지속 가능하고 확고하며 전사적인 분석력을 정립하는 데 필요한 요소들을 설명했다. 이제 우리는 마지막으로 분석의 목적을 염두에 두고 시작하라는 조언을 하고 싶다. 분석을 헌신적으로 사용하는 사람들은 대개 이렇게 말한다. "더 나은 결정을 내리고 실행에 옮기지 않는 한, 어떤 분석도 도움이 되지 않을 것이다." 분석과 분석적 프로세스에 능숙해질수록, 여러분은 이런 사실을 더욱 분명히 깨달을 것이다.

사실에 기반한 결정

이 책은 한마디로, 사실과 분석에 근거해 더 나은 의사결정을 내리자는 것이다. 별로 새로운 아이디어로는 보이지 않는다. 더 나은 정보 시스템들과 데이터는 항상 더 나은 결정들을 촉진하려는 의도에서 나오곤 했다. 하지만 정보화 시대의 첫 50년 동안은 대개 정보 거래와 데이터 획득을 촉진하는 정도였다. 물론 조직들은 분석을 마스터하기 시작하면서 결정을 내리고 실행하는 방식을 더 잘 다루게 되었고, 어떻게 이를 더 향상시키고 정보를 이용해 더 잘 뒷받침할 수 있는지도 보다 잘 이해할 수 있게 되었다.

하지만 조직은 고위경영진이 내리는 전략적 계획 결정부터 일상의 오퍼레이션 결정까지 모든 유형의 결정을 반드시 살펴야 한다. 최전선의 직원들이 내린 것이든, 백엔드(Back-end) 시스템에 의해 자동화된 것이든 말이다. 장기적으로 더 나은 정보와 분석 도구만 갖추면 자동적으로 더 나은 결정이 나올 것이라고 여겨서는 안 된다.

사실 기반 결정이란 무엇인가? 우리는 이에 대해 다음과 같이 정의한다.

사실 기반 결정은 객관적인 데이터와 분석을 의사결정의 1차적 가이드로서 채택한다. 그리고 이런 가이드의 목표는 이성적이고 공정한 프로세스를 통해 통념이나 개인적 편견의 영향을 받지 않는 가장 객관적인 답을 얻고자 함이다. 사실 기반 의사결정자들은 가설과 테스트를 거친 과학적 방법과 엄밀한 정량 분석에 의존한다. 그들은 직관,

본능, 풍문, 신념에 근거한 사고를 피한다. 비록 그것이 사실 기반 결정을 평가하거나 틀을 잡는 데 도움이 된다고 해도 말이다.

우리는 가장 객관적인 대답을 발견하기 위해 데이터와 분석을 사용해야 한다는 점을 지적하고 싶다. 우리는 통계와 수치가 조작되어 누군가가 증명하고 싶어하는 것을 거짓으로 지원할 수 있다는 걸 알고 있다. 오랜 격언처럼, 숫자들은 그것을 만들어낸 사람들과 마찬가지로 거짓말을 할 수 있다.[1]

하지만 다른 어떤 방법보다도 데이터와 엄밀한 분석을 꾸준히 하는 것만이 가장 객관적인 대답을 찾을 수 있는 길이다. 물론 사실만이 최상의 답을 발견하는 유일한 길은 아니다. 사실에 기반한 것이 바람직해 보이긴 하지만, 최소한 현재 사업에서는 의사결정에 직관과 경험이 작용할 여지가 일부 있기 때문이다.

의사결정을 프로세스로 관리하라

의사결정은 복잡한 주제이며 점점 더 복잡해질 것이다. 대다수 조직은 향상된 의사결정에 포커스를 두지 않는다. 이는 오랫동안 고위임원들의 특권으로 여겨졌기 때문이다. 마치 '블랙박스'처럼 말이다. 정보가 들어오고 결정이 내려지지만, 그 사이에 무슨 일이 있었는지는 알기 힘들다. 결정에 포커스를 두려면 관리자들의 정신적 프로세스만이 아니라 결정이 어떤 식으로 밖으로 나타나는지도 살펴야 한다. 어떤 결정이 내려져야 하고, 어떤 정보가 제공되어야 하며, 결정이 얼마나 정확하고 효과적이어야 하는지 파악해야 한다.

만일 결정들을 관리하려고 한다면 사업 프로세스와 마찬가지로 진지하게 설계하고 관리해야 한다. 다른 프로세스들과 마찬가지로, 결정 프로세스를 매끄럽게 연결하는 것은 시간과 비용을 절감하고 품질을 향상시키며 더 나은 결과를 낸다. 그리고 (가격 책정 전략처럼) 확산된 파급효과를 가진 핵심적 결정은 직능을 넘어 전체 조직에서 제대로 작동하는 게 중요하다.

데이터와 분석이 의사결정에 적용되는 방식에 포커스를 둔 조직은 그들이 신경 쓰는 기준이 무엇이든 핵심 결정 목록을 만든다. 전략을 실행하기 위해 필요한 상위 10가지 결정들이나, 재무 목표 달성에 필요한 상위 20가지 결정들이 그 예다. 목록을 만들거나 우선순위를 정하지 않으면 모든 결정은 동등하게 취급될 가능성이 크다. 어느 정도 분석과 다른 개선 접근법이 적용될 수 있는 결정 타깃들은 4장에서 논의한 분석의 사업 타깃과 일관되어야 한다.

의사결정의 목록을 만드는 것 외에도, 조직은 주된 결정들을 특성에 따라 분류해야 한다. 결정에서 누가 어떤 역할을 하는가? 거버넌스는 어떻게 되는가? 얼마나 자주 발생하는 일인가? 결정이 어떻게 구조화되어 있는가? 결정을 지원하는 데 필요한 정보는 무엇인가? 이런 분류를 통해 어떤 목록이 결정을 더욱 효과적으로 만드는지 판단하고, 조직 내에서 결정을 논의할 공통된 언어를 정립해야 한다.[2]

결정에 포커스를 둔 조직은 식스 시그마 같은 의사결정 프로세스를 계속 향상시키고 검토하는 접근법을 갖고 있다. 예를 들면 결정에 영향을 받는 사업 프로세스와 관련된 구성원들로 이루어진 '타이거 팀(Tiger Team)' 같은 경우다. 게다가 이런 조직은 결정 엔지니어, 코치, 결정을 향상시키는 컨설턴트 집단을 가지고 있다. GE캐피털에는 4명의 분석가 집단이 의사결정을 관리하는 조직 내에 기주한나. 이들은 분석과 정확한 대답만을 제공하는 것이 아니라, 중역과 함께 일하며 결정 프로세스를 향상시킨다.

의사결정에 신경 쓰는 조직들은 그들이 내린 결정에 근거해 관리자와 직원들을 평가한다. 평가 결과는 정치적으로 이루어질 수도 있지만, 핵심 결정에 사용된 프로세스와 정보를 평가하는 것은 매우 건설적인 일이다. 스위스의 엔지니어링 거물 ABB 같은 몇몇 조직들은 이미 그렇게 하고 있다. 그들은 이런 평가를 성과 리뷰 프로세스의 일부로 만들었다.

의사결정을 향상시키는 또 다른 핵심 자질은 메타 결정 분석이다. 이것은 의사결정을 내리기 전에 한 개인이나 조직이 "어떻게 이 결정을 내려야 할까?"라는 질문을 던지는 것을 의미한다. 아주 명확한 질문처럼 보여도, 분명하고도 방법론적인 방식으로 묻는 경우는 거의 없다.

에어프로덕츠&케미컬에서는 중요한 의사결정을 내리기 위해 5단계 프로세스를 권고한다. 1단계는 내려야 할 결정을 정의하는 것이다. 2단계와 3단계는 메타 결정 분석으로, 즉 방법을 정하고 거버넌스를 정립하는 것이다. 결정을 일방적으로 내릴지, 아니면 다수결이나 만장일치로 내릴지에 따라 방법에 참여하는 수준도 달라진다. 프로젝트 관리에서 잘 정립된 RACI(Responsible Accountable Consulted

Informed, 책임과 권한 소재를 구분하기 위한 방지책으로 쓰이는 차트 – 옮긴이) 접근법 뒤에는 거버넌스가 따른다. 즉, 책임 회피 방지책을 만드는 것이다.[3] 4단계는 결정을 내리는 것이다. 5단계는 의사소통하고 실행하는 것이다. 점심으로 무엇을 먹을지 결정하는 데 이 5단계 과정을 모두 밟을 필요는 없다. 하지만 그렇게 한다면 만족스러운 식사를 하게 될 것이다.

왜 그런 메타 결정 접근법이 중요한가? 오늘날에는 결정을 내리는 방법들이 많기 때문이다. 그리고 어느 방법을 택하든 한 발 뒤로 물러서서 결정 프로세스에 대해 생각하고 그것을 달성할 최선의 방법에 대해 생각해야 한다. 에어프로덕츠&케미컬의 접근법은 대다수 조직들의 접근법보다 훨씬 낫다. 하지만 선택 가능한 방안과 옵션들은 그 외에도 많다.

이런 접근법들은 분석에 포커스를 둔 조직에 의해 이제 막 다뤄지고 있다. 일부 조직들은 분석 자체보다는 결정관리가 더 큰 가치를 가져온다는 결론을 내렸다. 예를 들어 금융 서비스 회사의 결정관리 집단은 특히 상품 라인 전반에서 결정에 대한 보조를 한곳으로 집중시키기 위해 만들어졌다. GE캐피털 외에도 스코틀랜드의 로열뱅크&시티도 그런 조직을 형성했다. 그들은 최근의 결정(다행히도 서브프라임 모기지론을 포함해)에 개입되지 않았지만, 조직의 핵심 결정에 결정 지원을 제공하기 시작했다. 때로는 분석에 근거해서, 때로는 다른 접근법에 근거해서 말이다.

심지어 금융 서비스 회사들이 힘든 시기에도 GE캐피털은 GE에게 많은 돈(2008년 90억 달러)을 벌어주었다. GE캐피털의 소비자금융 사업인 GE머니 분석에 포커스를 둔 경영진은 올바른 대답을 생각해내는 분석가들을 두는 것만으로는 충분하지 않다고 결론을 내렸다. 그래서 그들은 분석 집단에서 결정관리 집단으로 이동하기로 했다. 궁극적인 목표는 사람이나 시스템이 올바른 결정을 내리게 하는 것이기 때문이다. 즉, 적시에 올바른 맥락에서 내려져야 한다. 분석이 건전한 사업 프로세스에 새겨지거나 의사결정자들이 분석을 잘 이해해 결정이 올바른 방식으로 내려지게끔 해야 한다. GE머니의 결정관리 집단은 마케팅, 리스크 관리, 대출관리, 심지어 인적 자원 등에서 분석을 강화해 결정을 내렸다. 그 결과 뛰어난 성과를 내서 GE캐피털은 이 방식을 조직 전반에서 채택하기로 했다.

오늘날 그런 집단을 가진 회사들은 소수에 불과하다. 하지만 우리는 의사결정이 시간이 지나면서 점점 더 중요성이 커지고 대다수 조직들이 그런 집단을 세울 거라고 기대한다. 심지어 그렇게까지 할 준비가 되지 않았어도, 각 부서에서 사실 기반 결정을 내리는 데 포커스를 두기 시작할 수 있다. 여러분의 조직에 중요한 결정을 내린 뒤에는 메타 분석을 하라. 어떤 행동들이 결정에서 나타나는가? 결정이 어떤 식으로 사업 성과에 공헌하는가? 다양한 결정을 내리는 이는 누구인가? 어떤 정보가 결정을 내리는 데 사용되는가? 결정 프로세스를 향상시킬 방법들이 있는가? 어떤 정보가 결정을 내리기 위해 사용되고, 결정 프로세스에 어떻게 연결되는 것이 바람직한가?

만일 여러분이 진정한 모험가라면 결정의 질을 측정하고 시간이 지나면서 과연 나아지는지 판단할 것이다. 이런 접근법들 가운데 어느 것도 크게 어렵진 않다. 우리는 그것들을 채택하고 일관적으로 그런 결정을 효과적으로 널리 실시하는 것이 분석 지향 조직의 다음 개척지가 될 것이라고 생각한다. 결론에서 이 내용을 다루는 것도 그런 이유에서다.

분석이 약속할 수 있는 것과 없는 것

우리는 독자들이 이 책을 통해 상당한 도움을 받았을 거라고 자신한다. 그렇지 않으면 이 책을 쓸 이유도 없다. 하지만 우리는 이런 아이디어를 채택한 조직들에게 약속할 수 있는 부분과 그럴 수 없는 부분도 함께 알려주고 싶다. 일종의 고해성사다. 이 장의 포커스와 어울리도록, 다음에 이어질 진술의 대부분은 분석이 실제로 어느 정도로 결정을 향상시키는지 보여준다. 우선 분석을 채택했을 때 염두에 두어야 할 주의 사항부터 하나씩 살펴보자.

분석적 결정이 성공하기 위한 유일한 길은 아니다

다른 경영서의 저자들과 달리, 우리는 어느 산업에서든 다양한 성공 전략이 있다는 걸 알고 있다. 하라스엔터테인먼트의 CEO인 개리 러브먼은 전작 《분석으로 경쟁하라》의 추천사에서, 경쟁자인 스티브 웬이 분석을 지향하지 않았지만 직관적인 호화로움과 스타일 감각으로 리조트의 성공을 이끌었다고 말했다(최소한 현재의 금융위기 전까지는 말이다). 어느 산업이든 경험, 직관, 행운을 가진 리더들은 데이터와 분석의 도움 없이 성과를 내는 전략들을 선택한다. 하지만 어느 산업이든 분석으로 성공을 거둔 경쟁자들이 나타날 것은 분명하다. 경험, 직관, 행운에 100퍼센트 자신이 있지 않은 이상, 의사결정을 향상시키기 위해서는 분석을 사용해야 한다.

분석적 결정이 항상 완벽한 건 아니다

대다수의 경우, 데이터를 모으고 분석하면 여러분의 대답이 옳을 확률이 늘어난다. 최소한 지레짐작보다는 나아진다. 한 제약회사의 CEO는 분석이 제조 능력을 10퍼센트에서 40퍼센트로 늘린다면, 버텀 라인에서 큰 향상을 볼 것이라고 말했다. 물론 때때로 여러분의 분석적 결정은 틀리거나 차선이 될 수도 있다. 고객들의 지불 용의보다 더 낮은 가격을 부과하거나, 질병에 걸리지 않을 거라고 예측한 환자가 결국 병에 걸리기도 하고, 분석을 사용해 선발한 선수가 영 아닌 경우도 있다. 실제로 조직이 직면하는 가장 큰 장애는, 지난번 모델이 틀렸을 때와 같은 실수를 되풀이하지 않도록 검토를 통해 배움을 얻는 것이다. 하지만 데이터와 분석에 대한 신념을 잃지 마라. 때때로 분석으로 잘못된 결과를 얻게 되어도 분석에 근거해 결정을 내리는 편이 전반적으로 더 낫다.

경쟁에서 앞서려면 분석에 근거한 통찰을 개발해야 한다

분석기반 경쟁자들은 다음 먹이를 계속 찾아다니는 상어와 같다. 결국에는 경쟁자들이 그들의 혁신을 따라잡고 복제할 것이기 때문이다. 보다 투명하고 경쟁이 치열한 산업에서는 더 빨리 그렇게 될 것이고, 경쟁자들은 분석에 합류해 독자적인 분석 모델을 구축하기 시작할 것이다. 따라서 여러분은 분석으로 성공한 이후에도 그 영광에 안주해서는 안 된다.

때때로 세상이 변해 분석 모델이 무용지물이 될 수 있다

8장에서 논의했듯이, 세상이 변하면 여러분의 데이터와 분석은 더 이상 써먹지 못하게 된다. 만일 분석을 고수하기로 했다면 끊임없이 평가하고 바꿔야 한다. 가설과 가정을 명확하게 파악하고 변화가 필요할 때 거기에 맞춰라. 예를 들어 소매상점들을 위한 가격 최적화를 실시하라. 물론 우리는 분석 애플리케이션의 빅 팬이다. 그것을 채택한 대다수가 이윤 마진을 크게 향상시켰기 때문이다. 하지만 급변하는 경제 상황 속에서, 소매업체들은 언제 무엇을 판매할지 결정하는 데 있어 오래된 가격 탄력성 모델을 업데이트하길 바랄 것이다. 과거를 고찰해서 얻을 수 있는 혜택은, 과거의 성공 요인이 더 이상 적용되지 않을 때를 알아낼 수 있다는 것이다.[4]

분석만으로 좋은 결정을 내릴 수 있는 건 아니다

더 나은 결정을 내리기 위해 수중에 있는 도구들을 모두 이용해야 한다. 데이터와 분석은 물론 경험, 직관, 집단 프로세스도 포함된다. 때때로 그 결과들이 서로 충돌하거나 분석의 결과가 여러분의 통찰과 모순되기도 할 것이다. 이를 무시하고 싶지 않다면 데이터와 분석을 면밀히 살피고, 여러분의 경험을 검토하라.

다음은 긍정적인 측면에서 분석이 약속할 수 있는 것들이다.

더 나은 전략 결정을 내릴 수 있다

전략적 결정은 체계적 분석과 데이터 수집으로 혜택을 볼 수 있는 중요한 결정이다. 만일 여러분이 다른 회사를 매입하거나 합병하거나, 혹은 새로운 시장에 진입하거나 새로운 상품을 소개하거나 다른 유형의 고객을 찾는다면 분석적 의사결정으로 혜택을 볼 것이다. 당연히 좋은 직관도 일부 필요할 것이다. 하지만 분석은 여러분이 달성하려고 하는 것이 무엇인지 감을 잡고 비가시적인 요소들이 어떻게 성장과 수익에 영향을 주는지 보여줄 것이다.

더 나은 전술적인 오퍼레이션 결정을 내릴 수 있다

이것은 자주 발생하고 많은 데이터를 만들어내는 오퍼레이션에 근거하는 결정들이기 때문에 분석의 핵심이다. 만일 체계적으로 데이터를 수집하고 분석한다면, 상품이나 서비스를 생산하고 가격을 매기고 마케팅하고 판매하는 방법을 향상시킬 수 있다. 반복되는 결정이라면 더욱 분석적이고 더 나은 결정 프로세스에 투자할 가치가 있다. 얼마 안 되는 투자만으로도 전체적으로 얻을 수 있는 혜택은 점차 크게 늘어날 것이다.

더 좋은 문제해결 능력을 갖추게 된다

데이터와 분석은 종종 여러분의 조직에서 왜 그런 일이 일어나는지에 대한 열쇠를 제공한다. 뭔가 잘못되었을 때는 문제가 발생하는 환경에서 데이터를 수집하고 분석하는 것이 자원을 얻어내는 최선의 방책이다. 여러분의 문제가 고객(고객 수가 기대치에 못 미친다), 공급사슬(올해 예상보다 재고가 더 많다), 심지어 직원들(새로운 채용 기준은 왠지 미흡해 보인다)과 관련된다면 분석이 해결을 도울 것이다.

더 나은 사업 프로세스를 구축할 수 있다

6장에서 주장한 대로, 핵심 사업 프로세스에 분석을 새겨 넣으면 사업 프로세스들은 더 나아질 수 있다. 프로세스는 일의 수행 방식에 대해 생각하는 구조화된 방식이며, 분석은 이런 프로세스에서 내려지는 결정에 대해 생각하는 구조화된 방식이다. 이것은 굉장한 조합을 만들어낸다. 우리는 분석의 미래(최소한 오퍼레이션 결정)가 사업 프로세스 사고의 미래와 긴밀히 연결되어 있다고 생각한다. 그 반대도 마찬가지다.

더 빠른 결정을 내리고 더 일관적인 결과를 얻는다

분석은 처음 창출할 때는 시간이 걸리지만, 일단 알고리즘이나 평가모델을 갖춘 뒤에는 몇 초 만에 조정하고 수천 번 내지는 수만 번 정도 사용할 수 있다. 여러분은 최고 전문가들이 개발한 규칙과 모델들을 사용함으로써, 조직 전반에서 일관되고 정확한 결정을 내릴 수 있다.

트렌드와 시장의 전환을 예측할 수 있다

외부 시장 요인들의 정밀한 분석과 모니터링은 경제와 시장이 변하고 있다는 초기 경고를 제공한다. 그리고 새로운 기회를 찾아내고 변하는 고객 입맛을 예측할 수 있다. 만일 분석을 제대로 한다면, 여러분은 여러분의 사업을 움직이는 동인을 더 잘 파악할 수 있다. 만일 모델 관리를 제대로 한다면, 예측 모델들이 제대로 잘 작동하는지, 최적화 모델이 여전히 최적화를 이루어내는지 여부도 판단할 수 있다. 또한 모델들 이면의 가정을 보고 계속 적용해야 할지 여부를 판단할 수 있다. 더 이상 적용되지 않거나 효과적으로 예측을 하지 못한다는 것도 소중한 정보에 해당한다. 금융공학자들은 이를 '탄광 속의 카나리아(위험을 미리 알리는 존재)'라고 부른다.

더 나은 사업 결과를 얻는다

분석을 다룬 이전의 책에서, 우리는 분석을 더 많이 사용하면 재무 실적이 더 나아진다는 사실을 발견했다. 그리고 분석 성향의 회사들이 성과 면에서 업계의 선두에 있다는 것도 발견했다. 분석 사용을 꺼리는 쪽에서는 그것이 인과관계가 아니라고 하겠지만, 우리는 그렇다고 믿는다. 분석에 대한 투자가 어떻게 톱 라인에서 수익을 늘리고 버텀 라인에서 이윤을 늘리는지 쉽게 볼 수 있다. 물론 일부 애플리케이션은 다른 것보다 더 많은 재무 수익을 낼 것이다. 우리는 가격 책정 애플리케이션이 분석을 통해 더 많은 수익을 제공한다는 걸 발견했다. 물론 여러분의 조직이 돈을 버는 것 이상의 것을 추구하는 경우에도 분석은 충분히 효과를 낼 것이다.

우리의 관점은 데이터와 분석이 모든 조직에서 더욱 중요해지고 영향력을 미친다는 것이다. 어디서든 그런 증거를 찾을 수 있다. 더 많은 데이터가 날마다 쏟아져 나오고 있으며, 분석과 데이터 해석을 돕는 더욱 강력한 소프트웨어와 하드웨어가 나타나고 있다. 또한 데이터 분석과 분석기반 결정이 가능한 사람들이 점점 더 많이 배출되고 있다. 하버드대학의 총장이자 재무차관이었으며 현재 오바마 행정부의 경제 자문위원인 래리 서머스는 이렇게 말했다. "지금으로부터 200년 후 역사는 인간의 사고에서 발생한 매우 중요한 트렌드에 대해 말할 것이다. 즉, 이전에 비해 훨씬 넓은 범위의 활동에서 우리는 이성과 데이터와 분석에 의해 움직일 것이다."[5] 서머스는 항상 옳았지만, 이번에는 전적으로 옳다고 생각한다.

분석과 사실 기반 결정들은 오랫동안 시장의 트렌드였다. 다른 결정 접근법들은 나타났다 사라졌지만, 사실 기반 테크닉으로의 진보는 당할 상대가 없다. 바야흐로 모든 조직이 비즈니스 사이클과 세대를 넘어서 어떻게 더 나은 결정을 내리고 더 높은 성과를 유지할지를 생각해야 할 때다.

델타 요소와 5단계 발전 모델

1~5장에서 우리는 분석 여정에 따른 델타 요소들, 즉 데이터, 기업, 리더십, 타깃, 분석가들에 대해 논의했다. 여기서는 독자들이 보기 편하도록 이 요소들을 하나의 도표로 모았다. 이 표는 분석 사업 애플리케이션의 채택을 둘러싼 각 단계에서 어떤 조건들이 주어지는지에 대한 개요로, 델타 성공 요인들과 분석기반 경쟁자로 가는 5단계 여정이라는 두 차원에서 살펴본다. 이는 일종의 지도로서 분석력 수준을 측정하는 도구가 될 것이다.

 표를 통해 델타 요소들이 단계별로 어떻게 조화를 이루고 진화하는지 살펴보자.

	분석으로 경쟁하기 어려운 1단계 → 국지적 분석을 수행하는 2단계	국지적 분석을 수행하는 2단계 → 분석에 열의를 보이는 3단계	분석에 열의를 보이는 3단계 → 분석적 기업의 4단계	분석적 기업의 4단계 → 분석기반 경쟁자의 5단계
데이터	기능별 데이터 마트 구축을 포함해 중요한 로컬 데이터를 정복한다.	일부 분석 타깃과 데이터 니즈를 둘러싸고 합의를 도출한다. 일부 도메인(고객) 데이터 웨어하우스를 짓고 그에 상응하는 분석 지식을 구축한다. 교차직능 데이터 관리에 대한 동기를 불러일으키고 보상한다.	기업 데이터 웨어하우스를 짓고 외부 데이터를 통합한다. EDW 계획과 관리에 경영진을 개입시킨다. 어떤 데이터 소스가 나타나는지 모니터한다.	분석 데이터의 경쟁력 있는 잠재력에 대해 고위경영진을 개입시킨다. 독특한 데이터를 이용한다. 강한 데이터 거버넌스, 특히 청지기 정신을 정립한다. 아직 BICC가 없다면 빨리 만든다.
전사적 관점	소규모이지만 교차직능적인 분석 프로젝트의 동지들을 찾아라. 국지적 차원에서 데이터 리스크를 관리하라. 공통된 도구 선택과 데이터 기준에 관해 IT와 파트너십을 이루어라.	다양한 사업 영역과 관련된 애플리케이션을 선택하라. 관리 가능한 범위를 유지하면서 장차 확장할 수 있도록 주위를 살펴라. 데이터 프라이버시와 안보에 관한 기준을 세워라. 점진적으로 전사적 분석 인프라를 구축하라.	만일 기업이 아니라면, 주요 사업 단위에 대한 분석 전략과 로드맵을 개발하라. 모든 분석 애플리케이션의 리스크를 평가하라. 분석의 테크놀로지와 아키텍처의 기업 거버넌스를 정립하라.	분석적 우선순위와 자산을 전사적 수준에서 관리하라. 모델 검토와 관리를 실시하라. 분석 도구와 인프라를 넓고 심도 깊게 확대하라.
리더십	각 직능과 사업 단위에서 분석적 리더들의 출현을 장려하라.	장차 조직에서 분석이 어떻게 사용될지에 대한 비전을 창출하고, 필요한 특정 능력을 파악하라.	데이터, 테크놀로지, 분석 인력의 영역에서 분석력 구축에 고위경영진을 개입시켜라.	분석력으로 가시적 성과를 내게끔 리더들을 격려하고, 분석이 얼마나 성공에 공헌했는지를 대내외 관계자들에게 알려라.

| 타깃 | 후원과 좋은 데이터가 있는 곳이라면 어디서든 일하라. 낮게 달려 있어 쉽게 따 먹을 수 있는 열매를 타깃으로 정한다. | 이미 다소 분석적이거나 분석으로 크게 혜택을 얻을 수 있는 사업 영역에서 일하라. 사업 프로세스나 교차직능적 애플리케이션을 타깃으로 삼아라. | 주요 사업 프로세스의 소유주와 일하라. 높은 가치와 높은 영향력을 가진 타깃에 포커스를 두라. 타깃을 찾고 발굴하는 데 있어 전사적 관점을 취하라. 타깃 프로세스를 IT 리더와 분석 리더, 임원들 사이의 협력으로 공식화하라. | 경영진과 일하라. 전략적 제안과 가치 창출, 경쟁력 있는 차별화를 강화할 탁월한 능력의 구축에 포커스를 두라. 전략 기획 프로세스를 침투시켜 분석이 사업 전략에 반응하는 정도가 아니라 사업 전략을 형성하게 만들어라. |
| 분석가들 | 분석가들과 기술을 파악하라. 분석 기술 트레이닝을 제공하라. 시스템 프로젝트의 분석적 요소들을 장려하라. 관리자들이 분석가들을 이해하고 고용하게 하라. | 분석 직책을 정의하고 인재 풀을 조성하라. 모든 유형의 분석가 간의 지식 공유를 장려하라. 분석가들의 순환근무를 촉진하라. 특히 프로 분석가들에게 코칭과 지원을 제공하라. | 모든 정보노동자의 분석 지식을 평가하고, 대학이나 협회와의 관계를 개발하며, 분석가들에 대한 고급 트레이닝을 장려하라. 분석가들의 사업 수완과 임원들의 분석 지식 개발에 포커스를 두어라. 개발과 배치 프로세스를 통합하라. 분석가들의 커뮤니티를 형성하라. | 분석적 마인드를 가진 직원들을 모든 사업 부문에 고용하라. 분석가의 역할과 사업적 역할 순환 프로그램을 공식화하라. 분석가들을 집중해서 조직하고 배치하라. 주기적으로 모든 직위에 있는 분석 인력들의 수고를 인정하고 그들이 늘 새로운 도전을 하게 하라. |

많은 기업들은 다양한 업무에 쉽게 적용할 수 있는 다음과 같은 질문들을 발견했다.

- 현재 여러분의 위치를 평가하라. 여러분의 분석력과 강점, 그리고 약점은 무엇인가?
- 어디로 향해야 할지 파악하라. 여러분이 이용할 수 있는 장점은 무

엇인가? 어떤 간극을 좁혀야 하는가?

- 합리적인 야망을 설정하라. 무엇을 언제 달성하길 바라는가?
- 여정을 모니터하라. 분석 여정을 얼마나 **빨리**, 얼마나 멀리 떠나고 있는가?
- 가장 중요한 것은, 분석으로 성공하는 데 관심이 있는 임원 및 관계자들과 이런 일들을 논의하는 것이다. 분석력이나 분석적 헌신에 대해 어떻게 그들과 의견을 모을 수 있을까?

여러분의 현재 상황과 분석적 야망에 비춰 〈표 B-1〉을 살펴보자. 여러분의 강점을 드러내고, 약점을 보완하고, 델타를 갖추고, 분석의 사업적 영향력과 가치를 늘리려면 어떻게 해야 하는가? 여러분의 행동 경로를 고려해 다음과 같은 흔한 함정을 피해가라.

- 다른 모든 걸 희생해가며 분석이라는 한 가지 차원에만 너무 포커스를 두지 마라.
- 사업적 영향력이 적은 분석 제안에 너무 많은 시간, 에너지, 돈을 쓰지 마라(사업상 그래야 해도 말이다).
- 한 번에 너무 많은 걸 하지 마라.

분석과 관련해 성공과 좌절의 이야기를 우리와 공유해준 회사들에게 감사드린다. 특히 비즈니스 애널리틱스 콩쿠르 리서치 프로그램에 참여해준 회사들과 관리자들이 많은 도움을 주었다. GE머니의 데이비드 포개티, 시티의 개리 그린왈드와 마르시아 탈, 후마나의 리사 토빌, 캘리포니아델타덴탈의 팻 스틸에게 감사드린다.

또한 1-800-플라워스닷컴의 짐 맥켄과 크리스 맥켄, 인터그리티 인터랙티브의 톰 앤더슨, 카니발크루즈의 셰넌 안토차, 탈보츠의 그렉 풀, 엑스페디아닷컴의 조 메기보우, 인디펜더스블루크로스의 스티븐 우드바헬리, 노스캐롤라이나의 블루크로스&블루실드의 대릴 완식, 어드밴스오토파츠의 데이비드 스카메혼, RBS의 토니 브랜다, 베스트바이의 마크 고든과 번 돌 같은 분석적 리더들 및 분석가들에게도 감사의 말을 전한다.

여러 분석 벤더들도 이런 주제의 연구와 이벤트를 후원해주었다. SAS가 특히 도움을 주었는데, 그들과 함께 일한 경험은 매우 유쾌했다. 특히 짐 굿나이트, 짐 데이비스, 스콧 반 발켄부르, 마이크 브라이트, 마이클 코포텔리, 앤 밀리, 가우라브 베르마, 모넷 미크, 켄 블랜드, 마고 스터츠먼, 아네트 그린에게 감사한다.

우리의 일을 도와준 다른 벤더들로는 FICO, IBM/Cognos/SPSS, 인포매티카, 인포센스, 인텔, 마이크로소프트, 오라클, SAP, 테라데이터, 팁코스폿파이어가 있다. 워터스톤애널리스틱스의 마이크 톰슨과 완다 시브는 풍부한 아이디어와 경험을 적극 나누어주었다.

켄 뎀마, 마크 맥도널드, 앤 밀리를 비롯해 이 책의 원고를 미리 봐준 네 사람에게 감사를 드린다. 그들의 논평은 매우 도움이 되었으며, 가급적 모두 반영하려고 노력했다. 짐 윌슨은 뛰어난 작가이자 편집자로, 원고를 꼼꼼히 다듬는 수고를 해주었다. 하버드비즈니스프레스의 멜린다 메리노는 예전부터 알고 지내는 사이로, 우리를 격려해주고 때로는 건설적 비판도 아끼지 않았다. 책의 방향을 제시해준 데이비드 코어링과 마케팅과 홍보를 도와준 에린 브라운도 고맙다.

개인적으로 토머스 데이븐포트는 사랑과 후원을 보내준 아내 조디, 그리고 아들 헤이스와 체이스에게 고마움을 표한다. 〈하버드 램푼(Harvard Lampoon)〉(하버드대학의 풍자잡지-옮긴이)의 기고가인 헤이스는 책 내용에 덧붙일 여러 재미난 내용을 제시해주었다. 토니 폴슨은 좋은 사례를 제시해주었고, 드와이트 게츠는 의사결정에 대한 현명한 조언을 해주었다. 토머스는 자신의 세 번째 책인 이 책을 앤 해밀턴과 로손 해밀턴에게 바친다.

잔느 해리스는 열정적인 지원과 격려를 보내준 액센츄어의 경영진에게 감사의 말을 전한다. 특히 액센츄어연구소의 임원인 밥 토머스에게 감사드린다. 액센츄어 CEO인 빌 그린, 마크 포스터, 분석과 고객관계관리의 책임자인 데이브 리치, 정보관리 서비스 CEO인 로이스 벨과 글로벌 전략 책임자인 마크 스펠먼은 후원과 냉철한 통찰력을 제시해주었다. 솔직한 피드백, 실무 경험, 전문 지식을 제공해준 액센츄어의 고위임원들에게 감사를 전한다. 특히 글렌 굿윌리그, 마이클 보바, 피에르 퍼츠, 조지 마코트, 브라이언 맥카시가 그렇다. 또한 분석 리서치에 크게 도움을 준 액센츄어연구소의 친구들과 동료들에게 감사드린다. 특히 앨런 앨터와 엘리자베스 크레이그, 헨리 이건, 카렌 스미스가 큰 도움을 주었다.

또한 잔느는 인내심과 사랑을 보여주고 동기를 부여해준 남편 칼과 딸 로렌(잔느의 가족 가운데 정말로 분석에 소질이 있는 인물이다)에게 고마워한다. 여동생 수지에게도 감사하며 가장 큰 팬인 숀 네포에게도 감사한다. 잔느는 이 책을 사랑과 지혜, 그리고 인생을 풍요롭게 만드는 나눔의 법칙을 알고 있는 로다 해리스에게 바친다.

로버트 모리슨은 비즈니스 분석 콩쿠르 리서치 프로그램에 공헌한 콩쿠르그룹과 엔제네라의 리서치 팀, 그리고 다른 동료들에게 감사의 말을 전한다. 팀 버빈스, 젠 비고라, 프랭크 카펙, 로라 카릴로, 조지 대너, 마이라 갈린스, 마크 마틴, 크리스 오리어리, 마크 레넬라가 그들이다. 더 나은 경영 기법의 개발과 리서치를 꾸준히 도와준 론 크리스먼과 노르웨이 경영대학원의 에스펜 앤더슨에게도 감사의 말을 전한다. 개인적으로, 로버트는 각자의 영역에서 상당한 분석가인 아내 린느 바렛과 아들 제임스 바렛-모리슨의 사랑과 후원에 고마움을 전한다.

서장 합리적 의사결정과 분석

1. Accenture survey of 254 U.S. managers; 다음을 참조하라. "Most US Companies Say Business Analytics Still Future Goal, Not Present Reality," Accenture press release, December 11 2008, http://newsroom.accenture.com/article_display.cfm?article_id=4777.
2. John W. Tukey, *Exploratory Data Analysis* (Reading, MA: Addison Wesley, 1977); Edward Tufte, *The Visual Display of Quantitative Information*, 2nd ed. (Cheshire, CT: Graphics Press, 2001).
3. Gary Klein, *Sources of Power: How People Make Decisions* (Cambridge, MA: MIT Press, 1999).
4. 마이크 린턴과의 인터뷰 내용. 2006년 2월 15일.
5. Nassim Nicholas Taleb, *The Black Swan: The Impact of the Highly Improbable* (New York: Random House, 2007).
6. Cameron French, "TransAlta Says Clerical Snafu Costs It $24 Million," GlobeandMail. com, June 3, 2003. http://www.globeinvestor.com/servlet/ArticleNews/story/ROC/20030603/2003-06-03T232028Z_01_No3354432_RTRIDST_0_BUSINESS-ENERGY-TRANSALTA-COL.
7. Jonathan B. Cox, "Incentive Model Called Too Rosy," *Raleigh (NC) News and Observer*, March 22, 2007. http://www2.nccommerce.com/eclipsfiles/16386.pdf.
8. Carol Hymowitz, "Companies Need CEOs to Stop Spinning and Start Thinking," *Wall Street Journal*, December 19, 2007.
9. David Olive, "Getting Wise Before That 'One Big Mistake,'" *Toronto Star*, December 17, 2007, B1.
10. Willy Shih, Stephen Kaufman, and David Spinola "Netflix," Case 9-607-138 (Boston: Harvard Business School, revised November 19, 2007).

1부 분석의 조건

01 데이터

1. 알 파리시안과의 2009년 1월 인터뷰 및 이메일 내용.
2. Chuck Salter, "Why America Is Addicted to Olive Garden," *Fast Company*, July 1, 2009. http://www.fastcompany.com/magazine/137/why-america-is-addicted-to-olive-garden.html.

3. Mark McClusky, "The Nike Experiment: How the Shoe Giant Unleashed the Power of Personal Metrics," *Wired*, June 22, 2009. http://www.wired.com/medtech/health /magazine/17-07/lbnp_nike.

4. Accenture, "Helping the Royal Shakespeare Company Achieve High Performance Through Audience Analytics, Segmentation and Targeted Marketing," 2008. http://www.accenture.com/NR/rdonlyres/891F5AA1-A1C2-4828-81E8-BE4EBAD 7948B/0/RSCcredentialFinal.pdf.

5. Mary Hayes Weier, "Coke's Customer-Loyalty Web Site Scores Big with Consumers," *Information Week*, July 21, 2008.

6. BI 세계에서 이것은 '꿈의 구장' 접근법이라고도 한다. 하지만 구축만으로 모든 게 저절로 해결되는 건 아니다.

7. Blog post by Judah Phillips of Web Analytics Demystified, July 19, 2008. http://judah. webanalyticsdemystified.com/2007/08/web-analytics-data-quality.html.

8. IT 관점에서, 데이터 마트와 EDW는 다른 목적을 담당한다. EDW는 진짜 창고로, 상점 선반을 채울 매우 세세한 데이터를 잔뜩 모아놓는 저장고다. 데이터 마트는 상점과 비슷하다. 이미 상점 선반에 놓여 있는 품목들로 소비할 수 있는 것들이다.

9. "Getting a Handle on Our Information! Information Stewardship at BMO FG," (document furnished to auther), May 12, 2006, and discussion with BMO executives, April 19, 2007. 이 문서에 따르면, BICC는 두 가지 핵심 데이터 기능을 담당한다. 바로 획득과 청지기 역할이다. 획득에는 데이터 통합, 데이터 저장, 테스팅, 유지 같은 활동이 들어간다. 청지기는 데이터 기준, 질, 거버넌스를 담당한다.

10. Gloria J. Miller, Dagmar Brautigam, and Stefanie V. Gerlach, *Business Intelligence Competency Centers: A Team Approach to Maximizing Competitive Advantage* (New York: John Wiley & Sons, 2006), 38.

11. 리사 토빌과의 인터뷰 내용. 2008년 3월 6일.

12. 데이비드 던킨과의 인터뷰 내용. 2006년 10월 28일; Wayne Eckerson, "New Ways to Organize the BI Team," Data Warehousing Institute *Business Intelligence Journal*, March 8, 2006. http://www.tdwi.org/Publications/BIJournal/display.aspx?ID=7896.

02 전사적 관점

1. 로빈 드한과 벤카트 파라카라와의 인터뷰 내용. 2009년 2월 7일.

2. 250명 이상의 임원들을 대상으로 실시한 액센츄어 정보경영 서비스 설문조사는 '비즈니스 분석으로 경쟁하기' 라는 제목의 보고서에서 근간이 되었다. 이 보고서는 경쟁우위를 누리기 위해 분석에 투자하고 분석을 이용하는 회사들을 연구했다.

3. Jeanne G. Harris and Tomas Davenport, "New Growth from Enterprise Systems: Achieving High Performance Through Distinctive Capabilities," Research report, Accenture Institute for High Performance, 2006, 10.

4. 짐 콜스키와 마이크 반 휴튼과의 인터뷰 내용. 2008년 7월 17일.

5. BI와 기업 IT 아키텍처에 관한 토의는 전작 《분석으로 경쟁하라》의 8장을 참조하라.

6. David L. Hill and Jeanne G. Harris, "Using Enterprise Systems to Gain Uncommon Competitive Advantage," *Outlook* 1 (2007): 65-71.

7. Andrew K. Reese, "Planning to Succeed at Procter & Gamble," *Supply & Demand*

Chain Executive 8, no. 2 (February 1, 2007): 20.

8. 프라디프 쿠마르와의 인터뷰 내용. 2009년 6월 24일.

03 리더십

1. Thomas H. Daveport, Jeanne G. Harris, David DeLong, and Al Jacobsen, "Data to Knowledge to Results: Building an Analytic Capability," *California Management Review* 43/2 (Winter 2001): 117–138.

04 타깃

1. 셰넌 안토차와의 인터뷰 내용. 2009년 1월 20일.
2. 토머스 데이븐포트와 잔느 해리스의 《분석으로 경쟁하라》 참조.
3. Leahy quote from George Anderson, "Part I: Tesco's Leashy ID's Global Opportunities," Retail Wire Discussions series, http://www.retailwire.com/Discussions/Sngl_Discussion.cfm/12090.
4. Øystein D. Fjeldstad and Espen Andersen, "Casting Off the Chains: Value Shops and Value Networks," *European Business Forum* 14 (Summer 2003): 47-53; Charles B. Stabell and Øystein D. Fjeldstad, "Configuring Value for Competitive Advantage: On Chains, Shops, and Networks," *Strategic Management Journal* 19 (1998): 413–437.

05 분석가들

1. Jeanne G. Harris, Elizabeth Craig, and Henry Egan, "How to Create the Talent-Powered Analytical Organization," research report, Accenture Institute for High Performance, 2009.
2. 스티븐 우드바헬리와의 인터뷰 내용. 2008년 12월 10일.
3. 카일 칙과의 인터뷰 내용. 2008년 11월 24일. 카일 칙은 우리와의 인터뷰 이후에 다른 회사로 옮겼다. 지금은 엠데온비즈니스서비스의 고객분석 책임자로 있다.
4. 대릴 완식과의 인터뷰 내용. 2009년 1월 29일.
5. 데이비드 스카메혼과의 인터뷰 내용. 2008년 12월 31일. 스카메혼은 우리와의 인터뷰 이후에 다른 회사로 옮겼다. 현재 어드밴스오토파츠에서 고객 분석을 책임지고 있다.
6. "Will Smith Voted 2008's Top Money-Making Movie Star," www.reuters.com/article/entertainmentNews/idUSTRE5013DY20090102, Reuters newswire, January 2, 2009.
7. R. Grover, "Box Office Brawn," *Business Week,* January 14, 2008, 18.
8. Scott Bowles, "Will Smith Has Found the Magic Formula," *USA Today,* June 26, 2008.
9. R. W. Keegan, "The Legend of Will Smith," *Time,* November 29, 2007.
10. Christopher Kelly, "Box-office champ Smith says 'Seven Pounds' offers him the chance to shed old persona," December 16, 2008, http://www.popmatters.com/pm/article/67010-box-office-champ-smithsays-seven-pounds-offers-him-the-chance-to-she/. 다음은 그의 팬 사이트다. http://www.willsmithweb.com/2008/12/14/sevenpounds%e2%80%99-offers-chance-to-shed-some-of-his-old-persona.
11. 번 돌과의 인터뷰 내용. 2009년 1월 6일. 그는 우리와의 인터뷰 이후 부사장으로 승진되

어 지역 총책임자가 되었다. 파격적인 승진이라 하겠다.

12. 흔히 대다수의 분석가들은 사업 노하우가 부족할 거라는 오해를 받는다. 사실 우리의 리서치에 따르면, 분석가들은 비분석가들에 비해 더 높은 수준 사업 지식을 갖고 있었다. 또한 경쟁업체나 규제자들의 행동과 같은 그들 조직의 외부적 힘의 영향력만이 아니라 회사의 전략, 목표, 핵심 능력에 대해 더 세세하게 이해하고 있었다. 분석 챔피언들은 분석적 우선순위에 분석력을 맞추는 데 필요한 사업 지식에 더 큰 점수를 획득했다. 프로 분석가들도 백오피스 통계학자에서 머물지 않고 강한 사업 통찰력을 갖고 있는 게 분명했다.

13. 워렌 버핏이 버크셔해서웨이의 주주들에게 2008년 보낸 연례편지 내용.

14. 샤론 프레이즈와의 인터뷰 내용. 2008년 11월 10일.

15. 이 부분은 다음 문헌에서 기본 틀을 인용했다. Peter Cheese, Robert J. Thomas, and Elizabeth Craig, *The Talent Powered Organization* (London: Kogan Page, 2007).

16. Jeanne G. Harris, Elizabeth Craig, and Henry Egan, "How to Organize Your Analytical Talent," research report, Accenture Institute for High Performance, 2009.

17. 이런 웹사이트로는 다음과 같은 것들이 있다. quantfinancejobs.com, jobs.phd.org, wilmott.com, quantster.com.

18. Internal Accenture analysis, 2009.

19. 2009년 9월 21일 넷플릭스는 조사원, 과학자, 엔지니어들을 대상으로 대회를 열었다. 덕분에 시네매치의 모델은 10.6퍼센트 높은 성과를 냈다.

20. *Good Will Hunting*, Miramax, 1997.

21. 캐시 마일드홀과의 인터뷰 내용. 2007년 5월 25일, 2008년 3월 10일.

2부 기업 문화로서의 분석

1. 전작 《분석으로 경쟁하라》에서 개리 러브먼의 추천사를 참고하라.

06 사업 프로세스의 분석화

1. "Optimization Drives $19 Million at Avis," www.fico.com/en/FIResourcesLibrary/Avis _Success_2540CS.pdf.
2. 전작 《분석으로 경쟁하라》 참조.

07 분석 문화의 구축

1. 2003년 6월 18일 도쿄에서 열린 오토모티브파츠 시스템 솔루션 박람회에서 도요타의 글로벌 구매관리 책임자인 테루유키 미노우라와의 토론 내용.
2. 존 다모르와의 인터뷰와 이메일 내용. 2009년 5월 18일.
3. Michael Roberto, *Why Great Leaders Don't Take Yes for an Answer* (Upper Saddle River, NJ: Pearson Education/Wharton School Publishing, 2005).
4. Warren Bennis, Daniel Goleman, and Patricia Ward Biederman, *Transparency: Creating a Culture of Candor* (San Francisco: Jossy-Bass, 2008), 3–4.
5. "Profile: Barry Beracha," *St. Louis Commerce Magazine*, November 1999, http:// www.stlcommercemagazine.com/archives/november1999/profile.html.

6. 온라인 마케팅 컨설턴트인 짐 노보도 자신의 블로그에 비슷한 의견을 개진했다. "Marketing Productivity Blog," http://blog/jimnovo.com/about-the-blog/.

08 분석 이후의 검토

1. Mathew Maier, "Finding Riches in a Mine of Credit Data," *Business 2.0*, October 1, 2005. http://money.cnn.com/magazines/business2/business2_archive/2005/10/01/8359235/index.htm.
2. "Conning & CO. Study Says Auto Insurers Are Paying Closer Attention to Credit Scores," *Insurance Journal*, August 2, 2001. http://www.insurancejournal.com/news/national/2001/08/02/14177.htm.
3. 데이브 윌리엄스와의 인터뷰와 이메일 내용. 2008년 1월 29일.
4. Brian P. Sullivan, "Pricing Sophistication Separates Carriers into Those Who Will Thrive, and Those Who Will Not," *Auto Insurance Report*, May 31, 2004. www.insurquote.com/AIR05-31-04-pdf.
5. 아메리칸항공의 수익관리 이야기는 다음 자료를 참조하라. Robert L. Phillips, *Pricing and Revenue Optimization* (Palo Alto, CA: Stanford University Press, 2005), chapter 6.
6. Michael Lewis, *Moneyball: The Art of Winning an Unfair Game* (New York: Norton, 2003).
7. Jahn K. Hakes and Raymond D. Sauer, "The *Moneyball* Anomaly and Payroll Efficiency: A Further Investigation," Clemson University working paper, September 2007.

09 분석의 고비를 넘어

1. 졸리 바슈와의 인터뷰 내용. 2007년 10월 16일.
2. 미국 의학인포매틱스협회는 인포매틱스를 헬스케어에서 효과적인 조직, 분석, 관리, 정보의 사용으로 정의한다.
3. 리사 토빌과의 인터뷰 내용. 2008년 3월 6일.
4. Best Buy Q1 FY09 Earnings Call, June 16, 2009.
5. 마크 고든과의 인터뷰 내용. 2006년 8월 14일.

10 분석적 기업을 위한 조언

1. Darrell Huff, *How to Lie with Statistics*, revised ed. (New York: Norton, 1993).
2. Paul Rogers and Marcia Blenko, "Who Has the D? How Clear Decision Roles Enhance Organizational Performance," *Harvard Business Review*, January 2006.
3. The RACI Diagram entry in Wikipedia, http://en.wikipedia.org/wiki/RACI_diagram (accessed November 28, 2008).
4. 넬슨의 2009년 보고서는 소매점에서 팔리는 소비재의 대다수 범주에서, 이제까지의 가격 책정 탄력성은 여전히 적용되고 있다고 주장한다. 가격 책정에서 데이터를 확보하라!
5. "Remarks of President Lawrence H. Summers," Harvard School of Public Health Leadership Council, Cambridge, Massachusetts, October 21, 2003, http://www.president.harvard.edu/speeches/summers_2oo3/hsph_deans_council.php.

KI신서 3401

분석의 기술

1판 1쇄 인쇄 2011년 6월 23일
1판 1쇄 발행 2011년 6월 29일

지은이 토머스 H. 데이븐포트, 잔느 G. 해리스, 로버트 모리슨 **옮긴이** 김소희
펴낸이 김영곤 **펴낸곳** (주)북이십일 21세기북스
출판콘텐츠사업부문장 정성진 **출판개발본부장** 김성수 **경제경영팀장** 류혜정
기획·편집 최진 **해외기획팀** 김준수 조민정 **진행·디자인** 네오북
마케팅영업본부장 최창규 **마케팅** 김보미 김현유 강서영 **영업** 이경희 우세웅 박민형
출판등록 2000년 5월 6일 제10-1965호
주소 (우 413-756) 경기도 파주시 교하읍 문발리 파주출판단지 518-3
대표전화 031-955-2100 **팩스** 031-955-2151
이메일 book21@book21.co.kr **홈페이지** www.book21.com
21세기북스 트위터 @21cbook **블로그** b.book21.com

ISBN 978-89-509-3157-5 03320